KB039162

정확하고 풍부한
어휘력 향상을 위한
알고 쓰는 한자어

알·쓰·한

박원길
박정서

1권

박영사

머리말

말의 힘은 세상 무엇보다 강합니다.

말 한마디로 천 냥 빚을 갚는다는 속담처럼 말 한마디로 은혜를 갚을 수도, 베풀 수도 있습니다. 언 가슴을 녹일 수도, 절망을 희망으로 바꿀 수도, 인생의 좌표로 삼아 큰일을 이룰 수도 있습니다.

알고 쓰는 말 한마디는 생각을 정확하게 전달할 수도, 상황에 맞는 적절한 표현을 할 수도, 애매한 상황을 분명하게 정리할 수도, 어떤 말이나 글을 정확하게 이해할 수도 있으며, 말하는 사람의 인성과 인품도 저절로 드러냅니다.

한국어의 대부분을 차지하고 있는 한자어,

한자는 글자의 형태 변화나 어미나 조사의 첨가 없이 홀로 분명한 뜻을 나타내기 때문에, 한자만 알면 한자로 된 한자어의 뜻은 저절로 알 수 있고, 한자를 이용하여 수많은 단어도 쉽게 만들어 쓸 수 있습니다.

다만 한자가 획수도 많고 복잡하여 익히기 어렵다는 것이 문제지요.

이 책의 목적은 한자 몇 자, 단어 몇 개 익히는 차원이 아닙니다.

소설처럼 재미있게 읽으면서 한자에 대한 자신감을 넘어 큰 재미를 느끼고, 〈한자 암기박사 시리즈〉에 적용하여 한중일 한자학습법의 정도가 된 '한자 3박자 연상 학습법'까지 저절로 익혀져, 어떤 한자라도 자신 있게 분석하여 뜻을 생각해 볼 수 있으며, 어떤 한자로 된 말이라도 뜻을 쉽게 알아낼 수 있는 능력을 기르자는 것입니다.

이해가 바탕이 된 분명한 한자 실력으로, 일상생활에서 만나는 어려운 단어의 뜻도 막연히 껍데기로만 알지 않고 분명하게 아는 습관이 생겨, 정확하고 풍부한 단어 실력이 길러지고, 정확하고 풍부한 단어 실력을 바탕으로 자신 있는 사회생활을 하자는 것이지요.

무조건 한자만 익히지 않고 어원을 생각하여 이해하며 익히는 구조니, 한자의 어원에 담긴 진리와 번뜩이는 아이디어도 익혀, 일이나 생활에 100배, 1,000배 활용할 수 있습니다.

정확하고 풍부한 단어 실력을 바탕으로 당당하고 멋진 인생을 기대합니다.

저자 박원길 · 박정서

이 책의 구성

1. 제목

공통부분으로 된 한자, 연결고리로 된 한자, 비슷하여 혼동되는 한자 등 서로 관련된 한자들을 모아 묶은 한자 그룹입니다.

먼저 기준이 되는 한자를 놓고, 그 기준자의 ① 왼쪽에, ② 오른쪽에, ③ 위에, ④ 아래 순으로 어떤 부수나 한자를 붙였을 때 만들어지는 한자를 배치하여 쉽게 연상하면서 익히도록 하였습니다.

2. 한자에 대한 부드러운 접근

한자를 익히기 전에 좀 더 친숙하게 접근하도록, 각 제목 한자들에 대한 간단한 이야기도 넣었습니다.

3. 한자 어원 풀이

오디오북 제공

어원을 철저히 분석하여 원래의 어원에 충실하면서도, 가장 쉽게 이해되도록 간단명료하게 풀었습니다. 이 어원을 그대로만 외지 마시고, 더 나은 어원도 생각하면서 익히다 보면, 분명하게 익혀지고 오래 잊히지 않습니다.

4.구조로 암기

앞에서 한자마다 어원으로 설명하였지만, 구조로도 더 확실히 익히기 위하여, 이 제목의 한자들은 어떤 구조와 관계가 있는지도 생각하면서 정리하도록 했습니다.

PART 01(001~005)

1

2 산 산(山)은 높고 낮은 산봉우리를 본떠서 만들었네요.
산은 그림으로 그려도 山이고, 글자 山을 보아도 바로 산이 떠오르죠.

3

山	높고 낮은 산봉우리(⌒⌒)를 본떠서 **산 산**
仙	사람(亻)이 산(山)처럼 높은 것에만 신경 쓰고 살면 신선이니 **신선 선** ⊕ 亻- 사람 인(人)이 한자의 왼쪽에 붙는 부수인, 변으로 쓰일 때의 모양으로 '사람 인 변'
出	(높은 데서 보면) 산(山) 아래 또 산(山)봉우리가 솟아 나오고 뻗어 나가니 **나올 출, 나갈 출** ⊕ 산 높은 곳에 올라가 보면 올망졸망한 산봉우리들이 솟아나고 뻗어나가지요.

4 한자 구조 **산선출**(山仙出) - **山으로 된 한자**

높고 낮은 산봉우리를 본떠서 **산 산**(山), 산 산(山) 앞에 사람 인 변(亻)이면 **신선 선**(仙), 아래에 산 산(山)이면 **나올 출, 나갈 출**(出)

18 PART 01(001~005)

오디오북 제공

- 산에 있는 숲, 또는 산과 수풀을 함께 일컬어 山林(산림). 강과 산을 함께 일컬어 江山(강산). 산에 있는 절이면 山寺(산사). 산에 있는 마을이면 山村(산촌).
- 산처럼 무엇이 쌓이면 山積(산적). 산속에 근거지를 두고 드나드는 도둑은 山賊(산적). 산에 올라가는 것은 登山(등산). 산에서 내려오는 것은 下山(하산).

5

8급 총3획

부수 山

mountain

'남의 산의 돌'로, 다른 사람의 하찮은 언행이라도 자기를 닦는 데 도움이 된다는 말은 他山之石(타산지석)이네요.

한자+ 林(수풀 림), 江(강 강), 寺(절 사), 村(마을 촌), 積(쌓을 적), 賊(도둑 적), 登(오를 등, 기재할 등), 下(아래 하, 내릴 하), 他(다를 타, 남 타), 之(갈 지, ~의 지, 이 지), 石(돌 석)

- 도(道)를 닦아서 신통력을 얻은 사람은 神仙(신선). 신선이 사는 곳 또는 속세를 떠난 깨끗한 곳을 일컫는 말은 仙境(선경)이나 仙界(선계). 仙境에 산다는 여자는 仙女(선녀). 6

5급 총5획

부수 人(亻)

hermit

한자+ 道(길 도, 도리 도, 말할 도, 행정구역의 도), 神(귀신 신, 신비할 신), 境(지경 경, 형편 경), 界(경계 계, 세계 계), 女(여자 녀) 7

- 처녀가 시집을 감은 出嫁(출가), '집을 나옴'으로, 집을 나와 중이나 수도자가 됨은 出家(출가). (가족과의 불화 등으로) 집을 나감은 家出(가출). 한자는 한자마다 뜻이 있어 한자의 위치를 바꾸어도 대부분 뜻이 같은데, 出家와 家出처럼 전혀 다른 뜻으로 쓰이는 때도 있어요.

7급 총5획

부수 凵

come out

8

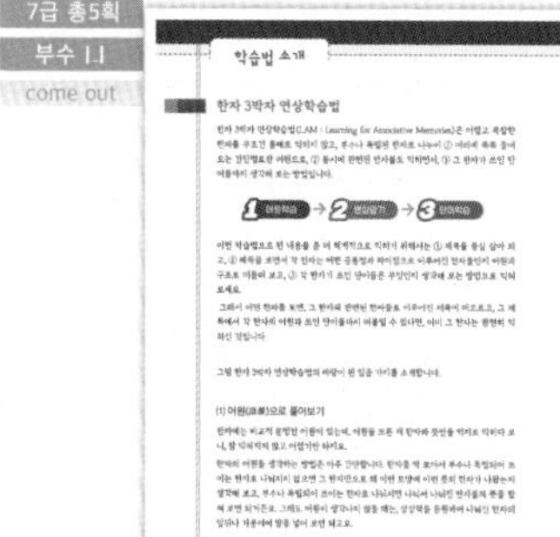

9

5. 참고 사항

참고로 한자능력시험 급수, 총획수, 부수, 훈(뜻)에 해당하는 영어도 실었습니다.

6. 표제자가 쓰인 단어

표제자가 쓰인 단어를 ① 한자의 훈에 따라, ② 실생활에 많이 쓰이는 단어 위주로, ③ 성질이 비슷한 단어끼리 묶고, ④ 뜻을 먼저 보면서 단어를 생각해보는 방식으로 익히기 쉽게 실었습니다.

7. 본문에 쓰인 한자의 주

이 책만으로 혼자서 쉽게 익힐 수 있도록 모든 한자에 주를 달았고, 반복 학습 효과 높이기 위하여 한자의 훈과 음을 1, 2권 전체에 통일되게 하였습니다.

8. 학습법 소개

한자와 단어를 익히면서, 정확하고 풍부한 단어실력을 키우는 방법까지 익히도록, '한자 3박자 연상학습법'에 대한 설명도 자세히 넣었습니다.

9. 필사노트

PDF 제공

눈으로 한자를 보고 익히고, 어원을 들으며 이해하고, 마지막으로 손으로 필사하며 완전히 체득해보세요. 필사노트는 출력하거나 휴대용 학습기기에서 활용할 수 있도록 PDF로 제공됩니다.

필사노트 제공

한자 3박자 연상학습법

한자 3박자 연상학습법(LAM : Learning for Associative Memories)은 어렵고 복잡한 한자를 무조건 통째로 익히지 않고, 부수나 독립된 한자로 나누어 ① 머리에 쏙쏙 들어오는 간단명료한 어원으로, ② 동시에 관련된 한자들도 익히면서, ③ 그 한자가 쓰인 단어들까지 생각해 보는 방법입니다.

이런 학습법으로 된 내용을 좀 더 체계적으로 익히기 위해서는 ① 제목을 중심 삼아 외고, ② 제목을 보면서 각 한자는 어떤 공통점과 차이점으로 이루어진 한자들인지 어원과 구조로 떠올려 보고, ③ 각 한자가 쓰인 단어들은 무엇인지 생각해 보는 방법으로 익혀 보세요.

그래서 어떤 한자를 보면, 그 한자와 관련된 한자들로 이루어진 제목이 떠오르고, 그 제목에서 각 한자의 어원과 쓰인 단어들까지 떠올릴 수 있다면, 이미 그 한자는 완전히 익히신 것입니다.

그럼 한자 3박자 연상학습법의 바탕이 된 일곱 가지를 소개합니다.

(1) 어원(語源)으로 풀어보기

한자에는 비교적 분명한 어원이 있는데, 어원을 모른 채 한자와 뜻만을 억지로 익히다 보니, 잘 익혀지지 않고 어렵기만 하지요.

한자의 어원을 생각하는 방법은 아주 간단합니다. 한자를 딱 보아서 부수나 독립되어 쓰이는 한자로 나눠지지 않으면 그 한자만으로 왜 이런 모양에 이런 뜻의 한자가 나왔는지 생각해 보고, 부수나 독립되어 쓰이는 한자로 나눠지면 나눠서 나눠진 한자들의 뜻을 합쳐 보면 되거든요. 그래도 어원이 생각나지 않을 때는, 상상력을 동원하여 나눠진 한자의 앞뒤나 가운데에 말을 넣어 보면 되고요.

예 4고(古姑枯苦) - 오랠 고, 옛 고(古)로 된 한자

- 많은(十) 사람의 입(口)에 오르내린 이야기는 이미 오래된 옛날이야기니 오랠 고, 옛 고(古)
- 여자(女)가 오래(古)되면 시어미나 할머니니 시어미 고, 할머니 고(姑)
- 나무(木)가 오래(古)되면 마르고 죽으니 마를 고, 죽을 고(枯)
- 풀(艹) 같은 나물도 오래(古) 자라면 쇠어서 쓰니 쓸 고(苦)
  또 맛이 쓰면 먹기에 괴로우니 괴로울 고(苦)

한자+ 十(열 십, 많을 십), 口(입 구, 말할 구, 구멍 구), 女(여자 녀), 木(나무 목), 艹[풀 초(草)가 부수로 쓰일 때의 모양으로 '초 두'라 부름]

(2) 공통부분으로 익히기

한자에는 여러 글자가 합쳐져 만들어진 글자도 많고, 부수 말고도 많은 한자에 공통부분도 있으니, 이 공통부분에 여러 부수를 붙여보는 방식으로 익힘도 유익합니다.

예 5망맹(亡忘忙妄芒盲) - 망할 망(亡)으로 된 글자

- 머리(亠)를 감추어야(ㄴ) 할 정도로 망하여 달아나니 망할 망, 달아날 망(亡)
  또 망하여 죽으니 죽을 망(亡)
- 망한(亡) 마음(心)처럼 잊으니 잊을 망(忘)
- 마음(忄)이 망할(亡) 정도로 바쁘니 바쁠 망(忙)
- 정신이 망한(亡) 여자(女)처럼 망령드니 망령들 망(妄)
- 풀(艹)이 망가진(亡) 티끌이니 티끌 망(芒)
- 망한(亡) 눈(目)이면 시각장애인이니 시각장애인 맹(盲)

한자+ 亠(머리 부분 두), ㄴ(감출 혜, 덮을 혜, = 匸), 心(마음 심, 중심 심), 忄[마음 심(心)이 한자의 왼쪽에 붙는 부수인, 변으로 쓰일 때의 모양으로 '마음 심 변'], 女(여자 녀), 艹(초 두), 目(눈 목, 볼 목, 항목 목)

이 한자들을 옥편에서 찾으려면 잊을 망(忘)과 바쁠 망(忙)은 마음 심(心)부에서, 망령들 망(妄)은 여자 녀(女)부에서, 티끌 망(芒)은 초 두(艹)부에서, 시각장애인 맹(盲)은 눈 목(目)부에서 찾아야 하고, 서로 연관 없이 따로따로 익혀야 하니 어렵고 비효율적이지요.

그러나 부수가 아니더라도 여러 한자들의 공통부분인 망할 망(亡)을 고정해놓고, 망한 마음(心)처럼 잊으니 잊을 망(忘), 마음(忄)이 망할 정도로 바쁘니 바쁠 망(忙), 정신이 망한 여자(女)처럼 망령드니 망령들 망(妄), 풀(艹)이 망가진 티끌이니 티끌 망(芒), 망한 눈(目)이면 시각장애인이니 시각장애인 맹(盲)의 방식으로 익히면, 한 번에 여러 한자를 쉽고도 재미있게 익힐 수 있지요.

(3) 연결고리로 익히기

한자에는 앞 한자에 조금씩만 붙이면 새로운 뜻의 한자가 계속 만들어져, 여러 한자를 하나의 연결고리로 꿸 수 있는 경우도 많습니다.

예 도인인인(刀刃忍認) - 刀에서 연결고리로 된 글자

- 옛날 칼 모양을 본떠서 칼 도(刀)
- 칼 도(刀)의 날(丿) 부분에 점(丶)을 찍어서 칼날 인(刃)
- 칼날(刃)로 심장(心)을 위협하는 것 같은 상황도 참으니 참을 인(忍)

  또 칼날(刃)로 심장(心)을 위협하듯 잔인하니 잔인할 인(忍)
- 하고 싶은 말(言)이 있어도 참고(忍) 인정하니 인정할 인(認)

+ 丿('삐침 별'이지만 여기서는 칼날로 봄), 丶(점 주, 불똥 주), 言(말씀 언)

+ 心 - 마음이 가슴에 있다고 생각하여 심장을 본떠서 '마음 심',
또 심장이 있는 몸의 중심이니 '중심 심'

칼 모양을 본떠서 칼 도(刀), 칼 도(刀)에 점 주, 불똥 주(丶)면 칼날 인(刃), 칼날 인(刃)에 마음 심, 중심 심(心)이면 참을 인(忍), 참을 인(忍)에 말씀 언(言)이면 알 인, 인정할 인(認)이 되지요.

(4) 비슷한 한자 어원으로 구별하기

한자에는 비슷한 한자도 많아 혼동될 때가 많은데, 이 경우도 어원으로 구분하면 쉽고도 분명하게 구분되고, 오래도록 잊히지 않습니다.

예1 분분(粉紛) - 粉과 비슷한 한자

- 쌀(米) 같은 곡식을 나눈(分) 가루니 가루 분(粉)
- 실(糸)을 나누면(分) 헝클어져 어지러우니 어지러울 분(紛)

한자+ 米(쌀 미), 分(나눌 분), 糸(실 사, 실 사 변)

예2 여노 서노(如奴 恕怒) - 如, 恕와 비슷한 한자

- 여자(女)의 말(口)은 대부분 부모나 남편의 말과 같으니 같을 여(如)
- 여자(女)의 손(又)처럼 힘들게 일하는 종이니 종 노(奴)
- 예전과 같은(如) 마음(心)으로 용서하니 용서할 서(恕)
- 일이 힘든 종(奴)의 마음(心)처럼 성내니 성낼 노(怒)

한자+ 女(여자 녀), 口(입 구, 말할 구, 구멍 구), 又(오른손 우, 또 우), 心(마음 심, 중심 심)

(5) 그림으로 생각해 보기

한자가 부수나 독립되어 쓰이는 한자로 나눠지지 않을 경우, 이 한자는 무엇을 본떠서 만들었는지 생각해서 본뜬 물건이 나오면 상형(象形)으로 만들어진 한자고, 본뜬 물건이 나오지 않으면 보이지 않는 무슨 일을 추상하여 만든 지사(指事)로 된 한자입니다.

+ 상형(象形), 지사(指事)에 대한 자세한 설명은 본문의 <한자의 기초>에 있습니다.

한자+ 象(코끼리 상, 모양 상, 본뜰 상), 形(모양 형), 指(가리킬 지), 事(일 사, 섬길 사)

예1 상형(象形)으로 된 한자

- 가지 달린 나무를 본떠서 나무 목(木)
- 높고 낮은 산봉우리를 본떠서 산 산(山)

예2 지사(指事)로 된 한자

- 기준선(一) 위로 오르는 모양을 생각하여 위 상, 오를 상(上)
- 기준선(一) 아래로 내리는 모양을 생각하여 아래 하, 내릴 하(下)

(6) 한 글자에 여러 뜻이 있으면, 그 이유를 생각해서 익히기

한자도 처음 만들어질 때는 한 글자에 하나의 뜻이었지만, 생각이 커지고 문화가 발달할수록 더 많은 글자가 필요하게 되었어요. 그럴 때마다 새로운 글자를 만든다면 너무 복잡해지니, 이미 있던 글자에 다른 뜻을 붙여 쓰게 되었지요.

그러나 아무렇게 붙여 쓰는 것이 아니고, 그런 뜻이 붙게 된 이유가 분명히 있으니, 무조건 외는 시간에 "이 한자는 어찌 이런 뜻으로도 쓰일까?"를 생각하여 "아하! 그래서 이 한자에 이런 뜻이 붙었구나!"를 스스로 터득하면서 익히면 훨씬 효과적이지요.

예를 들어 '둥글고 가운데 흑점이 있는 해를 본떠서 만든 해 일(日)'에 어찌 '날 일'의 뜻도 있을까? 아하! 해가 뜨고 짐으로 구분하는 날이니 '날 일'이라는 뜻이 붙었구나!

앞 (1)에 나왔던 쓸 고, 괴로울 고(苦)의 경우도 '쓸 고'면 쓸 고지 어찌 '괴로울 고'의 뜻도 있을까? 조금만 생각해도 맛이 쓰면 먹기에 괴로우니 괴로울 고(苦)도 되었음을 금방 알게 되지요.

(7) 한자마다 반드시 예(例)까지 알아두기

한자를 익히면 반드시 그 한자가 쓰인 예(例)까지, 자주 쓰이는 낱말이나 고사성어 중에서 적절한 예(例)를 골라 익히는 습관을 들이세요. 그러면 "어? 이 한자가 이런 말에도 쓰이네!" 하면서 그 한자를 더 분명히 알 수 있을뿐더러, 그 한자가 쓰인 단어들까지 정확히 알 수 있으니, 정확하고 풍부한 단어 실력을 기를 수 있는 지름길이 되지요.

한자+ 例(법식 례, 보기 례)

단어 풀이도 의역 위주로 된 사전식으로 단어 따로 뜻 따로 억지로 외지 마시고, 먼저 아는 한자를 이용하여 직역(直譯)해보고, 다음에 의역(意譯)해보는 습관을 들이세요. 그래야 단어의 뜻도 분명히 알 수 있으면서, 한자 실력도 쑥쑥 늘어납니다.

한자+ 直(곧을 직, 바를 직), 譯(번역할 역), 意(뜻 의), 직역(直譯) - '곧게 번역함'으로, 한자대로 충실히 번역함. 의역(意譯) - '뜻으로 번역함'으로, 개개의 한자나 단어, 구절에 너무 구애되지 않고 전체의 뜻을 살리는 번역.

기대되는 효과

이상 일곱 가지 방법을 종합하여 '한자 3박자 연상학습법'을 만들었습니다.

한자 3박자 연상학습법으로 한자를 익히면, 복잡하고 어려운 한자에 대하여 자신감을 넘어 큰 재미를 느끼고, 한자에 담긴 만고불변의 진리도 배우게 되며, 한자 3박자 연상학습법도 저절로 익혀져, 한자 몇 자 익히는 데 그치지 않고, 어떤 한자를 보아도 자신 있게 분석해 보고 뜻을 생각해 볼 수 있는 안목도 생깁니다.

또 일상생활에서 만나는 어려운 단어의 뜻도 막연히 껍데기로만 알지 않고 분명하게 아는 습관이 생겨, 정확하고 풍부한 단어 실력이 길러지고, 정확하고 풍부한 단어 실력을 바탕으로 자신(自信) 있는 언어생활(言語生活), 나아가 자신(自信) 있는 사회생활(社會生活)을 하게 되며, 중국어나 일본어도 70% 이상 한 셈이 됩니다.

이 책의 차례

이 책의 차례

이 책의 차례

오디오북 제공

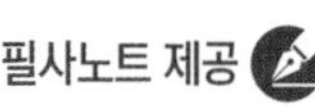

001 산선출(山仙出)

산 산(山)은 높고 낮은 산봉우리를 본떠서 만들었네요.
산은 그림으로 그려도 山이고, 글자 山을 보아도 바로 산이 떠오르죠.

山 높고 낮은 산봉우리(⌒⌒)를 본떠서 산 산

仙 사람(亻)이 산(山)처럼 높은 것에만 신경 쓰고 살면 신선이니 신선 선

⊕ 亻- 사람 인(人)이 한자의 왼쪽에 붙는 부수인, 변으로 쓰일 때의 모양으로 '사람 인 변'

出 (높은 데서 보면) 산(山) 아래 또 산(山)봉우리가 솟아 나오고 뻗어 나가니 나올 출, 나갈 출

⊕ 산 높은 곳에 올라가 보면 올망졸망한 산봉우리들이 솟아나고 뻗어나가지요.

한자 구조 **산선출**(山仙出) - 山으로 된 한자

높고 낮은 산봉우리를 본떠서 **산 산**(山), 산 산(山) 앞에 사람 인 변(亻)이면 **신선 선**(仙), 아래에 산 산(山)이면 **나올 출, 나갈 출**(出)

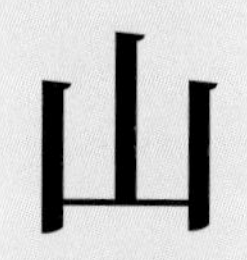

8급 총3획

부수 山

mountain

- 산에 있는 숲, 또는 산과 수풀을 함께 일컬어 山林(산림). 강과 산을 함께 일컬어 江山(강산). 산에 있는 절이면 山寺(산사). 산에 있는 마을이면 山村(산촌).
- 산처럼 무엇이 쌓이면 山積(산적), 산속에 근거지를 두고 드나드는 도둑은 山賊(산적). 산에 올라가는 것은 登山(등산). 산에서 내려오는 것은 下山(하산).
- '남의 산의 돌'로, 다른 사람의 하찮은 언행이라도 자기를 닦는 데 도움이 된다는 말은 他山之石(타산지석)이네요.

한자+ 林(수풀 림), 江(강 강), 寺(절 사), 村(마을 촌), 積(쌓을 적), 賊(도둑 적), 登(오를 등, 기재할 등), 下(아래 하, 내릴 하), 他(다를 타, 남 타), 之(갈 지, ~의 지, 이 지), 石(돌 석)

5급 총5획

부수 人(亻)

hermit

- 도(道)를 닦아서 신통력을 얻은 사람은 神仙(신선). 신선이 사는 곳, 또는 속세를 떠난 깨끗한 곳을 일컫는 말은 仙境(선경)이나 仙界(선계). 仙境에 산다는 여자는 仙女(선녀).

한자+ 道(길 도, 도리 도, 말할 도, 행정구역의 도), 神(귀신 신, 신비할 신), 境(지경 경, 형편 경), 界(경계 계, 세계 계), 女(여자 녀)

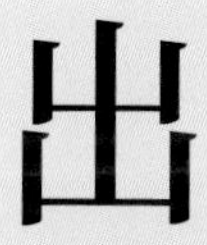

7급 총5획

부수 凵

come out, go out

- 처녀가 시집을 감은 出嫁(출가), '집을 나옴'으로, 집을 나와 중이나 수도자가 됨은 出家(출가). (가족과의 불화 등으로) 집을 나감은 家出(가출). 한자는 글자마다 뜻이 있어 글자의 위치를 바꾸어도 대부분 뜻이 같은데, 出家와 家出처럼 전혀 다른 뜻으로 쓰일 때도 있어요.
- 위험한 상태에서 구하는 것은 救出(구출). 밖으로 흘러나가거나 내보냄은 流出(유출). 어떤 방면으로 활동 범위를 넓혀 나아감은 進出(진출). 전에 없던 것을 처음으로 지어내거나 만들어 냄은 創出(창출). 전체 속에서 무엇을 뽑아냄은 抽出(추출). 어떤 상황에서 빠져나옴은 脫出(탈출)이지요.

한자+ 嫁(시집갈 가), 家(집 가, 전문가 가), 救(구원할 구, 도울 구), 流(흐를 류, 번져나갈 류), 進(나아갈 진), 創(비롯할 창, 시작할 창), 抽(뽑을 추), 脫(벗을 탈)

002 곡속욕(谷俗浴)

谷	俗	浴
골짜기 **곡**	저속할 **속**, 속세 **속**, 풍속 **속**	목욕할 **욕**

山에는 골짜기도 있네요.
골짜기를 한자로 나타내면 어떤 모양일까?
양쪽으로 벌어지고(∨) 벌어진(∨) 모양이지만, 이미 있던 한자인 여덟 팔, 나눌 팔(八)의 변형 둘과, 입 구, 말할 구, 구멍 구(口)를 이용하여 만들었네요.

谷 양쪽으로 벌어지고(𠆢) 벌어져(人) 구멍(口)처럼 패인 골짜기니 **골짜기 곡**

⊕ 人 ['사람 인'이지만 여기서는 여덟 팔, 나눌 팔(八)의 변형으로 봄]

俗 사람(亻)이 골짜기(谷)처럼 낮은 것에만 신경 쓰고 살면 저속하니 **저속할 속**

또 저속한 사람들이 모여 사는 속세니 **속세 속**

또 사람(亻)이 같은 골짜기(谷)에 살면서 이룬 풍속이니 **풍속 속**

浴 물(氵) 흐르는 골짜기(谷)에서 목욕하니 **목욕할 욕**

⊕ 氵- 물 수(水)가 한자의 왼쪽에 붙는 부수인, 변으로 쓰일 때의 모양으로 '삼 수 변'

한자 구조 **곡속욕**(谷俗浴) - 谷**으로 된 한자**

여덟 팔, 나눌 팔(八)의 변형(𠆢)과 변형(人) 아래에 입 구, 말할 구, 구멍 구(口)면 **골짜기 곡**(谷), 골짜기 곡(谷) 앞에 사람 인 변(亻)이면 **저속할 속, 속세 속, 풍속 속**(俗), 삼 수 변(氵)이면 **목욕할 욕**(浴)

3급 II 총7획

부수 谷

valley

- 시냇물 흐르는 골짜기는 溪谷(계곡).
- 깊은 산의 아득한 골짜기는 深山幽谷(심산유곡).
- '나아가거나 물러서거나 둘 다 골짜기에 묶임'으로, 앞뒤가 다 함정이라 이러지도 저러지도 못하는 경우를 이르는 말 進退維谷(진퇴유곡)은, 나아가기도 물러나기도 둘 다 어렵다는 진퇴양난(進退兩難), 딜레마(dilemma)와 비슷한 뜻이네요.

한자+ 溪(시내 계), 深(깊을 심), 幽(숨을 유, 아득할 유), 進(나아갈 진), 退(물러날 퇴), 維(벼리 유, 묶을 유, 끈 유), 兩(두 량, 짝 량, 냥 냥), 難(어려울 난, 비난할 난)

4급 II 총9획

부수 人(亻)

earthly, vulgar, custom

- 품위가 낮고 속됨을 이르는 말은 低俗(저속)으로, 품위나 몸가짐이 속되지 아니하고 훌륭하다는 말인 고상(高尙)의 반대말.
- 저속하거나 평범한 사람들의 세상을 일컫는 말은 俗世(속세).
- 옛날부터 그 사회에 전해 오는 습관을 이르는 말은 風俗(풍속), 민간의 풍속은 民俗(민속), 아름답고 좋은 풍속은 美風良俗(미풍양속).

한자+ 低(낮을 저), 高(높을 고), 尙(오히려 상, 높을 상, 숭상할 상), 世(세대 세, 세상 세), 風(바람 풍, 풍속 · 경치 · 모습 · 기질 · 병 이름 풍), 民(백성 민), 美(아름다울 미), 良(좋을 량, 어질 량)

5급 총10획

부수 水(氵)

bathe

- 온몸을 씻는 것은 沐浴(목욕). 목욕시설이 갖추어진 방은 浴室(욕실).
- 산속에 들어가 맑은 공기로 하는 목욕은 山林浴(산림욕)이나 森林浴(삼림욕), 햇빛에 하는 목욕은 日光浴(일광욕), 바닷물로 하는 목욕은 海水浴(해수욕)이지요.

한자+ 沐(목욕할 목), 室(집 실, 방 실, 아내 실), 林(수풀 림), 森(나무 빽빽할 삼, 엄숙할 삼), 日(해 일, 날 일), 光(빛 광, 경치 광), 海(바다 해), 水(물 수)

003 수빙영(水氷永)

水	氷	永
물 **수**	얼음 **빙**	길 **영**, 오랠 **영**

골짜기에는 물도 흐르네요.
물 수(水)는 잠겨있는 물에 물결이 이는 모양을 본떠서 만들었군요.
물 수(水)에 점 주, 불똥 주(丶)를 어디에 붙이냐에 따라 얼음 빙(氷)도 되고, 길 영, 오랠 영(永)도 되네요.

水

잠겨있는 물에 물결이 이는 모양을 본떠서 물 수

⊕ 水가 한자의 왼쪽에 붙는 부수인 변으로 쓰일 때는 氵 모양으로 점이 셋이니 '삼 수 변', 한자의 아래에 붙는 부수인 발로 쓰일 때는 氺모양으로 '물 수 발'이라 부릅니다.

한 덩어리(丶)로 물(水)이 얼어붙은 얼음이니 얼음 빙

⊕ 점 주, 불똥 주(丶)를 여기서는 한 덩어리로 본 것이고, 氷이 한자의 변으로 쓰일 때는 冫 모양으로 점이 둘이니 '이 수 변'이라 부릅니다.

永

높은 산 한 방울(丶)의 물(水)도, 길고 오래 흘러 강과 바다를 이루니 길 영, 오랠 영

⊕ 丶('점 주, 불똥 주'지만 여기서는 물 한 방울로 봄)

한자 구조 **수빙영**(水氷永) - **水로 된 한자**

잠겨있는 물에 물결이 이는 모양을 본떠서 **물 수(水)**, 물 수(水)에 점 주, 불똥 주(丶)를 앞에 붙이면 **얼음 빙(氷)**, 위에 붙이면 **길 영, 오랠 영(永)**

+ 물 수(水)에 점 주, 불똥 주(丶)를 한 덩어리로 얼어붙음을 강조하기 위해서 처음 쓰는 앞에 붙이면 '얼음 빙(氷)', 물이 솟아나는 높을 산을 나타내기 위하여 위에 붙이면 '길 영, 오랠 영(永)'으로 구분하세요.

8급 총4획

부수 水

water

• 먹는 물은 食水(식수). 찬물은 冷水(냉수), 따뜻한 물은 溫水(온수). 먹거나 몸을 담그면 약효가 있는 물은 藥水(약수). ① 크게 불은 물. ② 무엇이 많이 쏟아져 나옴을 비유적으로 이르는 말은 洪水(홍수).

• ① 물의 높이. ② 어떤 일이 진행되는 정도를 비유적으로 이르는 말은 水位(수위). 기준이 되는 일정한 표준이나 정도는 水準(수준).

• '내 논에 물 대기'로, 자기에게만 이롭도록 행동함은 我田引水(아전인수).

한자+ 食(밥 식, 먹을 식), 冷(찰 랭), 溫(따뜻할 온, 익힐 온), 藥(약 약), 洪(넓을 홍, 홍수 홍, 성씨 홍), 位(자리 위), 準(평평할 준, 법도 준, 준할 준), 我(나 아), 田(밭 전), 引(끌 인)

5급 총5획

부수 水

ice

• 얼음물은 氷水(빙수). 얼어붙은 강은 氷河(빙하).

• 얼음이 맺음(얾)은 結氷(결빙), 얼음이 풀림(녹음)은 解氷(해빙). (물 위에 떠서) 흘러가는 얼음덩이는 流氷(유빙).

• '빙산의 한 뿔'로, (빙산에서 보이는 부분은 전체의 1/9 정도라는 데서) 대부분이 숨겨져 있고, 외부로 나타나 있는 것은 극히 일부분에 지나지 않음을 이르는 말은 氷山一角(빙산일각).

한자+ 河(내 하, 강 하), 結(맺을 결), 解(해부할 해, 풀 해), 流(흐를 류, 번져 나갈 류), 角(뿔 각, 모날 각, 겨룰 각)

6급 총5획

부수 水

eternal, long

• 끝없이 오래는 永久(영구), 永久히 잊지 아니함은 永久不忘(영구불망)이나 永世不忘(영세불망). 영원한 삶은 永生(영생). '길고 멂'으로, 언제까지나 계속되어 끝이 없음은 永遠(영원). 영원히 멸하지 않음은 永遠不滅(영원불멸)이지요.

한자+ 久(오랠 구), 不(아닐 불 · 부), 忘(잊을 망), 世(세대 세, 세상 세), 生(날 생, 살 생, 사람을 부를 때 쓰는 접사 생), 遠(멀 원), 滅(꺼질 멸, 멸할 멸)

004 일 왈창(日 曰昌)

해 **일**, 날 **일**	가로 **왈**, 말할 **왈**	빛날 **창**

한자 수수께끼를 하나 낼게요.
그림으로 그리면 원(畫卽圓)이요, 한자로 쓰면 네모(書卽方)인 한자는?
답은 해 일, 날 일(日)이지요.
비슷한 한자로 가로 왈, 말할 왈(曰)도 있으니, 혼동하지 마세요.
+ 畫(그림 화, 그을 획), 卽(곧 즉), 圓(둥글 원, 화폐단위 원), 書(쓸 서, 글 서, 책 서), 方(모 방, 방향 방, 방법 방)

日 해의 둥근 모양과 가운데 흑점을 본떠서 **해 일**
또 해가 뜨고 짐으로 구분하는 날이니 **날 일**

曰 말할 때 입(口)에서 소리가 나오는 모양(一)을 생각하여 **가로 왈, 말할 왈**
⊕ 一 ('한 일'이지만 여기서는 입에서 나오는 소리로 봄),
가로다 - '말하다'를 예스럽게 이르는 말.
⊕ 예스럽다 - 옛것과 같은 맛이나 멋이 있다.

昌 해(日)처럼 밝게 분명히 말하면(曰) 빛나니 **빛날 창**

한자 구조 **일 왈창**(日 曰昌) - **日과 曰로 된 한자**

해의 둥근 모양과 가운데 흑점을 본떠서 **해 일**(日), 또 해가 뜨고 짐으로 구분하는 날이니 **날 일(日)**, 말할 때 입(口)에서 소리가 나오는 모양(一)을 생각하여 **가로 왈, 말할 왈**(曰), 해 일, 날 일(日) 아래에 가로 왈, 말할 왈(曰)이면 **빛날 창**(昌)
+ 세로로 길면 해 일, 날 일(日), 가로로 길면 가로 왈, 말할 왈(曰) - 해처럼 둥근 것은 어디로 길쭉해도 되지만 입은 항상 가로로 길쭉하여서 이렇게 만들었네요.

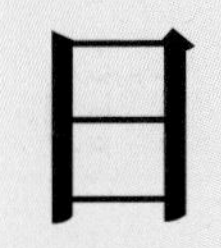

8급 총4획

부수 日

sun, day

• 햇빛은 日光(일광). 날마다 그날그날 겪은 일이나 생각, 느낌 따위를 적는 개인의 기록은 日記(일기), 그날그날의 기상 상태는 日氣(일기). 오늘은 今日(금일).

한자+ 光(빛 광, 경치 광), 記(기록할 기, 기억할 기), 氣(기운 기, 대기 기), 今(이제 금, 오늘 금)

3급 총4획

부수 日

say

• 어떤 일에 대하여 옳거니 그르거니 말함은 曰可曰否(왈가왈부).

• 신축성 있는 사슴 가죽에 曰자를 써 놓고, 가로로 당기면 가로 왈(曰)이 되고, 세로로 당기면 해 일, 날 일(日)이 되는 것처럼, 이렇게도 되고 저렇게도 됨을 이르는 말은 鹿皮曰字(녹피왈자)로, 이현령비현령(耳懸鈴鼻懸鈴)과 비슷한 뜻.

한자+ 可(옳을 가, 가히 가, 허락할 가), 否(아닐 부, 막힐 비), 鹿(사슴 록), 皮(가죽 피), 字(글자 자), 耳(귀 이), 懸(매달 현, 멀 현), 鈴(방울 령), 鼻(코 비, 비롯할 비), 이현령비현령(耳懸鈴鼻懸鈴) - '귀에 걸면 귀걸이, 코에 걸면 코걸이'로, 어떤 사실이 이렇게도 해석되고 저렇게도 해석됨을 이르는 말

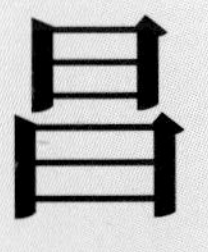

3급II 총8획

부수 日

prosper

• '빛나고 성함'으로, 번성하여 잘됨은 昌盛(창성), 번성하여(한창 잘되어) 빛남은 繁昌(번창)이네요.

한자+ 盛(성할 성), 繁(번성할 번)

005 목미간(目眉看)

目	眉	看
눈 **목**, 볼 **목**, 항목 **목**	눈썹 **미**	볼 **간**

'둥글고 눈동자 있는 눈을 본떠서 눈 목'임은 알겠는데,
어찌 '볼 목, 항목 목'도 될까?
아하! 눈으로 보니까 '볼 목'이고, 눈에 잘 보이게 만든 항목이니 '항목 목'이네요.
볼 간(看) = 龵 [손 수, 재주 수, 재주 있는 사람 수(手)의 변형] + 目
왜 눈 위에 손을 얹고 볼까요?
눈이 부시거나 더 잘 보려고 할 때를 생각해 보세요.

둥글고 눈동자 있는 눈을 본떠서 눈 목
또 눈으로 보니 볼 목
또 눈에 잘 보이게 만든 항목이니 항목 목

眉 눈썹(尸)이 눈(目) 위에 있음을 본떠서 눈썹 미

看 (눈이 부시거나 더 잘 보려고 할 때)
손(龵)을 눈(目) 위에 얹고 보니 볼 간

한자 구조 **목미간**(目眉看) - **目으로 된 한자**

둥글고 눈동자 있는 눈을 본떠서 **눈 목**(目), 또 눈으로 보니 **볼 목**(目), 또 눈에 잘 보이게 만든 항목이니 **항목 목**(目), 눈 목, 볼 목, 항목 목(目) 위에 눈썹 모양을 붙이면 **눈썹 미**(眉), 손 수(手)의 변형(龵)을 붙이면 **볼 간**(看)

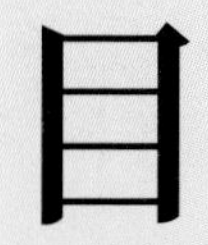

6급 총5획
부수 目
eye, see, item

- 귀 · 눈 · 입 · 코, 또는 귀 · 눈 · 입 · 코 등을 중심으로 본 얼굴의 생김새를 이르는 말은 耳目口鼻(이목구비). '여기를 주목하세요' 할 때처럼 눈길을 쏟아 관심을 갖고 봄은 注目(주목). '보는 표시'로, 목적 삼는 곳은 目標(목표).
- 어떤 기준으로 나눈 일의 가닥은 項目(항목).

한자+ 耳(귀 이), 口(입 구, 말할 구, 구멍 구), 鼻(코 비, 비롯할 비), 注(물 댈 주, 쏟을 주), 標(표시할 표, 표 표), 項(목 항, 조목 항)

3급 총9획
부수 目
eyebrow

- 눈썹 사이는 眉間(미간). '눈썹이 탈 만큼 위급한 상태'로, 매우 다급한 일이나 경우를 이르는 말은 焦眉之急(초미지급).
- '흰 눈썹'으로, 여러 가운데에서 가장 뛰어난 사람이나 훌륭한 물건을 이르는 말은 白眉(백미), 중국 촉(蜀)나라 때 마씨(馬氏) 다섯 형제가 모두 재주가 있었지만, 그중에서도 흰 눈썹이 난 마량(馬良)이 가장 뛰어났다는 데서 유래된 말이지요.

한자+ 間(사이 간), 焦(탈 초), 之(갈 지, ~의 지, 이 지), 急(급할 급), 白(흰 백, 밝을 백, 깨끗할 백, 아뢸 백), 蜀(애벌레 촉, 나라 이름 촉)

4급 총9획
부수 目
watch

- 상점 등에서 사람들이 보도록 내 건 널조각은 看板(간판). 환자나 부상자를 보살펴 보호함은 看護(간호). '말을 타고 달리면서 산을 봄'으로, 바쁘게 대충 보며 지나감을 이르는 말은 走馬看山(주마간산), 속담 '수박 겉핥기'와 비슷한 뜻이네요.

한자+ 板(널조각 판), 護(보호할 호), 走(달릴 주, 도망갈 주), 馬(말 마), 山(산 산)

둥근 것을 본떠서 만든 한자도 어찌 네모일까요?

- 한자가 처음 만들어지던 시절에는 종이나 좋은 필기도구가 없어서, 짐승의 뼈나 나무, 바위같이 딱딱한 곳에 딱딱한 도구로 한자를 새겼으니, 네모로 새기기가 둥글게 새기기보다 더 쉬웠기 때문이지요.

006 월명붕(月明朋)

月	明	朋
달 **월**, 육 달 **월**	밝을 **명**	벗 **붕**, 무리 **붕**

달도 해처럼 둥근데 한자는 어찌 둥글지 않을까요?
달은 둥글 때보다 점점 차오르거나 이지러지는 모양으로 더 많이 보이니, 초승달을 본떠서 달 월(月)을 만든 것이지요.
하늘에 뜨는 달도, 그리고 달이 보이기 시작하는 초하루부터 아주 안 보이는 그믐까지의 한 달도 가리키고, 고기 육(肉)이 부수로 쓰일 때의 모양으로도 보아 '육 달 월'이라 부르지요. 한자의 왼쪽이나 아래에 붙는 月은 대부분 '육 달 월'이네요.

月 초승달을 본떠서 달 월
또 고기 육(肉)이 부수로 쓰일 때의 모양으로 육 달 월

明 해(日)와 달(月)이 함께 뜬 듯 밝으니 밝을 명

朋 몸(月)과 몸(月)이 비슷한 벗들의 무리니 벗 붕, 무리 붕

한자 구조 **월명붕**(月明朋) - **月로 된 한자**

초승달을 본떠서 **달 월**(月), 또 고기 육(肉)이 부수로 쓰일 때의 모양으로 **육 달 월**(月), 달 월, 육 달 월(月) 앞에 해 일, 날 일(日)이면 **밝을 명**(明), 달 월, 육 달 월(月)이면 **벗 붕, 무리 붕**(朋)

8급 총4획

부수 月

moon, meat

- 둥글게 찬 보름달은 滿月(만월). 밝은 달은 明月(명월).
- 맑은 바람과 밝은 달 따위의 아름다운 자연을 즐기는 사람은 風月主人(풍월주인).
- 매달 한 번씩 간행하거나 그런 책은 月刊(월간). 한 달을 단위로 하여 지급하는 급료는 月給(월급).

한자+ 滿(찰 만), 明(밝을 명), 風(바람 풍, 풍속 · 경치 · 모습 · 기질 · 병 이름 풍), 主(주인 주), 刊(책 펴낼 간), 급료(給料) - 일에 대한 대가로 고용주가 지급하는 돈. 월급(月給)이나 일급(日給) 따위가 있음. 給(줄 급), 料(헤아릴 료, 재료 료, 값 료)

明

6급 총8획

부수 日

bright

- 우울한 빛이 없이 활발하고 밝음은 明朗(명랑). 깨끗하고 밝음은 鮮明(선명).
- '공정하고 밝고 바르고 큼'으로, 하는 일이나 태도가 사사로움이나 그릇됨이 없이 아주 정당하고 떳떳함은 公明正大(공명정대).
- '밝고 밝음'으로, 더할 나위 없이 명백함은 明明白白(명명백백), 밝기가 불을 보는 것 같다는 明若觀火(명약관화)와 비슷한 뜻이네요.

한자+ 朗(밝을 랑), 鮮(고울 선, 깨끗할 선, 싱싱할 선), 公(공정할 공, 대중 공, 귀공자 공), 正(바를 정), 大(큰 대), 白(흰 백, 밝을 백, 깨끗할 백, 아뢸 백), 若(만약 약, 같을 약, 반야 야), 觀(볼 관), 火(불 화)

朋

3급 총8획

부수 月

friend, group

- '벗과 벗'으로, 비슷한 또래로 서로 친하게 사귀는 사람은 朋友(붕우). 친구 사이의 도리는 믿음에 있다는 말은 朋友有信(붕우유신).
- 뜻이 같은 사람끼리 모인 집단은 朋黨(붕당)이지요.

한자+ 友(벗 우), 有(가질 유, 있을 유), 信(믿을 신, 소식 신), 黨(무리 당)

007 차조조(且組祖)

且	組	祖
또 **차**, 구차할 **차**	짤 **조**	할아버지 **조**, 조상 **조**

또 한자 수수께끼 하나.
무엇을 자꾸 차는 한자는?
하하! 또 차(且)지요.

且

그릇(一)에 음식을
또 또 쌓아 올린 모양을 본떠서 **또 차**
또 또 구해야 할 정도로 구차하니 **구차할 차**
⊕ 一 ('한 일'이지만 여기서는 그릇으로 봄)

組

실(糸)을 겹치고 또(且) 겹쳐 짜니 **짤 조**
⊕ 糸(실 사, 실 사 변) - 제목번호 [080] 참고

祖

보면(示) 또(且) 절해야 하는 할아버지니 **할아버지 조**
또 할아버지 위로 대대의 조상이니 **조상 조**
⊕ 示 (보일 시, 신 시) - 2권 제목번호 [015] 참고

한자 구조 **차조조(且組祖) - 且로 된 한자**

그릇(一)에 음식을 또 또 쌓아 올린 모양을 본떠서 **또 차**(且), 또 또 구해야 할 정도로 구차하니 **구차할 차**(且), 또 차, 구차할 차(且) 앞에 실 사, 실 사 변(糸)이면 **짤 조**(組), 보일 시, 신 시(示)면 **할아버지 조, 조상 조**(祖)

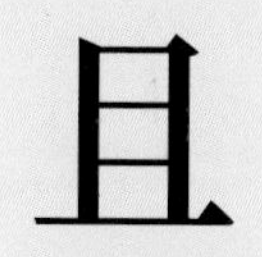

3급 총5획
부수 一
and, lame

- '또(다음에) 다스림'으로, 다음으로 미루어 문제 삼지 않음, 또는 우선 내버려 둠은 且置(차치). 무겁고 또한 큼은 重且大(중차대)로, "우리는 重且大한 사명을 띠고 이 땅에 태어났다."처럼 쓰이고,
- 하물며 또. 더구나는 況且(황차)로, "친구인 나도 슬픈데, 況且 자식을 잃은 부모의 마음은 오죽하겠는가?"처럼 쓰이지요.
- 살림이 몹시 가난함이나, 말이나 행동이 떳떳하지 못함은 苟且(구차)함이네요.

한자+ 置(둘 치), 重(무거울 중, 귀중할 중, 거듭 중), 大(큰 대), 況(상황 황, 하물며 황), 苟(구차할 구, 진실로 구)

組

4급 총11획
부수 糸
set up

- 짜 맞추어 만듦은 組成(조성). 베를 짬, 또는 어떤 목적을 달성하기 위한 사람이나 물건이 모인 집합체는 組織(조직). 여럿을 한데 모아 한 덩어리로 짬은 組合(조합).
- '함께 구제하는 조합'으로, 같은 종류의 직업인들끼리 서로 친목을 꾀하고, 좋은 일에나 어려운 일에 물질적으로 돕고자, 회비 등을 내어 운영하는 조합은 共濟組合(공제조합).

한자+ 成(이룰 성), 織(짤 직), 合(합할 합, 맞을 합), 共(함께 공), 濟(건널 제, 구제할 제)

祖

7급 총10획
부수 示
grand father, forefather

- 할아버지는 祖父(조부). 할머니는 祖母(조모), 할아버지(할머니)와 손자는 祖孫(조손).
- 할아버지 위로 대대의 어른은 祖上(조상)이나 先祖(선조). 조상 때부터 대대로 살던 나라는 祖國(조국).

한자+ 父(아버지 부), 母(어머니 모), 孫(손자 손), 上(위 상, 오를 상), 先(먼저 선), 國(나라 국)

008 석 다이(夕 多移)

夕	多	移
저녁 **석**	많을 **다**	옮길 **이**

어두워지는 저녁에 보이는 것은 초승달뿐인데, 이미 초승달을 본떠서는 달 월(月)을 만들었으니, 초승달 일부가 구름에 가려진 모양을 본떠서 저녁 석(夕)을 만들었네요. 초승달은 초저녁 서쪽 하늘에 잠깐 떴다가 지니까요.

夕 초승달(月) 일부가 구름에 가려진 모양을 본떠서 **저녁 석**

多 (세월이 빨라) 저녁(夕)과 저녁(夕)이 거듭되어 많으니 **많을 다**

移 못자리의 벼(禾)가 많이(多) 자라면 옮겨 심듯이 옮기니 **옮길 이**

⊕ 禾 (벼 화), 벼는 못자리에 씨앗을 뿌렸다가 어느 정도 자라면 본 논에 옮겨 심는데, 이것이 '모내기'지요.

한자 구조 **석 다이**(夕 多移) - **夕과 多로 된 한자**

초승달(月) 일부가 구름에 가려진 모양을 본떠서 **저녁 석**(夕), 저녁 석(夕) 아래에 저녁 석(夕)이면 **많을 다**(多), 많을 다(多) 앞에 벼 화(禾)면 **옮길 이**(移)

7급 총3획

부수 夕

evening

- 저물녘의 햇볕은 夕陽(석양). 아침저녁이나 항상은 朝夕(조석). '하루아침 하룻저녁'으로, 아주 짧은 시간을 이르는 말은 一朝一夕(일조일석).

한자+ 陽(볕 양, 드러날 양), 朝(아침 조, 조정 조, 뵐 조)

6급 총6획

부수 夕

many

- 많이 읽음은 多讀(다독). 복이 많음이나 많은 복은 多福(다복).
- 고사성어도 상황에 맞게 한자를 바꾸거나 새로 만들어 사용해보는 습관이 정확하고 풍부한 단어 실력과 표현력을 기르는 지름길입니다.
- 많을수록 더욱 좋다는 多多益善(다다익선)을 변형시키면, 조조익선(早早益善 - 이를수록 더욱 좋다), 대대익선(大大益善 - 클수록 더욱 좋다), 소소익선(小小益善 - 작을수록 더욱 좋다), 소소익선(少少益善 - 적거나 젊을수록 더욱 좋다).
- 이 말에서 善을 악할 악, 미워할 오(惡)로 바꾸면 '좋음'이 '나쁨'으로 바뀌어 '다다익악(多多益惡 - 많을수록 더욱 나쁨)'처럼 반대의 뜻이 되네요.

한자+ 讀(읽을 독, 구절 두), 福(복 복), 益(더할 익, 유익할 익), 善(착할 선, 좋을 선, 잘할 선), 早(일찍 조), 大(큰 대), 小(작을 소), 少(적을 소, 젊을 소), 惡(악할 악, 미워할 오)

4급 II 총11획

부수 禾

remove

- 옮기어 움직임이나 위치를 변경함은 移動(이동). 옮겨 감은 移徙(이사).
- 세상의 추이(변화)에 더불어 따른다는 與世推移(여세추이)도 있지만, 옳다고 믿는 신념이나 사랑만은 세상이 어떻게 변해도 절대 옮기지 않는다는 아독불이(我獨不移 - 나는 홀로 옮기지 않는다)의 자세, 변화에 처해도(상황이 어떻게 변해도) 절대 변하지 않는다는 처변무변(處變無變)의 자세도 좋아 보이네요. 어떤 것에도 끄떡하지 않는 부동심(不動心)이 處變無變이지요.

한자+ 動(움직일 동), 徙(옮길 사), 與(줄 여, 더불 여, 참여할 여), 世(세대 세, 세상 세), 推(밀 추), 我(나 아), 獨(홀로 독, 자식 없을 독), 不(아닐 불 · 부), 處(곳 처, 살 처, 처리할 처), 變(변할 변), 無(없을 무), 心(마음 심, 중심 심)

009 명명 각(名銘 各)

名	銘	各
이름 **명**, 이름날 **명**	새길 **명**	각각 **각**

사회생활은 거의 없고, 늘 같은 사람들끼리만 어울려 살던 옛날에는
어두워 보이지 않을 때나 이름을 불렀겠지요.
그러던 이름이 요즘에는 그 사람이나 물건을 대표하는 말로는 물론,
이름이 널리 알려진다는 데서 '이름나다, 유명하다'의 뜻으로도 쓰이네요.

名 저녁(夕)에 보이지 않아 입(口)으로 부르는 이름이니 **이름 명**
또 이름이 알려지도록 이름나니 **이름날 명**

銘 쇠(金)에 이름(名)을 새기니 **새길 명**
⊕ 金 - 덮여 있는(人) 한(一) 곳의 흙(土)에 반짝반짝(丷) 빛나는 쇠나 금이니 '쇠 금, 금 금', 또 금처럼 귀한 돈이나 성씨니 '돈 금, 성씨 김'
⊕ 人 ('사람 인'이지만 여기서는 덮인 모양으로 봄), 土(흙 토)

各 (이름은 각각 다르니) 이름 명(名)을 변형시켜 **각각 각**

한자 구조 **명명 각**(名銘 各) - **名으로 된 한자와 各**

저녁 석(夕) 아래에 입 구, 말할 구, 구멍 구(口)면 **이름 명, 이름날 명**(名), 이름 명, 이름날 명(名) 앞에 쇠 금, 금 금, 돈 금, 성씨 김(金)이면 **새길 명**(銘), 이름 명, 이름날 명(名)을 변형시켜 **각각 각**(各)

名

7급 총6획
부수 口
name, famous

- 성(姓)과 이름(名)을 함께 말하여 姓名(성명).
- 이름난 노래는 名曲(명곡). 이름난 장소는 名所(명소). 이름난 사람은 名人(명인). 이름난 작품은 名作(명작). 이름난 물건은 名品(명품).
- '이름만 있고 실제가 없음'으로, 이름만 요란하고 실제 알맹이가 없다는 말인 有名無實(유명무실)의 한자를 바꾸어, 이름은 없어도(유명하지는 않아도) 실제가 있다는 無名有實, 이름도 있고 실제도 있다, 즉 이름값을 한다는 有名有實, 이름도 없고 실제도 없다는 無名無實처럼, 상황에 맞는 말을 만들어 쓸 수도 있네요.

한자+ 姓(성씨 성, 백성 성), 曲(굽을 곡, 노래 곡), 所(장소 소, 바 소), 作(지을 작), 品(물건 품, 등급 품, 품위 품), 有(가질 유, 있을 유), 無(없을 무), 實(열매 실, 실제 실)

銘

3급 II 총14획
부수 金
engrave

- 잊지 않도록 마음에 깊이 새김은 銘心(명심). 마음에 새기어 (오래오래) 잊지 않음은 銘心不忘(명심불망). 깊이 느끼어 마음속에 새겨짐은 感銘(감명).

한자+ 心(마음 심, 중심 심), 不(아닐 불 · 부), 忘(잊을 망), 感(느낄 감, 감동할 감)

各

6급 총6획
부수 口
each

- 따로따로. 제각각은 各各(각각). [적이 유기적(有機的)으로 통합되어 있지 않은 틈을 타서] 그 낱낱을 따로따로 격파함은 各個擊破(각개격파). 제각기 살아 나갈 방법을 꾀함은 各自圖生(각자도생)이지요.

한자+ 有(가질 유, 있을 유), 機(베틀 기, 기계 기, 기회 기), 的(과녁 적, 맞힐 적, 밝을 적, 접미사 적), 유기적(有機的) - '기틀이 있는'으로, 생물체처럼 전체를 구성하고 있는 각 부분이 서로 밀접하게 관련이 있어서 떼어 낼 수 없는, 또는 그런 것), 個(낱 개), 擊(칠 격), 破(깨뜨릴 파, 다할 파), 自(자기 자, 스스로 자, 부터 자), 圖(그림 도, 꾀할 도), 生(날 생, 살 생, 사람을 부를 때 쓰는 접사 생)

010 격객락(格客落)

格	客	落
격식 **격**, 헤아릴 **격**	손님 **객**	떨어질 **락**

훈과 음이 까마귀 우는 소리인 한자는?
각각 각(各)이라고요? 맞아요!
각각 각(各)은 까마귀와는 전혀 관련이 없는데,
훈과 음이 까마귀 우는 소리네요.

格 나무(木)로 각각(各)의 물건을 만드는 격식이니 **격식 격**
또 격식에 맞게 헤아리니 **헤아릴 격**
⊕ 木(나무 목)

客 집(宀)에 온 각각(各) 다른 손님이니 **손님 객**
⊕ 宀(집 면) - 제목번호 [030] 참고

落 풀(艹)에 맺힌 물(氵)방울이 각각(各) 떨어지니 **떨어질 락**
⊕ 艹 - 풀 초(草)가 부수로 쓰일 때의 모양으로, 대부분 한자의 머리 부분에 붙으니, 머리 두(頭)를 붙여서 '초 두'라 부름.
- 2권 제목번호 [008] 참고

한자 구조 **격객락**(格客落) - **各으로 된 한자**

각각 각(各) 앞에 나무 목(木)이면 **격식 격, 헤아릴 격**(格), 위에 집 면(宀)이면 **손님 객**(客), 앞에 삼 수 변(氵), 위에 초 두(艹)면 **떨어질 락**(落)

格

5급 총10획

부수 木

form, consider

- 격에 맞는 일정한 방식은 格式(격식). 일정한 신분이나 지위는 資格(자격).
- 사물의 이치를 헤아려(연구하여) 지식을 이룸(완전하게 함)은 格物致知(격물치지).

한자+ 式(법 식, 의식 식), 資(재물 자, 신분 자), 物(물건 물), 致(이룰 치, 이를 치), 知(알 지)

客

5급 총9획

부수 宀

guest

- (자기와의 관계를 떠나) 손님의 측면에서 봄은 客觀(객관), 주인의 측면에서 봄은 주관(主觀). 청하지 않았는데 찾아온 손님은 不請客(불청객).
- '주인과 손님이 한 몸'으로, 어떤 대상에 완전히 동화된 경지를 이르는 말은 主客一體(주객일체), 물아일체(物我一體), 물심일여(物心一如)지요.

한자+ 觀(볼 관), 主(주인 주), 不(아닐 불 · 부), 請(청할 청), 體(몸 체), 物(물건 물), 我(나 아), 心(마음 심, 중심 심), 如(같을 여), 물아일체(物我一體) - '사물과 내가 한 몸'으로, 물질과 나, 외물과 자기, 객관과 주관의 구별이 없이 하나가 되는 경지를 이르는 말

落

5급 총13획

부수 草(艹)

fall down

- (소원이 이루어지지 않아) 떨어지는(실망하는) 마음은 落心(낙심).
- 나뭇잎이 떨어짐, 또는 그 잎은 落葉(낙엽).
- 떨어지고 떨어진(가지를 아래로 축축 늘어뜨린) 긴(큰) 소나무는 落落長松(낙락장송). 나뭇잎 떨어진 겨울의 춥고 쓸쓸한 자연(풍경), 또는 그런 계절인 겨울을 일컫는 말은 落木寒天(낙목한천)이네요.

한자+ 心(마음 심, 중심 심), 葉(잎 엽), 長(길 장, 어른 장), 松(소나무 송), 木(나무 목), 寒(찰 한), 天(하늘 천)

011 일이삼(一二三)

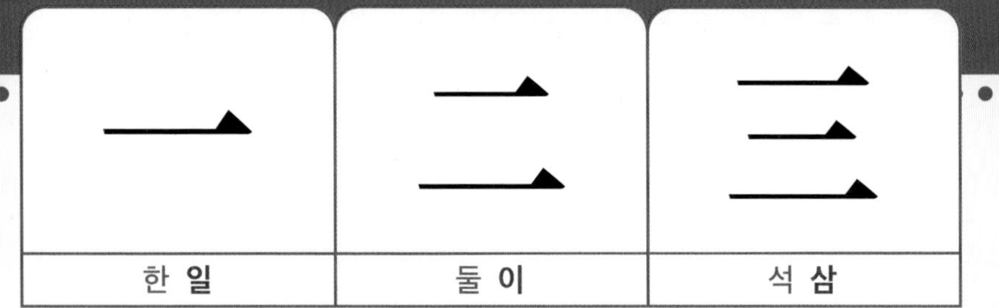

일이삼(一二三)은 나무토막의 숫자로 만들었네요.
한자는 당시에 주변에서 많이 보이고, 많이 쓰이는 것을 이용하여 만들었지요.
그래야 누구나 쉽게 알아보고 쓸 수 있으니까요.

一 나무토막 하나를 옆으로 놓은 모양에서 한 일

二 나무토막 두 개를 옆으로 놓은 모양에서 둘 이

三 나무토막 세 개를 옆으로 놓은 모양에서 석 삼

한자 구조 **일이삼**(一二三) - **숫자**

나무토막을 옆으로 놓은 모양이 하나면 **한 일**(一), 둘이면 **둘 이**(二), 셋이면 **석 삼**(三)

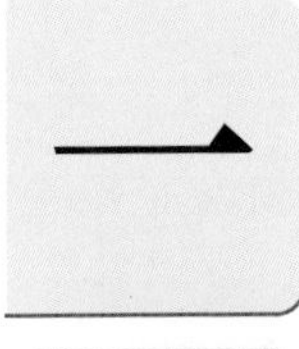

8급 총1획

부수 一

one

- 오직 한 가지 생각은 一念(일념). (다른 것과 비교하여) 똑같음은 同一(동일).
- 백 번 듣는 것은 한 번 보는 것만 같지 못하다는 百聞不如一見(백문불여일견)을 변형하여, 百論不如一行(백론불여일행 - 백 번 논란은 한 번 행함만 같지 못하다), 百言不如一行(백언불여일행 - 백 번 말함은 한 번 행함만 같지 못하다)으로 쓸 수 있어요.
- 한문에서 A不如B 형태로 된 문장은 'A는 B만 같지 못하다', 즉 'A보다 B가 낫다'로 해석합니다.

한자+ 念(생각 념), 同(한 가지 동, 같을 동), 百(일백 백, 많을 백), 聞(들을 문), 不(아니 불·부), 如(같을 여), 見(볼 견, 뵐 현), 論(논할 론, 평할 론), 行(다닐 행, 행할 행, 항렬 항), 言(말씀 언)

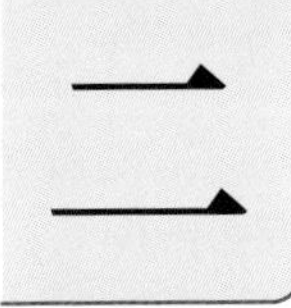

8급 총2획

부수 二

two

- 바퀴가 둘 달린 차는 二輪車(이륜차), 셋 달린 차는 삼륜차(三輪車). 한 사람이 두 역할을 함은 一人二役(일인이역), 세 역할을 함은 일인삼역(一人三役), 한 몸으로 두 역할을 함은 一身二役(일신이역). 한 몸으로 많은(여러) 역할을 함은 一身多役(일신다역)
- '몸과 태어난 땅은 둘이 아님'으로, 제 땅에서 산출된 것이라야 몸에 잘 맞는다는 말인 身土不二(신토불이)를 변형시켜, 도시와 농촌은 둘이 아니라는 都農不二(도농불이)도 만들어 쓸 수 있네요.

한자+ 輪(바퀴 륜, 둥글 륜, 돌 륜), 車(수레 거, 차 차), 役(부릴 역), 身(몸 신) 多(많을 다), 土(흙 토), 不(아닐 불 · 부), 都(도읍 도, 모두 도, 성씨 도), 農(농사 농)

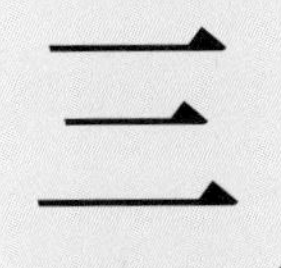

8급 총3획

부수 一

three

- 남쪽의 충청도 전라도 경상도를 통틀어 이르는 말은 三南(삼남). 세 사람, 또는 세 단체 사이의 관계. 특히 세 남녀 사이의 연애 관계는 三角關係(삼각관계). 두 사람이 한쪽 다리를 묶어 세 다리로 달리는 경기는 二人三脚(이인삼각)경기.
- '내 코(콧물)가 석 자'로, 내 사정이 급하여 남을 돌볼 겨를이 없음을 이르는 말은 吾鼻三尺(오비삼척)이지요.

한자+ 南(남쪽 남), 角(뿔 각, 모날 각, 겨룰 각), 關(빗장 관, 관계할 관), 係(맬 계, 묶을 계), 脚(다리 각), 吾(나 오), 鼻(코 비, 비롯할 비), 尺(자 척)

012 사오륙(四五六)

넉 사	다섯 오	여섯 륙

일이삼(一二三)과 달리 사오륙(四五六)은 한자도 어렵고 어원도 어렵네요. 대부분의 한자는 어원으로 생각하면 쉽게 익혀지고 오래 잊히지 않지만, 간혹 그대로 익히는 것보다 더 어려울 때도 있으니, 그럴 때는 그냥 한자대로 익히셔도 됩니다.

四 에워싼(口) 부분을 사방으로 나누어(八) 넉 사

⊕ 口(에운 담) - 제목번호 [032] 참고, 八(여덟 팔, 나눌 팔)

五 열(十)을 둘(二)로 나눈(丨) 다섯이니 다섯 오

⊕ 十(열 십, 많을 십), 丨('뚫을 곤'이지만 여기서는 나누는 모양으로 봄)

六 머리(亠)를 중심으로 나눠지는(八) 방향이 동서남북상하의 여섯이니 여섯 륙

⊕ 亠(머리 부분 두)

한자 구조 **사오륙**(四五六) **- 숫자**

에운 담(口) 안에 여덟 팔, 나눌 팔(八)이면 **넉 사**(四), 열 십, 많을 십(十)에 둘 이(二)와 뚫을 곤(丨)이면 **다섯 오**(五), 머리 부분 두(亠) 아래에 여덟 팔, 나눌 팔(八)이면 **여섯 륙**(六)

8급 총5획

부수 口

four

• 네 계절은 四季(사계). 동양화에서, 매화·난초·국화·대를 그린 그림, 또는 그 소재는 四君子(사군자). '길이 사방, 오방(동, 서, 남, 북, 중앙)으로 통함'으로, 교통망, 통신망 등이 이리저리 사방으로 막힘없이 통함은 四通五達(사통오달)이나 四通八達(사통팔달).

한자+ 季(끝 계, 계절 계), 君(임금 군, 남편 군, 그대 군), 子(아들 자, 첫째 지지 자, 자네 자, 접미사 자), 군자(君子) - 유교에서 말하는 이상적인 인간형. ⓑ 소인(小人). 通(통할 통), 達(이를 달, 통달할 달), 八(여덟 팔, 나눌 팔)

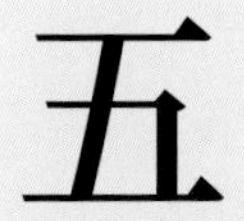

8급 총4획

부수 二

five

• 시(視)·청(聽)·후(嗅)·미(味)·촉(觸)의 다섯 가지 감각을 이르는 말은 五感(오감). 우주 간의 다섯 원기로, 금목수화토(金木水火土)를 이르는 말은 五行(오행).

• '넷으로 나뉘고 다섯으로 찢어짐'으로, 이리저리 갈기갈기 찢어짐은 四分五裂(사분오열). (숫자에 끝수가) 사(四) 이하는 버리고 오(五) 이상은 십으로 올려 계산하는 셈법은 四捨五入(사사오입).

한자+ 視(볼 시), 聽(들을 청), 嗅(냄새 맡을 후), 味(맛 미), 觸(닿을 촉), 感(느낄 감, 감동할 감), 金(쇠 금, 금 금, 돈 금, 성씨 김), 木(나무 목), 水(물 수), 火(불 화), 土(흙 토), 行(다닐 행, 행할 행, 항렬 항), 分(나눌 분, 단위 분, 단위 푼, 신분 분, 분별할 분, 분수 분), 裂(찢을 렬, 찢어질 렬, 터질 렬), 捨(버릴 사), 入(들 입)

8급 총4획

부수 八

six

• 예순 날, 또는 예순 살은 六旬(육순).

• '오장(五臟)과 육부(六腑)'로, 내장 전체를 한꺼번에 이르는 말은 五臟六腑(오장육부)네요.

한자+ 旬(열흘 순), 臟(오장 장), 腑(장부 부), 오장(五臟) - 폐장·심장·비장·간장·신장의 다섯 가지 내장. 육부(六腑) - 대장·소장·위·쓸개·방광·삼초(三焦)의 여섯 가지 장부.

013 칠팔구(七八九)

七	八	九
일곱 **칠**	여덟 **팔**, 나눌 **팔**	아홉 **구**, 클 **구**, 많을 **구**

八은 양쪽으로 나누는 모양 같은데 어찌 '여덟 팔'일까?
숫자를 셈하거나 나타낼 때 주로 손가락을 이용하고, 한 손의 손가락으로 부족하면 두 손의 손가락으로 나타내지요. '여덟'도 두 손의 네 손가락씩으로 나타냈네요.

七 하늘(一)의 북두칠성 모양(乚)을 본떠서 **일곱 칠**

⊕ 一 ('한 일'이지만 여기서는 하늘로 봄)

八 두 손을 네 손가락씩 위로 편 모양에서 **여덟 팔**.

또 양쪽으로 잡아당겨 나누는 모양으로도 보아 **나눌 팔**

九 열 십(十)의 가로줄을 구부려, 하나가 모자란 아홉이라는 데서 **아홉 구**

또 아홉은 한 자리 숫자 중에서 제일 크고 많으니 **클 구, 많을 구**

한자 구조 **칠팔구**(七八九) **- 숫자**

한 일(一)에 북두칠성 모양(乚)이면 **일곱 칠**(七), 두 손을 네 손가락씩 위로 편 모양이면 **여덟 팔**(八), 또 양쪽으로 잡아당겨 나누는 모양으로도 보아 **나눌 팔**(八), 열 십(十)의 가로줄을 구부려 하나가 모자란 아홉이라는 데서 **아홉 구**(九), 또 아홉은 한 자리 숫자 중에서 제일 크고 많으니 **클 구, 많을 구**(九)

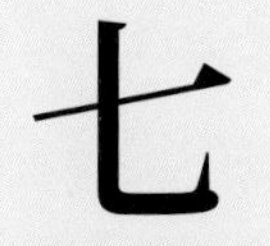

8급 총2획

부수 一

seven

- 음력 칠월 초이렛날의 저녁은 七夕(칠석), 이때 은하의 서쪽에 있는 직녀와 동쪽에 있는 견우가 오작교에서 일 년에 한 번 만난다는 전설이 있지요.
- '일곱 번 넘어져도 여덟 번 일어남'으로, 실패를 거듭하여도 굴하지 않고 다시 일어섬은 七顚八起(칠전팔기).

한자+ 夕(저녁 석), 顚(꼭대기 전, 넘어질 전), 起(일어날 기, 시작할 기)

8급 총2획

부수 八

eight, divide

- 여덟 모로 지은 정자는 八角亭(팔각정). 길이 팔방으로 통하여 있음, 또는 모든 일에 정통함은 八達(팔달).
- ① '여덟 방위'로, 동·서·남·북·동북·동남·서북·서남을 이름. ② 여러 방향, 또는 여러 방면은 八方(팔방), '팔방으로 미인'으로, ① 어느 모로 보나 아름다운 미인. ② 여러 방면에 능통한 사람은 八方美人(팔방미인).

한자+ 角(뿔 각, 모날 각, 겨눌 각), 亭(정자 정), 達(이를 달, 통달할 달), 方(모 방, 방향 방, 방법 방), 美(아름다울 미)

8급 총2획

부수 乙

nine, large, many

- '많이 꺾인 양의 창자'로, 꾸불꾸불한 양의 창자처럼 일이나 앞길이 매우 험난함을 이르는 말은 九折羊腸(구절양장).
- '아홉 번 죽다가 한 번 살아남'으로, 여러 번 죽을 고비를 넘기고 간신히 살아남을 이르는 말은 九死一生(구사일생).
- 옛날에 많이 썼던 19개의 구멍이 뚫린 연탄은 十九孔炭(십구공탄).
- "연탄재 발로 함부로 차지 마라 / 너는 누구에게 한 번이라도 뜨거운 사람이었느냐?"라는 안도현 시인의 시가 생각나네요.

한자+ 折(꺾을 절), 羊(양 양), 腸(창자 장), 死(죽을 사), 生(날 생, 살 생, 사람을 부를 때 쓰는 접사 생), 十(열 십, 많을 십), 孔(구멍 공, 공자 공), 炭(숯 탄, 석탄 탄)

014 십계침(十計針)

十	計	針
열 **십**, 많을 **십**	셈할 **계**, 꾀할 **계**	바늘 **침**

숫자를 잘 몰랐던 옛날에는, 한 일(一)에 뚫을 곤(丨)을 그어 한 묶음인 열을 나타냈답니다.
일(一)에 뚫을 곤(丨)이 하나면 열 십(十), 둘이면 스물 입(廿)이지요.

十 일(一)에 하나(丨)를 그어 한 묶음인 열을 나타내어 열 십
또 전체를 열로 보아 열이면 많다는 데서 많을 십

計 말(言)로 많이(十) 셈하며 꾀하니 셈할 계, 꾀할 계
⊕ 言 (말씀 언)

針 쇠(金)를 많이(十) 갈아 만든 바늘이니 바늘 침
⊕ 金 (쇠 금, 금 금, 돈 금, 성씨 김)

한자 구조 **십계침**(十計針) - **十으로 된 한자**

한 일(一)에 뚫을 곤(丨)이면 **열 십, 많을 십**(十), 열 십, 많을 십(十) 앞에 말씀 언(言)이면 **셈할 계, 꾀할 계**(計), 쇠 금, 금 금, 돈 금, 성씨 김(金)이면 **바늘 침**(針)

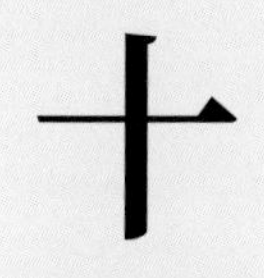

8급 총2획

부수 十

ten, many

- '열 가운데 여덟이나 아홉'으로, 거의 모두, 즉 대부분은 十中八九(십중팔구).
- 열 사람이면 열 사람의 성격이나 사람됨이 제각기 다르다는 十人十色(십인십색)은 '사람마다 각각의 색'으로, 태도·언행 등이 사람마다 다 다르다는 각인각색(各人各色), 각인각양(各人各樣), so many man, so many minds와 비슷한 뜻이네요.
- '하나를 들으면 열을 앎'으로, 매우 총명함을 이르는 말은 聞一知十(문일지십).

한자+ 中(가운데 중, 맞힐 중), 色(빛 색), 各(각각 각), 樣(모양 양), 聞(들을 문), 知(알 지)

計

6급 총9획

부수 言

calculate, plan

- (수나 어떤 일을 헤아려) 셈함은 計算(계산).
- '백 년의 큰 계획'으로, 먼 앞날까지 내다보고 세우는 큰 계획은 百年大計(백년대계). ① 살아갈 방도나 형편. ② 살아갈 꾀(길)는 生計(생계). 흉한 꾀는 凶計(흉계).

한자+ 算(셈할 산), 百(일백 백, 많을 백), 年(해 년, 나이 년), 大(큰 대), 生(날 생, 살 생, 사람을 부를 때 쓰는 접사 생), 凶(흉할 흉, 흉년 흉)

4급 총10획

부수 金

needle

- 바늘처럼 생긴 잎을 가진 나무는 針葉樹(침엽수). (시계에서) 시를 나타내는 짧은 바늘은 時針(시침). '바늘처럼 작은 것을 몽둥이처럼 크게 말함'으로, 사물을 과장하여 말함은 針小棒大(침소봉대).
- '도끼를 갈아서 바늘을 만듦'으로, 아무리 이루기 힘든 일이라도 끈기와 인내로 끊임없이 노력하면 이룰 수 있다는 말은 磨斧爲針(마부위침). 이백(李白)이 공부를 중도에 그만두고 집으로 돌아가는 길에 바늘을 만들기 위해 도끼를 갈고 있는 노파를 만났는데, 노파의 꾸준한 노력에 감명 받은 이백이 다시 산속으로 들어가 학문에 힘쓴 결과 위대한 시인이 되었다는 데서 유래된 말이지요.

한자+ 葉(잎 엽), 樹(세울 수, 나무 수), 時(때 시), 小(작을 소), 棒(몽둥이 봉), 大(큰 대), 磨(갈 마), 斧(도끼 부), 爲(할 위, 위할 위)

015 우우반(又友反)

	友	反
오른손 **우**, 또 **우**	벗 **우**	거꾸로 **반**, 뒤집을 **반**

오른손을 나타내는 한자로는 오른손 우, 또 우(又)와 돼지머리 계, 오른손 우(彐)가 있는데, 又는 오른손 주먹을 쥔 모양( ),
彐는 오른손 손가락을 편 모양( )이네요.
오른손이 아니라 오른쪽은 오른쪽 우(右)가 따로 있어요.

주먹을 쥔 오른손( )을 본떠서 오른손 우
또 오른손은 또 또 자주 쓰이니 또 우

友 자주(ナ) 손(又)잡으며 사귀는 벗이니 벗 우
⊕ ナ ['열 십, 많을 십(十)'의 변형]

反 가린(厂) 것을 손(又)으로 거꾸로 뒤집으니 **거꾸로 반, 뒤집을 반**
⊕ 厂('굴 바위 엄, 언덕 엄'이지만 여기서는 가린 모양으로 봄)

한자 구조 **우우반**(又友反) **- 又로 된 한자**

주먹을 쥔 오른손을 본떠서 **오른손 우**(又), 또 오른손은 또 또 자주 쓰이니 **또 우**(又), 오른손 우, 또 우(又) 앞에 열 십, 많을 십(十)의 변형(ナ)이면 **벗 우**(友), 굴 바위 엄, 언덕 엄(厂)이면 **거꾸로 반, 뒤집을 반**(反)

3급 총2획
부수 又
right, and

- '날로 새롭고 또 날로 새로움'으로, 나날이 새롭게 발전함을 이르는 말은 日新又日新(일신우일신), 줄여서 日日新(일일신)이라 하지요.
- 변화의 속도가 빠른 오늘날은 하루면 너무 늦다고 시시신(時時新 - 시간시간 새로워짐), 분분신(分分新), 초초신(秒秒新)까지 한다는데, 日日新은 고사하고, 월월신(月月新)도 못 하고, 년년신(年年新)도 못 한다면 그야말로 철부지(~不知) 아닐까요?

한자+ 日(해 일, 날 일), 新(새로울 신), 時(때 시), 分(나눌 분, 단위 분, 단위 푼, 신분 분, 분별할 분, 분수 분), 秒(까끄라기 묘, 작은 단위 초), 月(달 월, 육 달 월), 年(해 년, 나이 년), 不(아니 불 · 부), 知(알 지)

5급 총4획
부수 又
friend

- 벗 붕, 무리 붕(朋)은 몸을 나타내는 육 달 월(月) 둘로 되었으니 같은 또래의 벗, 즉 동기(同期)의 벗이고, 벗 우(友)는 자주(𠂇) 손(又)잡으며 사귀는 벗이니 같은 뜻의 벗, 즉 동지(同志)의 벗을 나타냅니다.
- 벗을 사귐, 또는 그 벗은 交友(교우), 같은 학교에 다니거나 다녔던 벗은 校友(교우), 같은 종교를 믿는 벗은 教友(교우)처럼, 동음이의어(同音異義語)도 한자로 풀면 명확하게 구분되네요.
- '대말을 타고 놀던 옛 친구'로, 어릴 때부터 같이 놀던 오래된 소꿉친구를 이르는 말은 竹馬故友(죽마고우), 놀이기구가 없던 옛날에는 말 타듯이 대를 가랑이 사이에 끼우고 놀았던 데서 유래된 말이지요.

한자+ 同(한 가지 동, 같을 동), 期(기간 기, 기약할 기), 志(뜻 지), 交(사귈 교, 오고 갈 교), 校(학교 교, 교정볼 교, 장교 교), 教(가르칠 교), 音(소리 음), 異(다를 이), 義(옳을 의, 의로울 의, 뜻 의), 語(말씀 어), 동음이의어(同音異義語) - 소리는 같으나 뜻이 다른 단어. 竹(대 죽), 馬(말 마), 故(연고 고, 옛 고)

6급 총4획
부수 又
reverse, turn over

- (남의 의견에 따르지 않고) 거꾸로 대함은 反對(반대). 법률·명령·약속 따위를 지키지 않고 어김은 違反(위반).
- '반대되는 면(나쁜 면)을 가르쳐 주는 선생'으로, 다른 사람이나 사물의 부정적인 측면에서 가르침을 얻는 경우를 이르는 말인 反面教師(반면교사)는 타산지석(他山之石)과 비슷하고, 좋은 점을 보고 본받는다는 정면교사(正面教師)와는 반대되네요.

한자+ 對(상대할 대, 대답할 대), 違(어길 위, 잘못 위), 面(얼굴 면, 향할 면, 볼 면, 행정구역의 면), 教(가르칠 교), 師(스승 사, 전문가 사, 군사 사), 正(바를 정), 타산지석(他山之石) - 제목번호 [001] 참고

016 지지기(支枝技)

支	枝	技
다룰 **지**, 가를 **지**, 지출할 **지**	가지 **지**	재주 **기**

부수나 독립되어 쓰일 수 있는 한자로 나눠보면 다음과 같네요.
다룰 지, 가를 지, 지출할 지(支) = 十(열 십, 많을 십) + 又(오른손 우, 또 우)
가지 지(枝) = 木(나무 목) + 支
재주 기(技) = 扌(손 수 변) + 支
부수나 독립되어 쓰이는 한자로 나눠지는 한자들은 z = x + y 형식이 기본이고, z, x, y의 뜻은 이미 알고 있으니, 어째서 이런 구조로 z라는 한자와 뜻을 나타냈는가만 생각하면 어원이 되지요.

支 많은(十) 것을 손(又)으로 다루고 가르니 **다룰 지, 가를 지**
또 갈라 지출하니 **지출할 지**

枝 나무(木) 줄기에서 갈라져(支) 나온 가지니 **가지 지**

技 손(扌)으로 무엇을 다루는(支) 재주니 **재주 기**

한자 구조 **지지기**(支枝技) - **支로 된 한자**

열 십, 많을 십(十) 아래에 오른손 우, 또 우(又)면 **다룰 지, 가를 지, 지출할 지**(支), 다룰 지, 가를 지, 지출할 지(支) 앞에 나무 목(木)이면 **가지 지**(枝), 손 수 변(扌)이면 **재주 기**(技)

支

4급 II 총4획

부수 支

handle, devide, pay

- 다루어 버팀은 支撑(지탱).
- '갈라지고 헤어지고 멸하고 찢어짐'으로, 이리저리 흩어져 갈피를 잡을 수 없음은 支離滅裂(지리멸렬). (본점에서) 갈라져 나온 가게는 支店(지점).
- 어떤 목적을 위하여 돈을 지급하는 일은 支出(지출). 돈이나 물품 따위를 정하여진 몫만큼 지출함(내줌)은 支給(지급), '지급이 정지됨'으로, 채무자가 채권자에게 채무를 갚을 능력이 없음을 표시하는 행위는 支給停止(지급정지).

한자+ 撑(버틸 탱), 離(헤어질 리), 滅(꺼질 멸, 멸할 멸), 裂(찢을 렬, 찢어질 렬, 터질 렬), 店(가게 점), 出(나올 출, 나갈 출), 給(줄 급), 停(머무를 정), 止(그칠 지)

枝

3급 II 총8획

부수 木

branch

- ① 가지와 잎. ② 사물의 중요하지 않은 부분을 이르는 말인 枝葉(지엽)은 ① 초목의 뿌리. ② 사물의 본질이나 본바탕을 이르는 말인 근본(根本)과 반대네요.
- '금 같은 가지와 옥과 같은 잎'으로, 귀한 자손을 이르는 말은 金枝玉葉(금지옥엽), "삼대독자로 태어나 金枝玉葉으로 귀하게 자랐다."처럼 쓰이지요.

한자+ 葉(잎 엽), 根(뿌리 근), 本(뿌리 본, 근본 본, 책 본), 金(쇠 금, 금 금, 돈 금, 성씨 김), 玉(구슬 옥), 葉(잎 엽)

技

5급 총7획

부수 手(扌)

skill

- 교묘한 기술과 재주는 妙技(묘기). 가장 잘하는 재주는 長技(장기), 특별한 재주는 特技(특기).
- 말이나 일을 솜씨 있게 하는 재주는 技術(기술). '기술을 끌어들임'으로, 특정 상품을 만드는 기술에 대한 기업 상호 간의 제휴를 이르는 말은 技術提携(기술제휴).

한자+ 妙(묘할 묘), 長(길 장, 어른 장), 特(특별할 특), 術(재주 술, 기술 술), 提(끌 제, 내놓을 제), 携(가질 휴, 끌 휴)

017 고고고(古姑枯)

古	姑	枯
오랠 **고**, 옛 **고**	시어미 **고**, 할미 **고**, 잠깐 **고**	마를 **고**, 죽을 **고**

古(오랠 고, 옛 고) = 十(열 십, 많을 십) + 口(입 구, 말할 구, 구멍 구)
'열 사람의 입, 많은 사람의 입'이 어찌 '오랠 고, 옛 고'라는 뜻일까?
상상력을 발휘해 보니, 이렇게 풀어지네요.

古 많은(十) 사람의 입에 오르내린 말(口)은 이미 오래된 옛날이야기니 **오랠 고, 옛 고**

姑 여자(女)가 오래(古)되면 시어미나 할미니 **시어미 고, 할미 고**
또 (세월이 빨라) 할미가 되는 것은 잠깐이니 **잠깐 고**
⊕ 女(여자 녀)

枯 나무(木)도 오래(古)되면 마르고 죽으니 **마를 고, 죽을 고**

한자 구조 **고고고**(古姑枯) - 古로 된 한자

열 십, 많을 십(十) 아래에 입 구, 말할 구, 구멍 구(口)면 **오랠 고, 옛 고**(古), 오랠 고, 옛 고(古) 앞에 여자 녀(女)면 **시어미 고, 할미 고, 잠깐 고**(姑), 나무 목(木)이면 **마를 고, 죽을 고**(枯)

古

6급 총5획
부수 口
old, ancient

- 낡은 오래된 물건, 또는 시대에 뒤져 쓸모없이 된 사람을 놀리는 말로도 쓰이는 말은 古物(고물).
- '동양이나 서양이나 예나 지금이나'로, 언제 어디서나는 東西古今(동서고금). 아주 오래도록 변하지 않음은 萬古不變(만고불변). '예로부터 써 오는 동안'으로, 옛날부터 지금까지를 이르는 말은 自古以來(자고이래).

한자+ 物(물건 물), 東(동쪽 동, 주인 동), 西(서쪽 서), 今(이제 금, 오늘 금), 萬(많을 만, 일만 만), 變(변할 변), 自(자기 자, 스스로 자, 부터 자), 以(써 이, 까닭 이), 來(올 래)

姑

3급 II 총8획
부수 女
mother in law, an old woman, in a little while

- 시어머니와 며느리는 姑婦(고부).
- '잠깐 쉼의 꾀'로, 항구적으로 대책을 세워 처리하지 못하고 우선 당장 편한 것만을 택하는 꾀나 방법인 姑息之計(고식지계)는, 임시방편(臨時方便), 속담 '언 발에 오줌 누기', '아랫돌 빼서 윗돌 괴기'와 비슷한 뜻이네요.

한자+ 婦(아내 부, 며느리 부), 息(쉴 식, 숨 쉴 식, 자식 식), 之(갈 지, ~의 지, 이 지), 計(셈할 계, 꾀할 계), 臨(임할 림), 時(때 시), 方(모 방, 방향 방, 방법 방), 便(편할 편, 똥오줌 변), 방편(方便) - 그때그때의 경우에 따라, 편하고 쉽게 이용하는 수단과 방법.

枯

3급 총9획
부수 木
withered, die

- (물이) 말라서 없어짐은 枯渴(고갈). 말라죽은 나무는 枯木(고목).
- '마른 나무에 꽃이 핌'으로, 곤궁한 사람의 형세가 피거나, 늙은 사람이 자식을 낳음을 이르는 말은 枯木生花(고목생화).
- 영화롭고 마르고 성하고 쇠함은 榮枯盛衰(영고성쇠)로, 사물의 성함과 쇠함이 서로 뒤바뀌는 현상을 이르는 말인 흥망성쇠(興亡盛衰)와 비슷하지요.

한자+ 渴(목마를 갈), 木(나무 목), 生(날 생, 살 생, 사람을 부를 때 쓰는 접사 생), 花(꽃 화), 榮(영화 영), 盛(성할 성), 衰(쇠할 쇠), 興(흥할 흥), 亡(망할 망, 달아날 망, 죽을 망)

018 소소첨(小少尖)

小	少	尖
작을 **소**	적을 **소**, 젊을 **소**	뾰족할 **첨**

小가 공통으로 들어간 한자들.
작을 소(小)는 부수나 독립되어 쓰이는 한자로 나눌 수 없을 것 같지만, 잘 보면 亅(갈고리 궐)과 八(여덟 팔, 나눌 팔)로 나누어지네요.

小

하나(亅)를 나누어(八) 작으니 **작을 소**

⊕ 亅('갈고리 궐'이지만 여기서는 하나로 봄)

少

작은(小) 것이 또 떨어져 나가(丿) 적으니 **적을 소**

또 적은 나이면 젊으니 **젊을 소**

⊕ 丿('삐침 별'이지만 여기서는 떨어져 나가는 모양으로 봄)

⊕ 훈, 즉 뜻에 따라 작을 소(小)의 반대말은 큰 대(大), 적을 소, 젊을 소(少)의 반대말은 많을 다(多), 늙을 로(老)네요.

尖

위는 작고(小) 아래로 갈수록 커져(大) 뾰족하니 **뾰족할 첨**

⊕ 한자 구조를 보면 뜻이 바로 나오지요? 한자는 어원으로 생각하여 익히면, 아주 쉽게 익혀지고 오래도록 잊히지 않습니다.

한자 구조 **소소첨**(小少尖) - **小로 된 한자**

갈고리 궐(亅)에 여덟 팔, 나눌 팔(八)이면 **작을 소**(小), 작을 소(小) 아래에 삐침 별(丿)이면 **적을 소, 젊을 소**(少), 큰 대(大)면 **뾰족할 첨**(尖)

8급 총3획
부수 小
small

- 작은 길은 小路(소로), 크고 넓은 길은 대로(大路). 작게 줄임은 縮小(축소).
- '크게 같고 조금만 다름'으로, 큰 차이 없이 거의 같거나 비슷하다는 말인 大同小異(대동소이)는, 속담 '도토리 키 재기'와 비슷한 뜻이고, 반대말 小同大異를 만들어 쓸 수 있네요.

한자+ 路(길 로), 大(큰 대), 縮(줄일 축), 同(한 가지 동, 같을 동), 異(다를 이)

7급 총4획
부수 小
little, young

- 줄어서 적어짐은 減少(감소). '남자와 여자, 늙은이와 젊은이'로, 모든 사람을 이르는 말은 男女老少(남녀노소).
- 밥을 적게 먹음은 食少(식소), 생각(잡념)을 적게 함은 思少(사소), 말을 적게 함은 言少(언소), 食少·思少·言少인 삼소(三少)를 실천하면, 몸도 가볍고 마음도 고요하겠지요.

한자+ 減(줄어들 감), 男(사내 남), 女(여자 녀), 老(늙을 로), 食(밥 식, 먹을 식), 思(생각할 사), 言(말씀 언)

3급 총6획
부수 小
sharp

- ① 뾰쪽한 끝. ② 유행이나 시대 흐름의 맨 앞장은 尖端(첨단), 수준이 높고 선구적인 과학기술은 尖端技術(첨단기술).
- 날카롭고 뾰쪽함은 尖銳(첨예). 교회나 성당에 있는 뾰족한 탑은 첨탑(尖塔).

한자+ 端(끝 단, 단정할 단, 실마리 단), 技(재주 기), 術(재주 술, 기술 술), 銳(날카로울 예), 塔(탑 탑)

019 반반판(半伴判)

半	伴	判
반 **반**	짝 **반**, 따를 **반**	판단할 **판**

짝 반, 따를 반(伴) = 亻(사람 인 변) + 半

아하! 짝 반, 따를 반(伴)의 어원도 진리네요. 사람은 몸이 등 쪽으로 나누어진 모양이니, 반려자를 자기 반쪽이라 하고, 둘이 합쳐야 온전한 사람이 된다고 하니, 둘이 합쳐 온전한 원을 이루자고 결혼식에서 둥근 반지를 주고받는다지요.

나누어(八) 둘(二)로 가른(丨) 반이니 **반 반**

⊕ 八(여덟 팔, 나눌 팔), 丨('뚫을 곤'이지만 여기서는 가르는 모양으로 봄)

伴

사람(亻)의 반(半) 쪽은 짝이니 **짝 반**

또 짝을 따르니 **따를 반**

判

반(半)을 칼(刂)로 자르듯이 딱 잘라 판단하니 **판단할 판**

⊕ 刂 - 칼 도(刀)가 한자의 오른쪽에 붙는 부수인, 방으로 쓰일 때의 모양으로 '칼 도 방'

한자 구조 **반반판**(半伴判) - **半으로 된 한자**

여덟 팔, 나눌 팔(八) 아래에 둘 이(二)와 뚫을 곤(丨)이면 **반 반**(半), 반 반(半) 앞에 사람 인 변(亻)이면 **짝 반, 따를 반**(伴), 뒤에 칼 도 방(刂)이면 **판단할 판**(判)

半

6급 총5획
부수 十
half

- 반이 넘음. 반수 이상은 過半(과반). '한마디 말과 반 구절'로, 극히 짧은 말이나 글은 一言半句(일언반구). 반절로 꺾음(나눔), 또는 그 반은 折半(절반).
- 行百里者(행백리자) 半於九十(반어구십)이라는 말이 있어요. '백 리를 가는 사람에게는 구십 리가 반'으로, 무슨 일이나 끝나기 전에는 반밖에 되지 않는다는 말이지요. 그래요. 물은 100도에 이르지 않으면 절대로 끓지 않지요.

한자+ 過(지날 과, 지나칠 과, 허물 과), 言(말씀 언), 句(글귀 구), 折(꺾을 절), 行(다닐 행, 행할 행, 항렬 항), 百(일백 백, 많을 백), 里(마을 리, 거리 리), 者(놈 자, 것 자), 於(어조사 어, 탄식할 오)

伴

3급 총7획
부수 人(亻)
couple, follow

- 짝이 되는 사람은 伴侶者(반려자). 어떤 행동을 할 때 짝이 되어 함께 하는 사람은 同伴者(동반자).
- '따르면서 연주함'으로, 노래나 기악의 연주를 도와주기 위하여 옆에서 다른 악기를 연주함, 또는 그렇게 하는 연주는 伴奏(반주). 붙좇아서 따름이나, 어떤 일과 더불어 생김을 이르는 말은 隨伴(수반).

한자+ 侶(짝 려), 者(놈 자, 것 자), 同(한 가지 동, 같을 동), 奏(아뢸 주), 隨(따를 수)

判

4급 총7획
부수 刀(刂)
judge, distinguish

- 판단하여 결정함은 判決(판결). (어떤 문제를) 서로 이야기하여 결판을 내림은 談判(담판).
- '인물은 잘났는가, 말은 잘하는가, 글씨는 잘 쓰는가, 사물의 판단은 옳은가'로, 인물 평가의 네 가지 기준은 身言書判(신언서판)이지요.

한자+ 決(터질 결, 정할 결), 談(말씀 담), 身(몸 신), 言(말씀 언), 書(쓸 서, 글 서, 책 서)

020 불[부]배부[비](不杯否)

不	杯	否
아닐 **불·부**	잔 **배**	아닐 **부**, 막힐 **비**

아닐 불·부(不) = 一(한 일) + 小(작을 소)
不는 무엇을 생각하고 만들었기에 이런 구조일까?
하나(一)라도 작으면(小) 안 된다는 데서 아닐 불·부(不)일까?
작으면 안 된다는 것은 이상하니 이렇게 풀어봅니다.

不

하나(一)의 작은(小) 잘못도 하지 않으니 **아닐 불·부**

⊕ 아닐 불·부(不)는 'ㄷ, ㅈ'으로 시작하는 말 앞에서는 '부'로 발음합니다.

杯

나무(木)로 만든 그릇이 아닌(不) 잔이니 **잔 배**

㊔ 盃 - 일반 그릇(皿)이 아닌(不) 잔이니 '잔 배'

⊕ 木(나무 목), 皿(그릇 명) - 2권 제목번호 [120] 참고

⊕ ㊔ - 속자(俗字)로 정자(正字)는 아니나 세속에서 흔히 쓰는 한자

⊕ 俗(저속할 속, 속세 속, 풍속 속), 字(글자 자), 正(바를 정)

否

아니(不)라고 말하니(口) **아닐 부**

또 아니 되게 막히니 **막힐 비**

⊕ 口(입 구, 말할 구, 구멍 구)

한자 구조 **불[부]배부[비]**(不杯否) - **不로 된 한자**

한 일(一) 아래에 작을 소(小)면 **아닐 불·부**(不), 아닐 불·부(不) 앞에 나무 목(木)이면 **잔 배**(杯), 아래에 입 구, 말할 구, 구멍 구(口)면 **아닐 부, 막힐 비**(否)

7급 총4획

부수 一

no, not

- (마음에) 차지 않음(않아 언짢음)은 不滿(불만). '공격하기 어려워 함락되지 아니함'으로, 공격하여 정복하기 어려움을 이르는 말은 難攻不落(난공불락).
- 마땅하지(이치에 맞지) 않음은 不當(부당). '치우치지도 않고 무리 짓지도 않음'으로, 어느 쪽으로도 치우치지 않는 공평한 태도는 不偏不黨(불편부당).

한자+ 滿(찰 만), 難(어려울 난, 비난할 난), 攻(칠 공, 닦을 공), 落(떨어질 락), 當(마땅할 당, 당할 당), 偏(치우칠 편), 黨(무리 당)

3급Ⅱ 총8획

부수 木

cup, glass

- '잔을 말림(비움)'으로, 잔에 있는 술을 다 마심은 乾杯(건배)인데, 건강을 위하여 조금씩 마시자는 건배(健杯)도 만들어 쓸 수 있네요.
- 쓴 술이 든 잔, 또는 쓰라린 경험을 비유적으로 이르는 말은 苦杯(고배). 독약이나 독주(毒酒)가 든 잔은 毒杯(독배), (술을 따라 주거나 권하는 상대가 없이) 혼자서 술을 마심은 獨杯(독배). 축하의 뜻으로 마시는 술잔은 祝杯(축배).

한자+ 乾(하늘 건, 마를 건), 健(건강할 건), 苦(쓸 고, 괴로울 고), 毒(독할 독), 獨(홀로 독, 자식 없을 독), 祝(빌 축, 축하할 축)

4급 총7획

부수 口

deny, be stuck for

- 옳고 그름의 여부, 또는 찬성과 반대의 여부는 可否(가부). 옳음(可)과 아님(否)을 결정함은 可否決定(가부결정).
- 알맞음과 알맞지 아니함은 適否(적부), 법원이 피의자의 요청으로 그의 구속이 마땅한가를 심사하는 일은 拘束適否審(구속적부심).
- (운수가) 꽉 막힘을 이르는 말은 否塞(비색).

한자+ 可(옳을 가, 가히 가, 허락할 가), 決(터질 결, 정할 결), 定(정할 정), 適(알맞을 적, 갈 적), 拘(잡을 구), 束(묶을 속), 審(살필 심), 塞(변방 새, 막힐 색)

021 백박백(白拍百)

白	拍	百
흰 **백**, 밝을 **백**, 깨끗할 **백**, 아뢸 **백**	칠 **박**	일백 **백**, 많을 **백**

무슨 색을 좋아하세요?
무엇이나 그릴 수 있고 쉽게 더럽혀질 수 있어 취약하지만, 그만큼 더 가치가 있는 흰색은 어떤가요?
흰색은 깨끗함, 청결, 순결, 순수의 상징적인 의미로, 예복, 드레스 등에 많이 이용하지요.

白

빛나는(丿) 해(日)처럼 희고 밝으니 **흰 백, 밝을 백**
또 흰색처럼 깨끗하니 **깨끗할 백**
또 깨끗하게 숨김없이 분명히 아뢰니 **아뢸 백**
⊕ 丿('삐침 별'이지만 여기서는 빛나는 모양으로 봄), 아뢰다 - 말씀드려 알리다.

拍

손(扌)으로 무엇을 아뢰려고(白) 치니 **칠 박**
⊕ 扌(손 수 변)

百

하나(一)부터 시작하여 소리치는(白) 단위는 일백이니 **일백 백**
또 일백이면 많으니 **많을 백**

한자 구조 **백박백**(白拍百) - **白으로 된 한자**

삐침 별(丿) 아래에 해 일, 날 일(日)이면 **흰 백, 밝을 백, 깨끗할 백, 아뢸 백**(白), 흰 백, 밝을 백, 깨끗할 백, 아뢸 백(白) 앞에 손 수 변(扌)이면 **칠 박**(拍), 위에 한 일(一)이면 **일백 백, 많을 백**(百)

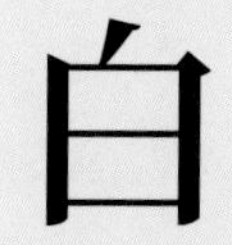

8급 총5획
부수 白
white, bright, clear, say

- 흰 빛깔은 白色(백색). '흰옷을 입고 군사를 따름'으로, 벼슬 없는 사람이 군대를 따라 전쟁터로 나감을 이르는 말은 白衣從軍(백의종군).
- '밝고 밝음'으로, (의심할 바 없이) 아주 뚜렷함은 明白(명백). (행동이나 마음씨가) 깨끗하여 아무 허물이 없음은 潔白(결백). (숨김없이 사실대로) 알림은 告白(고백).

한자+ 色(빛 색), 衣(옷 의), 從(좇을 종, 따를 종), 軍(군사 군), 백의(白衣) - ① 흰옷(물감을 들이지 아니한 흰 빛깔의 옷). ② 벼슬이 없는 선비를 비유적으로 이르는 말. 明(밝을 명), 潔(깨끗할 결), 告(알릴 고, 뵙고 청할 곡)

4급 총8획
부수 手(扌)
strike

- 손뼉을 침은 拍手(박수). 손뼉을 치고 소리쳐 칭찬함은 拍手喝采(박수갈채). 손바닥을 치면서 크게 웃음은 拍掌大笑(박장대소).
- 말 탈 때 신는 구두 뒤축에 달아, 말의 배를 차서 빨리 달리게 할 때 쓰는 물건은 拍車(박차)로, 어떤 일을 촉진하려고 힘을 더함을 '拍車를 가한다'라고 하지요.

한자+ 手(손 수, 재주 수, 재주 있는 사람 수), 喝(고함지를 갈), 采(캘 채, 고를 채, 모양 채), 掌(손바닥 장), 大(큰 대), 笑(웃을 소), 車(수레 거, 차 차)

7급 총6획
부수 白
hundred, many

- 한 사람이 백(많은) 사람을 당해냄은 一當百(일당백). (한 건물 안에서) 많은 물건을 진열, 판매하는 종합소매점은 百貨店(백화점).
- '백 번 싸워 백 번 다 이김'으로, 싸울 때마다 번번이 다 이김은 百戰百勝(백전백승), 반대말은 百戰百敗(백전백패). '백 번(많이) 꺾어도 굽히지 않음'으로, 어떠한 어려움에도 굽히지 않음은 百折不屈(백절불굴).

한자+ 當(마땅할 당, 당할 당), 貨(재물 화, 물품 화), 店(가게 점), 戰(싸울 전, 무서워 떨 전), 勝(이길 승, 나을 승), 敗(패할 패), 折(꺾을 절), 屈(굽힐 굴)

022 자식비(自息鼻)

自	息	鼻
자기 **자**, 스스로 **자**, 부터 **자**	쉴 **식**, 숨 쉴 **식**, 자식 **식**	코 **비**, 비롯할 **비**

自는 원래 코를 본떠서 만든 한자로 코를 나타냈으나 세월이 흐르면서 '자기 자, 스스로 자, 부터 자'로 쓰이고, 밑에 田(밭 전)과 廾(받쳐 들 공)을 붙인 '코 비(鼻)'를 새로 만들어 쓰게 되었지요.

자기 자, 스스로 자, 부터 자(自)에 '부터'의 뜻이 있듯이, 코 비(鼻)에도 '비롯할 비'의 뜻이 있네요.

(얼굴이 자기를 대표하니 얼굴에서 잘 드러나는)
이마(丿)와 눈(目)을 본떠서 **자기 자**
또 자기 일은 스스로 해야 하니 **스스로 자**
또 모든 것의 시작은 자기로부터니 **부터 자**
⊕ 丿('삐침 별'이지만 여기서는 이마로 봄), 目(눈 목, 볼 목, 항목 목)

息

자기(自)를 마음(心)으로 생각하며 쉬니 **쉴 식**
또 쉬면서 가쁜 숨을 고르며 숨 쉬니 **숨 쉴 식**
또 노후에 쉬도록 돌보아 주는 자식이니 **자식 식**
⊕ 心(마음 심, 중심 심)

자기(自)의 밭(田)처럼 생긴 얼굴에, 받쳐 든(廾) 모양으로 우뚝 솟은 코니 **코 비**
또 코로 숨을 쉬기 시작하는 것으로부터 생명이 비롯하니 **비롯할 비**
⊕ 田(밭 전), 廾(받쳐 들 공)

한자 구조 **자식비**(自息鼻) - 自로 된 한자

삐침 별(丿) 아래에 눈 목, 볼 목, 항목 목(目)이면 **자기 자, 스스로 자, 부터 자**(自), 자기 자, 스스로 자, 부터 자(自) 아래에 마음 심, 중심 심(心)이면 **쉴 식, 숨 쉴 식, 자식 식**(息), 밭 전(田)과 받쳐 들 공(廾)이면 **코 비, 비롯할 비**(鼻)

7급 총6획

부수 自

self, oneself, from

- 자기가 지으면 自作(자작). 자기나 남이 함께(모두) 인정함은 自他共認(자타공인).
- 스스로 작동하면 自動(자동). 스스로 배워서 익히면 自習(자습).
- 처음부터 끝까지(의 과정)는 自初至終(자초지종).

한자+ 作(지을 작), 他(다를 타, 남 타), 共(함께 공), 認(인정할 인), 動(움직일 동), 習(익힐 습), 初(처음 초), 至(이를 지, 지극할 지), 終(다할 종, 마칠 종)

4급 II 총10획

부수 心

rest, breathe, son

- (일의 도중에 잠깐) 쉼은 休息(휴식). '낮이나 밤이나 쉬지 않음'으로, 매우 열심히 함은 晝夜不息(주야불식). 숨통이 막히거나 산소가 부족하여 숨을 쉴 수 없게 됨은 窒息(질식). 한탄하며 한숨을 쉼은 歎息(탄식).
- 아들과 딸의 총칭, 또는 '놈'보다 낮추어 욕하는 말은 子息(자식)이네요.

한자+ 休(쉴 휴), 晝(낮 주), 夜(밤 야), 窒(막을 질, 막힐 질), 歎(탄식할 탄, 감탄할 탄), 子(아들 자, 첫째 지지 자, 자네 자, 접미사 자)

5급 총14획

부수 鼻

nose, begin

- 콧속에 생긴 염증은 鼻炎(비염). '귀에 걸면 귀걸이, 코에 걸면 코걸이'로, 어떤 사실이 이렇게도 해석되고 저렇게도 해석됨을 이르는 말은 耳懸鈴鼻懸鈴(이현령비현령).
- ① 한 겨레나 가계의 맨 처음이 되는 조상. ② 어떤 학문이나 기술 따위를 처음으로 연 사람. ③ 나중 것의 바탕이 된 맨 처음의 것은 鼻祖(비조)로, 시조(始祖)와 비슷한 말이지요.

한자+ 炎(불꽃 염, 더울 염, 염증 염), 耳(귀 이), 懸(매달 현, 멀 현), 鈴(방울 령), 祖(할아버지 조, 조상 조), 始(처음 시)

023 천선원(泉線原)

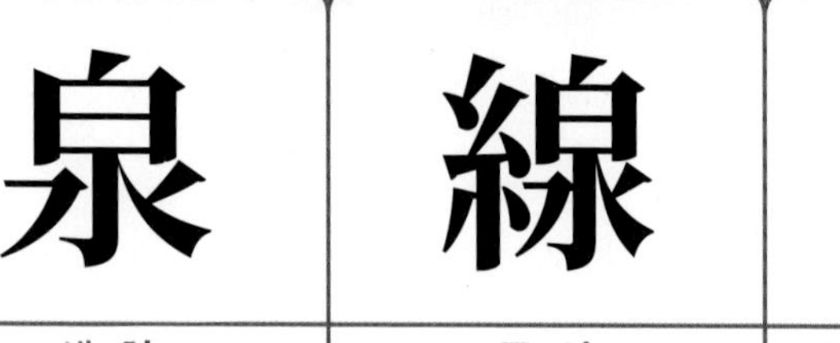

샘 **천**	줄 **선**	언덕 **원**, 근원 **원**

샘 천(泉) = 白(흰 백, 밝을 백, 깨끗할 백, 아뢸 백) + 水(물 수)
깨끗한 물이 나오는 곳이 샘이지요.

泉 깨끗한(白) 물(水)이 나오는 샘이니 **샘 천**

線 실(糸)이 샘(泉)의 물줄기처럼 길게 이어지는 줄이니 **줄 선**
⊕ 糸(실 사, 실 사 변)

原 바위(厂) 밑에 샘(泉)도 있는 언덕이니 **언덕 원**
또 바위(厂) 밑 샘(泉)이 물줄기의 근원이니 **근원 원**
⊕ 厂(굴 바위 엄, 언덕 엄), 泉 [샘 천(泉)의 변형]

한자구조 **천선원**(泉線原) - **泉으로 된 한자**

흰 백, 밝을 백, 깨끗할 백, 아뢸 백(白) 아래에 물 수(水)면 **샘 천**(泉), 샘 천(泉) 앞에 실 사, 실 사 변(糸)이면 **줄 선**(線), 샘 천(泉)의 변형(泉) 위에 굴 바위 엄, 언덕 엄(厂)이면 **언덕 원, 근원 원**(原)

泉

4급 총9획

부수 水

spring

- 찬물이 나오는 샘은 冷泉(냉천), 따뜻한 물이 나오는 샘은 溫泉(온천).
- '목이 말라도 도천(盜泉)의 물은 마시지 않음'으로, 아무리 곤궁하여도 불의(不義)는 행하지 않는다는 渴不飮盜泉水(갈불음도천수)라는 말도 있네요. 옛날 공자님이 길을 가다가 목이 말랐지만, 도천(盜泉)이란 샘물을, 도둑 도(盜)가 들어간 이름 때문에 마시지 않았다는 데서 유래되었지요.

한자+ 冷(찰 랭), 溫(따뜻할 온, 익힐 온), 義(옳을 의, 의로울 의), 渴(목마를 갈), 飮(마실 음)

線

6급 총15획

부수 糸

line

- 곧은 줄은 直線(직선), 굽은 줄은 曲線(곡선), 비스듬한 줄은 斜線(사선), 점으로 이루어진 선은 點線(점선).
- 전쟁에서 직접 전투가 벌어지는 지역이나 그런 지역을 연결한 선은 戰線(전선). 줄이나 일이 갈피를 잡을 수 없게 뒤섞임, 또는 그런 줄은 混線(혼선).
- '줄 같은 길'로, 기차나 전차의 바퀴가 굴러가도록 레일을 깔아 놓은 길은 線路(선로). 눈이 가는 길이나 눈의 방향, 또는 주의나 관심을 비유적으로 이르는 말은 視線(시선).

한자+ 直(곧을 직, 바를 직), 曲(굽을 곡, 노래 곡), 斜(기울 사, 비낄 사), 點(점 점, 불 켤 점), 戰(싸울 전, 무서워 떨 전), 混(섞을 혼), 路(길 로), 視(볼 시)

5급 총10획

부수 厂

hill, origin

- '근원 값'으로, 생산하는 데 들어간 값, 즉 생산가는 原價(원가). 근원적인(기본적인) 법칙은 原則(원칙).
- 근원적으로 말미암은 일이나 사건은 原因(원인). 병의 원인을 찾아 이를 제거하는 치료법은 原因療法(원인요법), 반대말은 (원인을 찾아 없애기 곤란한 상황에서) 겉으로 나타난 증상에 대한 치료법인 대증요법(對症療法)으로, 열이 높을 때 얼음주머니를 대거나 해열제를 써서 열을 내리게 하는 따위가 해당하네요.

한자+ 價(값 가, 가치 가), 則(곧 즉, 법칙 칙), 因(말미암을 인, 의지할 인), 療(병 고칠 료), 法(법 법), 對(상대할 대, 대답할 대), 症(병세 증)

024 천간우(千干牛)

千	干	牛
일천 **천**, 많을 **천**	방패 **간**, 범할 **간**, 얼마 **간**, 마를 **간**	소 **우**

일천 천, 많을 천(千)과 비슷한 한자들이네요.
손잡이 있는 방패를 본떠서 방패 간(干)이 되었음은 알겠는데, 어찌 '범할 간, 얼마 간, 마를 간'도 될까요?
'범하다'는 '법률·도덕·규칙 따위를 어기다' 뜻이니, 방패로 무엇을 범하여 잘못하면 얼마간 정도 마른다는 데서 붙여진 것으로 알아두세요. 방패로 방어도 하지만 공격도 하니까요.

千 무엇을 강조하는 삐침 별(丿)을 열 십, 많을 십(十) 위에 찍어서 **일천 천, 많을 천**

⊕ 한자에서는 삐침 별(丿)이나 점 주, 불똥 주(丶)로 무엇이나 어느 부분을 강조합니다.

干 손잡이 있는 방패를 본떠서 **방패 간**
또 방패로 무엇을 범하면 얼마간 정도 마르니 **범할 간, 얼마 간, 마를 간**

牛 뿔 있는 소를 본떠서 **소 우**

한자 구조 **천간우**(千干牛) - **千과 비슷한 한자**

삐침 별(丿) 아래에 열 십, 많을 십(十)이면 **일천 천, 많을 천**(千), 손잡이 있는 방패를 본떠서 **방패 간**(干), 또 방패로 무엇을 범하면 얼마간 정도 마르니 **범할 간, 얼마 간, 마를 간**(干), 뿔 있는 소를 본떠서 **소 우**(牛)

7급 총3획

부수 十

thousand, many

- '천 리 밖의 것도 볼 수 있는 눈'으로, 사물을 꿰뚫어 볼 수 있는 뛰어난 관찰력을 비유적으로 이르는 말은 千里眼(천리안).
- '혼자서 말 타고 천 명을 당해냄'으로, 매우 힘이 세거나 무예(武藝)가 매우 뛰어남은 一騎當千(일기당천).

한자+ 里(마을 리, 거리 리), 眼(눈 안), 武(군사 무, 무기 무), 藝(재주 예, 기술 예), 騎(말 탈 기), 當(마땅할 당, 당할 당)

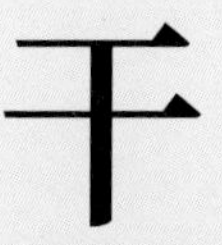

4급 총3획

부수 干

shield, commit, how much, dry

- '방패와 창'으로, 병기(兵器)를 통틀어 이르는 말은 干戈(간과). '방패와 성의 구실을 하는 인재'로, 나라를 지키는 믿음직한 인재를 이르는 말은 干城之材(간성지재).
- '범하여 건넘'으로, 남의 일에 참견함은 干涉(간섭). 조금, 얼마쯤은 若干(약간).
- '마른 조수'로, 바다에서 조수가 빠져나가 해수면이 가장 낮아진 상태인 干潮(간조)는 바다에서 조수가 빠져나가는 현상, 즉 만조에서 간조까지를 일컫는 '썰물'과는 약간 다르네요.

한자+ 兵(군사 병), 器(그릇 기, 기구 기), 戈(창 과), 城(성 성), 之(갈 지, ~의 지, 이 지), 材(재목 재, 재료 재), 涉(건널 섭, 간섭할 섭, 섭렵할 섭), 若(만약 약, 같을 약, 반야 야), 潮(조수 조)

5급 총4획

부수 牛

ox, cow

- 소나 말이 끄는 수레는 牛馬車(우마차). 말이 끄는 수레는 마차(馬車). 소에서 짜낸 젖은 牛乳(우유).
- '소귀에 경 읽기'로, 우둔한 사람은 아무리 가르치고 일러주어도 알아듣지 못함을 이르는 말인 牛耳讀經(우이독경)은 마이동풍(馬耳東風)과 비슷하네요.

한자+ 馬(말 마), 車(수레 거, 차 차), 乳(젖 유), 耳(귀 이), 讀(읽을 독, 구절 두), 經(날 경, 지낼 경, 경서 경), 東(동쪽 동, 주인 동), 風(바람 풍, 풍속·경치·모습·기질·병 이름 풍), 마이동풍(馬耳東風) - '말귀에 동풍'으로, 남의 비평이나 의견을 조금도 귀담아듣지 아니하고 바람처럼 흘려버림을 이르는 말

⓪②⑤ 간한간(肝汗刊)

肝	汗	刊
간 **간**	땀 **한**	책 펴낼 **간**

간 간(肝) = 月(달 월, 육 달 월) + 干(방패 간, 범할 간, 얼마 간, 마를 간)
'몸(月)속에 방패(干) 모양으로 들어있는 간이니 간 간(肝)'으로 풀어도 되지만
'몸(月)에서 방패(干) 역할을 하는 간이니 간 간(肝)'으로 풀었어요.
간은 몸의 화학공장으로 몸에 필요한 여러 효소를 만들고, 몸에 들어 온 독을 풀어주는 역할을 하니까요. 영어로도 간(肝)을 liver, 즉 생명을 지켜주는 것이라 하네요.

몸(月)에서 방패(干) 역할을 하는 간이니 **간 간**

汗

물(氵)로 (체온을 지키려고) 방패(干) 역할을 하는 땀이니 **땀 한**

⊕ 氵(삼 수 변), 우리 몸은 추우면 움츠리고 더우면 땀을 내, 자동으로 체온을 조절하는 기능이 있는데, 이것을 생각하고 만든 한자네요.

刊

(옛날에는) 방패(干) 같은 널빤지에 칼(刂)로 글자를 새기고 이것을 찍어서 책을 펴냈으니 **책 펴낼 간**

⊕ 刂(칼 도 방)

한자 구조 **간한간**(肝汗刊) - **干으로 된 한자**

방패 간, 범할 간, 얼마 간, 마를 간(干) 앞에 달 월, 육 달 월(月)이면 **간 간**(肝), 삼 수 변(氵)이면 **땀 한**(汗), 뒤에 칼 도 방(刂)이면 **책 펴낼 간**(刊)

3급 II 총7획

부수 肉(月)

liver

• 간에 생긴 염증은 肝炎(간염). 간과 창자는 肝腸(간장).

• '간과 쓸개를 서로 비춤(보임)'으로, 서로 마음 터놓고 친하게 지냄을 이르는 말은 肝膽相照(간담상조).

한자+ 炎(불꽃 염, 더울 염, 염증 염), 腸(창자 장), 膽(쓸개 담, 담력 담), 相(서로 상, 모습 상, 볼 상, 재상 상), 照(비칠 조)

3급 II 총6획

부수 水(氵)

sweat

• (한방에서 병을 다스리기 위하여) 땀을 내는 일은 發汗(발한). (나쁜 일을 하고도) 땀도 나지 않는 (파렴치한) 무리는 不汗黨(불한당).

• '땀 없이는 이루어지지 않음'으로, 고생하고 노력하지 않고는 아무 일도 이룰 수 없다는 말인 無汗不成(무한불성)은 "no pains no gains(고통 없이는 얻는 것도 없다), 뿌린 대로 거둔다, 지금 흘리는 땀방울이 10년 뒤 내 명함이 됩니다."라는 말과 통하네요.

한자+ 發(쏠 발, 일어날 발), 黨(무리 당), 無(없을 무), 成(이룰 성)

3급 II 총5획

부수 刀(刂)

publish

• 인쇄하여 펴냄은 刊行(간행). (신문 · 잡지 등을) 처음 펴냄은 創刊(창간). 서적이나 회화 따위를 인쇄하여 세상에 내놓음은 出刊(출간)이나 출판(出版)이지요.

한자+ 行(다닐 행, 행할 행, 항렬 항), 創(비롯할 창, 시작할 창), 出(나올 출, 나갈 출), 版(인쇄할 판)

026 평평 호(平評 乎)

平	評	乎
평평할 **평**, 평화 **평**	평할 **평**	어조사 **호**

한자가 만들어지던 시대에는 부족이나 나라 사이에 전쟁이 잦아서 주변에 늘 방패나 칼, 활 같은 당시의 전쟁 도구를 갖추고 있었고, 주변에 있는 이런 도구를 이용하여 많은 한자들이 만들어졌어요. 평평할 평, 평화 평(平)도 방패 간, 범할 간, 얼마 간, 마를 간(干)을 이용하여 만들었네요.

平

방패(干)의 나누어진(八) 면처럼 평평하니 **평평할 평**
또 평평하듯 아무 일 없는 평화니 **평화 평**

⊕ 八(여덟 팔, 나눌 팔)

評

말(言)로 공평하게(平) 평하니 **평할 평**

⊕ 言(말씀 언), 평(評)하다 - 좋고 나쁨이나 잘되고 못됨, 옳고 그름 따위를 분석하여 논하는 일

乎

(평평하지 않도록) 평평할 평(平) 위를 변화시켜 **어조사 호**

⊕ 어조사(語助辭) - '말을 도와주는 말'로, 뜻 없이 다른 말의 기운만 도와주는 말
⊕ 語(말씀 어), 助(도울 조), 辭(말씀 사, 글 사, 물러날 사)

한자 구조 **평평 호**(平評 乎) **- 平으로 된 한자와 乎**

방패 간, 범할 간, 얼마 간, 마를 간(干) 중간에 여덟 팔, 나눌 팔(八)이면 **평평할 평, 평화 평**(平), 평평할 평, 평화 평(平) 앞에 말씀 언(言)이면 **평할 평**(評), 평평할 평, 평화 평(平)의 위 획을 변화시켜서 **어조사 호**(乎)

平

7급 총5획

부수 干

flat, peaceful

- '평평하고 같음'으로, 차별 없이 고르고 한결같음은 平等(평등). 바닥이 평평한 땅은 平地(평지). 평온하고 화목함은 平和(평화).
- ① 정치가 잘되어 온 세상이 평화로움. ② 어떤 일에 무관심한 상태로 걱정 없이 편안하게 있는 태도를 가벼운 놀림조로 이르는 말은 天下泰平(천하태평).
- '크게 평화로운 성스러운 시대'로, 어진 임금이 잘 다스리는 태평한 세상이나 시대는 太平聖代(태평성대)나 太平天下(태평천하).

한자+ 等(같을 등, 무리 등, 차례 등), 地(땅 지, 처지 지), 和(화목할 화, 화할 화), 天(하늘 천), 下(아래 하, 내릴 하), 泰(클 태, 편안할 태), 太(클 태), 聖(성인 성, 성스러울 성), 代(대신할 대, 세대 대, 대금 대)

評

4급 총12획

부수 言

criticize

- ① 물건 값을 헤아려 매김, 또는 그 값. ② 사물의 가치나 수준 따위를 평함, 또는 그 가치나 수준은 平價(평가). 물건이나 작품의 좋고 나쁨을 평함은 品評(품평), 品評하는 모임은 品評會(품평회).

한자+ 價(값 가, 가치 가), 品(물건 품, 등급 품, 품위 품), 會(모일 회)

乎

3급 총5획

부수 丿

a particle in classical Chinese

- 끊을 것은 끊고 결심한 것은 과단성 있게 처리하는 모양은 斷乎(단호).
- <논어(論語)>에 學而時習之 不亦說乎(학이시습지 불역열호)라는 말이 있어요. '배우고 때로 익히면 또한 기쁘지 않으리오?'라는 뜻이지요.

한자+ 斷(끊을 단, 결단할 단), 學(배울 학), 而(말 이을 이), 時(때 시), 習(익힐 습), 之(갈 지, ~의 지, 이 지), 亦(또 역), 說(달랠 세, 말씀 설, 기쁠 열)

027 오허년(午許年)

午	許	年
말 **오**, 일곱째 지지 **오**, 낮 **오**	허락할 **허**	해 **년**, 나이 **년**

옛날에는 말이 전쟁에 아주 중요하게 이용되어서, 말을 나타내는 한자도 당시의 전쟁 도구였던 방패 간, 범할 간, 얼마 간, 마를 간(干)을 이용하여 만들었네요. 또 옛날에는 천간(天干)과 지지(地支)도 많이 사용하였는데, 天干과 地支는 2권 제목번호 [108]에서 자세히 설명할게요.

午

방패 간(干) 위에 삐침 별(丿)을 그어서
(전쟁터에서 아주 중요한 동물이 말임을 나타내어) 말 오
또 말은 일곱째 지지니 **일곱째 지지 오**
또 일곱째 지지는 시간으로 낮이니 낮 오

許

남의 말(言)을 듣고 대낮(午)처럼 분명히 허락하니 허락할 허
⊕ 言(말씀 언)

年

낮(午)이 숨은 (𠃊)듯 가고 오고 하여, 해가 바뀌고 먹는 나이니 **해 년, 나이 년**
⊕ 𠃊 [감출 혜, 덮을 혜(ㄴ, = 匸)의 변형]

한자 구조 **오허년**(午許年) - **午로 된 한자**

방패 간, 범할 간, 얼마 간, 마를 간(干) 위에 삐침 별(丿)이면 **말 오, 일곱째 지지 오, 낮 오**(午), 말 오, 일곱째 지지 오, 낮 오(午) 앞에 말씀 언(言)이면 **허락할 허**(許), 사이에 감출 혜, 덮을 혜(ㄴ,= 匸)의 변형(𠃊)이면 **해 년, 나이 년**(年)

午

7급 총4획
부수 十
horse, noon

- 12지지인 '자축인묘진사오미신유술해'의 처음인 자시(子時)는 밤 11시부터 새벽 1시까지니, 두 시간씩 일곱 번째는 낮 11시부터 오후 1시까지로, 이 두 시간이 午時(오시).
- '바른 오시'로, 오시의 한 중앙인 낮 12시는 正午(정오). 正午 이전은 午前(오전)이나 上午(상오), 이후는 午後(오후)나 下午(하오).

한자+ 子(아들 자, 첫째 지지 자, 자네 자, 접미사 자), 時(때 시), 正(바를 정), 前(앞 전), 上(위 상, 오를 상), 後(뒤 후), 下(아래 하, 내릴 하)

許

5급 총11획
부수 言
allow

- (청하고 바라는 바를) 들어줌은 許諾(허락). (금지, 제한된 것을) 할 수 있도록 허락함은 許可(허가). ① 허락하여 너그럽게 받아들임, ② 각종 경기에서, 막아야 할 것을 막지 못하여 당함, 또는 그런 일은 許容(허용). 허락하지 아니함은 不許(불허).

한자+ 諾(허락할 락), 可(옳을 가, 가히 가, 허락할 가), 容(얼굴 용, 받아들일 용, 용서할 용)

年

8급 총6획
부수 干
year, age

- 해를 보냄은 送年(송년). 연말에 한 해를 보내며 베푸는 모임은 送年會(송년회). 새로운 해를 맞이하여 여는 모임은 新年會(신년회). '삼가 새해를 축하함'으로, 새해의 복을 비는 인사말은 謹賀新年(근하신년)이나 恭賀新年(공하신년).
- (20세 전후 여자의) 꽃다운 나이는 芳年(방년).

한자+ 送(보낼 송), 會(모일 회), 新(새로울 신), 謹(삼갈 근), 賀(축하할 하), 恭(공손할 공), 芳(꽃다울 방)

028 선세찬(先洗贊)

先	洗	贊
먼저 **선**	씻을 **세**	도울 **찬**, 찬성할 **찬**

농사가 기계화되고 교통수단이 발달한 요즘에는 대부분 소를 고기용으로 키우지만, 옛날에는 논밭을 갈고 짐을 나르는 등 농가에 꼭 필요한 동물이어서 소 우(牛)와 관련하여 만들어진 한자도 많네요.

先

(소를 몰거나 부릴 때)
소(⺧)를 사람(儿) 앞에 먼저 가게 하듯 먼저니 **먼저 선**
⊕ ⺧ [소 우(牛)의 변형], 儿(사람 인 발, 어진 사람 인)

洗

물(氵)로 먼저(先) 씻으니 **씻을 세**
⊕ 氵(삼 수 변)

贊

먼저(先) 먼저(先) 재물(貝)로 돕고 찬성하니 **도울 찬, 찬성할 찬**
⊕ 貝(조개 패, 재물 패, 돈 패) - 2권 제목번호 [121] 참고

한자 구조 **선세찬**(先洗贊) **- 先으로 된 한자**

소 우(牛)의 변형(⺧) 아래에 사람 인 발(儿)이면 **먼저 선**(先), 먼저 선(先) 앞에 삼 수 변(氵)이면 **씻을 세**(洗), 먼저 선(先) 둘 아래에 조개 패, 재물 패, 돈 패(貝)면 **도울 찬, 찬성할 찬**(贊)

先

8급 총6획
부수 人(儿)
first

- '앞을 내다보는 명철함'으로, 앞일을 미리 내다보는 총명함을 이르는 말은 先見之明(선견지명). (같은 분야에서 지위, 학력 등이 자기보다) 앞선 사람은 先輩(선배).
- 일이 끝나기 전이나 물건을 받기 전에 먼저 돈을 지불함은 先拂(선불), 뒤에 지불함은 후불(後拂). '먼저 남'으로, 학생을 가르치는 사람, 또는 학예가 뛰어난 사람을 높여 이르는 말은 先生(선생).
- ① 공(公)적인 것을 먼저하고 사(私)적인 것은 뒤에 함. ② 처음에는 공(公)을 위한척하지만, 뒤에는(결국에는) 사(私)로 돌아섬을 이르는 말은 先公後私(선공후사), 주로 ①의 뜻으로 쓰이지만, 간혹 ②의 뜻으로도 쓰이네요.

한자+ 見(볼 견, 뵐 현), 明(밝을 명), 輩(무리 배), 拂(떨칠 불), 後(뒤 후), 生(날 생, 살 생, 사람을 부를 때 쓰는 접사 생), 公(공평할 공, 대중 공, 귀공자 공), 私(사사로울 사)

洗

5급 총9획
부수 水(氵)
wash

- '씻고 익힘'으로, 익숙하여 어색한 데가 없음은 洗練(세련). '씻는 예'로, 죄악을 씻는 표시로 하는 의식은 洗禮(세례). 손이나 얼굴을 씻음은 洗手(세수). ① 더러운 옷이나 피륙 따위를 빠는 일, ② 자금·경력 따위를 필요에 따라 여러 방법으로 탈바꿈하는 일은 洗濯(세탁).

한자+ 練(익힐 련), 禮(예도 례), 手(손 수, 재주 수, 재주 있는 사람 수), 濯(씻을 탁, 빨 탁)

贊

3급 II 총19획
부수 貝
help, assent

- 힘을 합하여 도움은 協贊(협찬). 어떤 일의 뜻에 찬동하여 도와줌은 贊助(찬조), 贊助하여 내는 돈은 贊助金(찬조금).
- 옳다고 동의함은 贊成(찬성). 찬성과 반대를 아울러 이르는 말은 贊反(찬반).

한자+ 協(도울 협), 助(도울 조), 金(쇠 금, 금 금, 돈 금, 성씨 김), 成(이룰 성), 反(거꾸로 반, 뒤집을 반)

029 고[곡]호조(告浩造)

告	浩	造
알릴 **고**, 뵙고 청할 **곡**	클 **호**, 넓을 **호**	지을 **조**

알릴 고, 뵙고 청할 곡(告)
= ⺧ [소 우(牛)의 변형] + 口(입 구, 말할 구, 구멍 구)
제사 지낼 때나 손님을 대접할 때는 소고기를 으뜸으로 쳤으니, 소(⺧)고기를 차려 놓고 입(口)으로 알리거나 뵙고 청한다는 데서 만들어진 한자네요.

告 소(⺧)고기를 차려 놓고 입(口)으로 알리거나 뵙고 청하니 **알릴 고, 뵙고 청할 곡**

浩 물(氵)이 알리듯이(告) 소리 내며 크고 넓게 흐르니 **클 호, 넓을 호**
⊕ 氵(삼 수 변)

造 계획을 알리고(告) 가서(辶) 지으니 **지을 조**
⊕ 辶(뛸 착, 갈 착)

한자 구조 **고[곡]호조**(告浩造) - **告로 된 한자**

소 우(牛)의 변형(⺧) 아래에 입 구, 말할 구, 구멍 구(口)면 **알릴 고, 뵙고 청할 곡**(告), 알릴 고, 뵙고 청할 곡(告) 앞에 삼 수 변(氵)이면 **클 호, 넓을 호**(浩), 뛸 착, 갈 착(辶)이면 **지을 조**(造)

告

5급 총7획
부수 口
tell

- '알려 말함'으로, 숨김없이 사실대로 말함은 告白(고백).
- 조심하거나 삼가도록 미리 주의시킴, 또는 그 주의는 警告(경고). 남의 결함이나 잘못을 진심으로 타이름, 또는 그런 말은 忠告(충고).
- 일정한 사항을 일반 대중에게 알림은 公告(공고). 상품이나 서비스에 대한 정보를 소비자에게 널리 알림은 廣告(광고). 일에 관한 내용이나 결과를 말이나 글로 알림은 報告(보고). '실제로 써 바르게 알림', 즉 사실 그대로 고함은 以實直告(이실직고).
- (나갈 때는) 반드시 뵙고 청함(아룀)은 出必告(출필곡)이네요.

한자+ 白(흰 백, 밝을 백, 깨끗할 백, 아뢸 백), 警(경계할 경, 깨우칠 경), 忠(충성 충), 公(공평할 공, 대중 공, 귀공자 공), 廣(넓을 광), 報(알릴 보, 갚을 보), 以(써 이, 까닭 이), 實(열매 실, 실제 실), 直(곧을 직, 바를 직), 出(나올 출, 나갈 출), 必(반드시 필)

浩

3급 II 총10획
부수 水(氵)
vast, wide

- 마음이 크고 넓음은 浩然(호연), '크고 넓은 기운'으로, 하늘과 땅 사이에 가득 찬 크고 넓은 원기, 또는 거침없이 넓고 큰 기개는 浩然之氣(호연지기). '넓고 큼'으로, 성격이 시원시원하고 활달함은 浩蕩(호탕).

한자+ 然('그러할 연'으로 형용사 뒤에서는 뜻 없이 형용사의 뜻만 강조함), 氣(기운 기, 대기 기), 蕩(방탕할 탕, 쓸어버릴 탕, 넓고 클 탕)

造

4급 II 총11획
부수 辵(辶)
make

- 지어서 만듦은 造作(조작). (없던 물건을) 처음으로 만듦은 創造(창조). 부분이나 요소가 어떤 전체를 짜 이룸, 또는 그렇게 이루어진 얼개는 構造(구조).
- 나무로 지으면 木造(목조), 돌로 지으면 石造(석조), 쇠로 지으면 鐵造(철조).
- '모든 것은 오직 마음으로 지음'으로, 모든 것은 생각하기 나름이라는 말은 一切唯心造(일체유심조).

한자+ 作(지을 작), 創(비롯할 창, 시작할 창), 構(얽을 구), 木(나무 목), 石(돌 석), 鐵(쇠 철), 切(모두 체, 끊을 절, 간절할 절), 唯(오직 유, 대답할 유), 心(마음 심, 중심 심)

030 면자궁(宀字宮)

宀을 보면 무엇이 생각나세요?
宀은 옛날 초가지붕으로 덮여 있는 집을 본떠서 만든 '집 면'이라는 부수자고,
冖은 보자기로 무엇을 덮은 모양을 본떠 만든 '덮을 멱'이라는 부수자네요.

지붕으로 덮여 있는 집을 본떠서 **집 면**

집(宀)에서 자식(子)이 배우고 익히는 글자니 **글자 자**

⊕子(아들 자, 첫째 지지 자, 자네 자, 접미사 자) - 2권 제목번호 [027] 참고

宮

집(宀) 여러 칸이 등뼈(呂)처럼 이어진 집이나 궁궐이니 **집 궁, 궁궐 궁**

⊕ 呂 - 등뼈가 서로 이어진 모양을 본떠서 '등뼈 려'
또 등뼈처럼 소리의 높낮음이 이어진 음률이니 '음률 려'

⊕ 옛날에 천자가 거처하는 황궁은 9,999칸, 임금이 거처하는 궁궐은 999칸, 대부의 집은 99칸까지 지었답니다.

한자구조 **면자궁**(宀字宮) - **宀으로 된 한자**

지붕으로 덮여 있는 집을 본떠서 **집 면**(宀), 집 면(宀) 아래에 아들 자, 첫째 지지 자, 자네 자, 접미사 자(子)면 **글자 자**(字), 등뼈 려, 음률 려(呂)면 **집 궁, 궁궐 궁**(宮)

3획

부수자

house

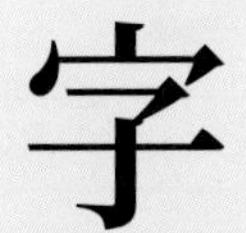

7급 총6획

子

letter

- 문자, 특히 한자의 구성 원리나 그 근원은 字源(자원). (기독교를 상징하는) 十자 모양으로 꾸민(만든) 것은 十字架(십자가).
- 수입보다 지출이 많아 수지가 맞지 않는 경우는 赤字(적자), 이익이 나는 경우는 黑字(흑자)라고 하는데 赤字는 부족액을 경고의 의미로 붉은색으로 쓰고, 黑字는 경고할 필요가 없으니 보통 사용하는 검정색으로 쓴다는 데서 유래된 말이지요.

한자+ 源(근원 원), 架(시렁 가, 꾸밀 가), 赤(붉을 적, 벌거벗을 적), 黑(검을 흑)

4급Ⅱ 총10획

부수 宀

palace

- 임금이 거처하는 집, 즉 대궐은 宮闕(궁궐). 임금이나 왕족이 사는 큰 집은 宮殿(궁전). '많이 거듭(겹겹이) 담으로 둘러싸인 궁궐'로, 옛날에 임금이 있던 대궐 안을 이르는 말은 九重宮闕(구중궁궐).
- 고려·조선 시대에, 궁궐 안에서 왕과 왕비를 가까이 모셨던 여자는 宮女(궁녀).

한자+ 闕(대궐 궐), 殿(대궐 전, 큰집 전), 九(아홉 구, 클 구, 많을 구), 重(무거울 중, 귀중할 중, 거듭 중)

PART 07 (031~035)

031 심 필비(心 必祕)

	必	祕
마음 **심**, 중심 **심**	반드시 **필**	숨길 **비**, 신비로울 **비**

청춘! 이는 듣기만 하여도 가슴이 설레는 말이다. 청춘! 너희 두 손을 가슴에 대고 물방아 같은 심장의 고동을 들어보라. 청춘의 피는 끓는다. 끓는 피에 뛰노는 심장은 큰 배의 기관과 같이 힘이 있다. 이것이다. 인류의 역사를 꾸며 내려온 동력은 바로 이것이다.

민태원의 수필 <청춘 예찬> 앞부분입니다.
심장이 뜨거운 피를 몸의 각 부분에 보내기 때문일까요?
사랑의 표시로 사용하는 ♡도, '마음'을 나타내는 마음 심(心)도 심장을 본떠서 만들었네요.

(마음이 심장에 있다고 생각하여) 심장을 본떠서 **마음 심**

또 심장이 있는 몸의 중심이니 **중심 심**

⊕ 心 이 한자의 왼쪽에 붙는 부수인 변으로 쓰일 때는 '마음 심 변(忄)', 한자의 아래에 붙는 발로 쓰일 때는 '마음 심 발(⺗)'이고, 心 그대로 발로 쓰일 때도 있습니다.

하나(丿)에만 매달리는 마음(心)으로 반드시 이루니 **반드시 필**

⊕ 丿('삐침 별'이지만 여기서는 하나로 봄)

신(示)처럼 반드시(必) 모습을 숨겨 신비로우니

숨길 비, 신비로울 비

⊕ 示(보일 시, 신 시) - 2권 제목번호 [015] 참고

한자 구조 **심 필비**(心 必祕) **- 心과 必로 된 한자**

(마음이 심장에 있다고 생각하여) 심장을 본떠서 **마음 심**(心), 또 심장이 있는 몸의 중심이니 **중심 심**(心), 마음 심, 중심 심(心)에 삐침 별(丿)이면 **반드시 필**(必), 반드시 필(必) 앞에 보일 시, 신 시(示)면 **숨길 비, 신비로울 비**(祕)

7급 총4획

부수 心

heart, center

- 마음과 몸은 心身(심신). 물질적인 면과 정신적인 면의 두 방면은 物心兩面(물심양면). 도시의 중심부는 都心(도심).
- 산중의 적은 깨뜨리기 쉽지만 마음속의 적은 깨뜨리기 어렵다는 말은 山中賊破易(산중적파이) 心中賊破難(심중적파난)이네요.

한자+ 身(몸 신), 物(물건 물), 兩(두 량, 짝 량, 냥 냥), 面(얼굴 면, 향할 면, 볼 면, 행정구역의 면), 都(도읍 도, 모두 도), 山(산 산), 中(가운데 중, 맞힐 중), 賊(도둑 적), 破(깨뜨릴 파, 다할 파), 易(쉬울 이, 바꿀 역), 難(어려울 난, 비난할 난)

5급 총5획

부수 心

surely

- 반드시 이김은 必勝(필승). 살아가는 데 반드시 필요한 물건은 生必品(생필품).
- '생명이 있는 것은 반드시 죽기 마련'으로, 불교에서 세상만사가 덧없음을 이르는 말 生者必滅(생자필멸)은 인생이 덧없다는 인생무상(人生無常)과 비슷하지요.

한자+ 勝(이길 승, 나을 승), 生(날 생, 살 생, 사람을 부를 때 쓰는 접사 생), 品(물건 품, 등급 품, 품위 품), 者(놈 자, 것 자), 滅(꺼질 멸, 멸할 멸), 無(없을 무), 常(항상 상, 보통 상, 떳떳할 상), 덧없다 - ① 알지 못하는 가운데 지나가는 시간이 매우 빠르다. ② 보람이나 쓸모가 없어 헛되고 허전하다.

4급 총10획

부수 示

conceal, mystery

- 숨겨 남에게 드러내거나 알리지 말아야 할 일은 祕密(비밀). 祕密을 발설(發說)하지 않는다는 祕不發說(비불발설)도 있네요.
- (사람의 지혜로는 도저히 이해할 수 없는) 신묘한 비밀은 神祕(신비). ① 신비스러운 경지. ② 남이 모르는 곳. ③ 경치가 빼어나게 아름다운 곳은 祕境(비경).

한자+ 密(빽빽할 밀, 비밀 밀), 發(쏠 발, 일어날 발), 說(달랠 세, 말씀 설, 기쁠 열), 발설(發說) - 입 밖으로 말을 냄. 神(귀신 신, 신비할 신), 境(지경 경, 형편 경)

032 구품 담(口品 囗)

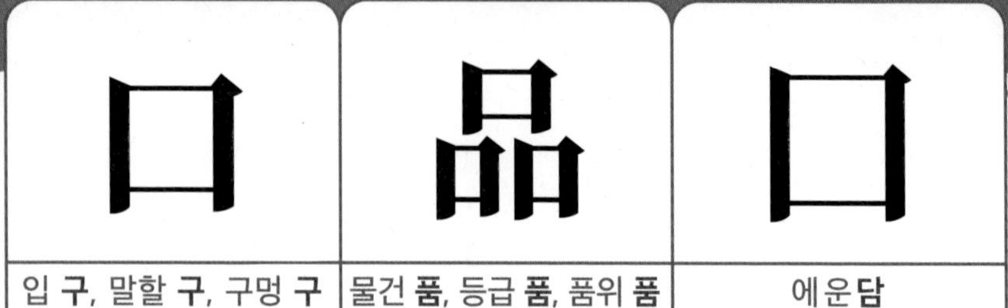

입 **구**, 말할 **구**, 구멍 **구**	물건 **품**, 등급 **품**, 품위 **품**	에운**담**

입 구(口) 셋으로 된 물건 품, 등급 품, 품위 품(品)은, 여러 사람이 모여 이야기하는 모양인데, 어찌 전혀 다른 뜻일까요?
아하! 여러 사람이 모여 말하며 물건에 대한 등급과 품위를 정한다는 말이네요.
차나 술이나 음식을 혼자 먹으면 입(口)만을 위한 것이요, 둘이 먹어도 좀 어색하고, 세 사람 정도가 모여 먹어야 품위가 있다는 데서, 입 구(口) 셋을 써서 '품위 품'이 되었다고도 합니다.

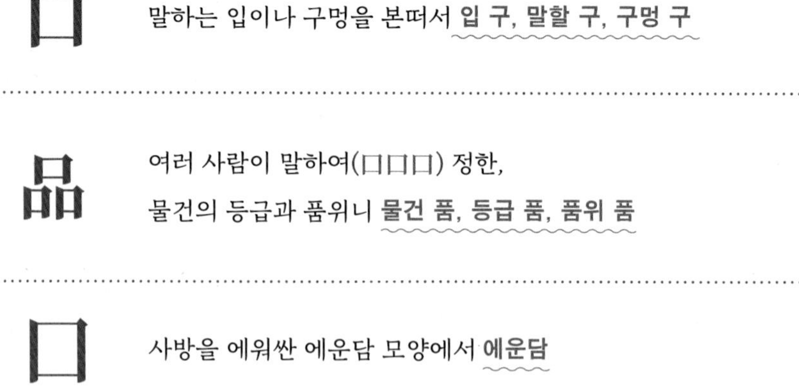

口 말하는 입이나 구멍을 본떠서 입 구, 말할 구, 구멍 구

品 여러 사람이 말하여(口口口) 정한, 물건의 등급과 품위니 물건 품, 등급 품, 품위 품

囗 사방을 에워싼 에운담 모양에서 에운담

한자 구조 **구품 담**(口品 囗) - **口로 된 한자와 囗**

말하는 입이나 구멍을 본떠서 **입 구, 말할 구, 구멍 구**(口), 입 구, 말할 구, 구멍 구(口) 셋이면 **물건 품, 등급 품, 품위 품**(品), 입 구, 말할 구, 구멍 구(口)보다 크면 **에운담**(囗)

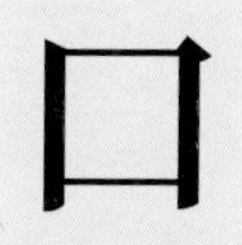

7급 총3획

부수 口

mouth, say, hole

- 입맛은 口味(구미). 입으로 말함은 口述(구술).
- 들어가는 구멍(통로)은 入口(입구). 나가는 구멍은 出口(출구). 나가고 들어오는 구멍은 出入口(출입구). '입 지킴을 병같이 함'으로, 입은 있어도 말을 못 하는 병처럼 말을 조심하라는 말은 守口如甁(수구여병).
- 병종구입(病從口入), 화종구출(禍從口出)이라는 말도 있네요. '병은 입으로부터 들어오고 화는 입으로부터 나간다'로, 병(病)은 먹는 음식으로부터 비롯되니 음식은 가려서 먹고, 화(禍)는 하는 말로부터 비롯되니 말은 생각해서 하라는 뜻이지요.

한자+ 味(맛 미), 述(말할 술, 책 쓸 술), 入(들 입), 出(나올 출, 나갈 출), 守(지킬 수), 如(같을 여), 甁(병 병), 病(병들 병, 근심할 병), 從(좇을 종, 따를 종), 禍(재앙 화)

5급 총9획

부수 口

article, grade, grace

- 물건의 이름을 적은 목록은 品目(품목). (보세 구역에 있는) 관세가 보류된 물품은 保稅品(보세품)이나 保稅物品(보세물품).
- 높은 등급은 上品(상품). 사람이나 물건이 지닌 좋은 인상은 品位(품위).

한자+ 目(눈 목, 볼 목, 항목 목), 保(지킬 보, 보호할 보), 稅(세금 세), 物(물건 물), 보세(保稅) - 관세의 부과가 보류되는 일. 上(위 상, 오를 상), 位(자리 위, 위치 위)

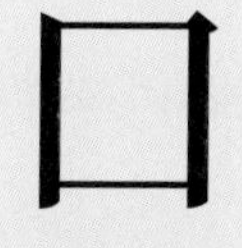

口 총3획

부수자

surround

한자+ 에우다 - 사방을 빙 둘러싸다.

033 곤 수온(困 囚溫)

困	囚	溫

곤할 **곤**	죄인 **수**	따뜻할 **온**, 익힐 **온**

溫(따뜻할 온, 익힐 온) = 氵(삼 수 변) + 囚(죄인 수) + 皿(그릇 명)
나눠진 한자대로 해석하면서 상상력을 발휘하면 '따뜻할 온'은 되는데,
'익힐 온'은 어떻게 붙은 뜻일까요?
두 손바닥을 비벼 보세요. 따뜻해지면서 열이 나지요?
그렇게 따뜻해지도록 여러 번 반복하여 익힌다는 데서
'익힐 온'이 붙었네요.

困 에워싸인(口) 나무(木)처럼 살기가 곤하니 곤할 곤

⊕ 木(나무 목), 곤(困)하다 – 기운 없이 나른하다.

囚 에워싸인(口) 곳에 갇힌 사람(人)은 죄인이니 **죄인 수**

⊕ 人(사람 인)

溫 물(氵)을 죄인(囚)에게도 그릇(皿)으로 떠 주는 마음이 따뜻하니 **따뜻할 온**

또 따뜻하도록 여러 번 반복하여 익히니 익힐 온

㉾ 温 – 물(氵)이 해(日)가 비친 그릇(皿)에 있으면 따뜻하니 '따뜻할 온'
또 따뜻하도록 여러 번 반복하여 익히니 '익힐 온'

⊕ 皿(그릇 명), 日(해 일, 날 일)

한자 구조 **곤 수온**(困 囚溫) - **困과 囚로 된 한자**

에운담(口) 안에 나무 목(木)이면 **곤할 곤**(困), 사람 인(人)이면 **죄인 수**(囚), 죄인 수(囚) 아래에 그릇 명(皿), 앞에 삼 수 변(氵)이면 **따뜻할 온, 익힐 온**(溫)

4급 총7획

부수 口

distress

- 곤란한 지경(경우)은 困境(곤경). 가난해서 살림이 곤란함은 貧困(빈곤).
- '곤란한 지경에 처한 짐승은 오히려 싸우려 함'으로, 위급한 경우에는 아무리 약한 짐승일지라도 적을 향해 싸우려 덤빔을 이르는 말 困獸猶鬪(곤수유투)는, 속담 '지렁이도 밟으면 꿈틀한다, 굼벵이도 다치면 꿈틀한다, 참새는 죽어도 짹 한다'와 통하네요.

한자+ 境(지경 경, 형편 경), 貧(가난할 빈), 獸(짐승 수), 猶(오히려 유, 같을 유), 鬪(싸울 투)

3급 총5획

부수 口

prisoner

- 허물이 있어 교도소에 갇힌 사람은 罪囚(죄수). 죄수가 입는 옷은 囚衣(수의).
- '이미 죄가 결정된 죄인'으로, 형벌을 받았거나 받는 사람은 既決囚(기결수). 아직 법적 판결이 나지 않은 상태로 구금된 피의자는 未決囚(미결수). 오랜 기간에 걸쳐 징역살이하는 사람은 長期囚(장기수).

한자+ 罪(허물 죄), 衣(옷 의), 既(이미 기), 決(터질 결, 정할 결), 未(아닐 미, 아직 ~ 않을 미, 여덟째 지지 미), 長(길 장, 어른 장), 期(기간 기, 기약할 기)

6급 총13획

부수 水(氵)

warm, learn

- 따뜻한 인정은 溫情(온정), '차가운 정'으로, 태도가 정다운 맛이 없고 차가움은 냉정(冷情).
- '사흘 춥고 나흘 따뜻함'으로, 겨울철에 한국과 중국 등지에서 3일가량 춥다가, 다음 4일가량은 따뜻한 날씨가 이어지는 주기적인 기후 현상은 三寒四溫(삼한사온), 요즘에는 따뜻할 때는 미세먼지가 극성을 부리니 三寒四微(삼한사미)라고도 하네요.
- 옛것을 익히고 그것을 미루어 새것을 앎은 溫故知新(온고지신).

한자+ 情(뜻 정, 정 정), 冷(찰 랭), 寒(찰 한), 微(작을 미, 숨을 미), 故(연고 고, 옛 고), 知(알 지), 新(새로울 신)

034 회 고개(回 固個)

	固	個
돌 **회**, 돌아올 **회**, 횟수 **회**	굳을 **고**, 진실로 **고**	낱 **개**, 개수 **개**

둥근 것을 본떠서 만들어도 한자는 네모라고 앞 제목번호 [005]에서 말씀드렸지요?
돌 회, 돌아올 회, 횟수 회(回)도 빙빙 도는 둥근 모양을 큰 네모(口) 안에 작은 네모(口)가 있는 구조로 만들었네요.

回 축을 중심으로 돌아가는 모양에서 돌 회
또 돌면서 돌아오는 횟수니 돌아올 회, 횟수 회

固 에워싸(囗) 오래(古) 두면 굳으니 굳을 고
또 굳은 듯 진실로 변치 않으니 진실로 고
⊕ 古(오랠 고, 옛 고)

個 사람(亻) 성격이 굳어져(固) 개인행동을 하는 낱낱이니 낱 개
또 낱낱이 세는 개수니 개수 개
⊕ 亻(사람 인 변)

한자 구조 **회 고개**(回 固個) - 回와 固로 된 한자

에운담(囗) 안에 입 구, 말할 구, 구멍 구(口)면 **돌 회, 돌아올 회, 횟수 회**(回), 오랠 고, 옛 고(古)면 **굳을 고, 진실로 고**(固), 굳을 고, 진실로 고(固) 앞에 사람 인 변(亻)이면 **낱 개, 개수 개**(個)

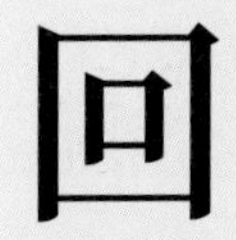

4급 II 총6획

부수 口

turn, return, the number of times

- 빙빙 돎은 回轉(회전). '마음 돌려 도를 향함'으로, 좋지 못한 마음을 고쳐먹고 올바른 길로 방향을 바꿈은 回心向道(회심향도).
- (물음에) 돌아온 답은 回答(회답). 편지·전신·전화 따위로 회답함은 回信(회신). 돌아오는 차례의 수효는 回數(회수 → 횟수). 한 번은 一回(일회).

한자+ 轉(구를 전), 心(마음 심, 중심 심), 向(향할 향, 나아갈 향), 道(길 도, 도리 도, 말할 도, 행정구역의 도), 答(대답할 답, 갚을 답), 信(믿을 신, 소식 신), 數(셀 수, 두어 수, 운수 수)

5급 총8획

부수 口

hard, firm

- 굳게 지킴은 固守(고수). '굳게 잡음'으로, 자기의 의견을 바꾸거나 고치지 않고 굳게 버팀, 또는 그렇게 버티는 성미는 固執(고집). '굳게 잡아 통하지 않음'으로, 조금도 융통성 없이 자기주장만 계속 내세움, 또는 그런 사람은 固執不通(고집불통). 굳게 굳어 흔들리거나 움직이지 아니함은 確固不動(확고부동)으로, 흔들어도 움직이지 않는다는 요지부동(搖之不動)과 통하네요.
- 진실로 바라는 바는 固所願(고소원). '감히 청하지는 못하나 진실로 (원래부터 몹시) 바라던 바'라는 말은 不敢請(불감청) 固所願(고소원)이지요.

한자+ 守(지킬 수), 執(잡을 집), 通(통할 통), 確(굳을 확), 動(움직일 동), 搖(흔들 요), 之(갈 지, ~의 지, 이 지), 所(장소 소, 바 소), 願(원할 원), 敢(감히 감, 용감할 감), 請(청할 청)

4급 II 총10획

부수 人(亻)

each piece

- 낱낱의 물건이 가지고 있는 독특한 성질은 個性(개성). (국가나 사회, 단체 등을 구성하는) 낱낱의 사람은 個人(개인). 각 개인의 전투력을 기준으로 하는 전투는 各個戰鬪(각개전투).
- 한 개씩 낱으로 셀 수 있는 물건의 수효는 個數(개수).

한자+ 性(성품 성, 바탕 성, 성별 성), 各(각각 각), 戰(싸울 전, 무서워 떨 전), 鬪(싸울 투), 數(셀 수, 두어 수, 운수 수)

035 인인은(因姻恩)

因	姻	恩
말미암을 **인**, 의지할 **인**	시집갈 **인**	은혜 **은**

앞에서 본 대로 한자의 어원을 생각하는 것은 아주 쉽죠?
한자를 딱 봐서 부수나 독립되어 쓰이는 한자들로 나눠지지 않으면, 그 한자만으로 왜 이런 모양에 이런 뜻의 한자가 나왔는지 생각해 보고, 나눠지면 나눠서 나눠진 한자들의 뜻을 합쳐 보면 되거든요.

因 에워싼(口) 큰(大) 울타리에 말미암아 의지하니 **말미암을 인, 의지할 인**

⊕ 大 (큰 대), 사회가 안정되지 않았던 옛날에는 크고 튼튼한 울타리에 많이 의지했겠지요.

姻 여자(女)가 의지할(因) 남자에게 시집가니 **시집갈 인**

⊕ 女 (여자 녀)

恩 의지하도록(因) 마음(心) 써주는 은혜니 **은혜 은**

⊕ 心 (마음 심, 중심 심)

한자 구조 **인인은**(因姻恩) - 因으로 된 한자

에운담(口) 안에 큰 대(大)면 **말미암을 인, 의지할 인**(因), 말미암을 인, 의지할 인(因) 앞에 여자 녀(女)면 **시집갈 인**(姻), 아래에 마음 심, 중심 심(心)이면 **은혜 은**(恩)

5급 총6획

부수 口

cause, support

- ① 사람들 사이에 맺어지는 관계. ② 어떤 사물과 관계되는 연줄. ③ 일의 내력, 또는 이유는 因緣(인연). 일이 말미암아 일어나는 근본은 原因(원인). 원인과 결과를 아울러 이르는 말은 因果(인과).
- '착한 인연에 착한 결과'로, 선업(善業)을 쌓으면 반드시 좋은 결과가 따른다는 말은 善因善果(선인선과), 반대말은 惡因惡果(악인악과).

한자+ 緣(인연 연), 原(언덕 원, 근원 원), 果(과실 과, 결과 과), 善(착할 선, 좋을 선, 잘할 선), 業(일 업, 업 업), 惡(악할 악, 미워할 오)

姻

3급 총9획

부수 女

marriage

- 장가들고 시집가는 일은 婚姻(혼인). 외가와 처가에 딸린 겨레붙이, 즉 혼인으로 맺어진 겨레붙이는 姻戚(인척). 혈연 및 혼인을 통하여 이루어진 친족을 통틀어 이르는 말은 親戚(친척)으로, 親姻戚(친인척)이라고도 하지요.

한자+ 婚(결혼할 혼), 戚(겨레 척), 親(어버이 친, 친할 친), 겨레붙이 - 같은 핏줄을 이어받은 사람

4급Ⅱ 총10획

부수 心

favor

- 베풀어주는 혜택은 恩惠(은혜). 은혜를 베푼 사람은 恩人(은인). 은혜를 받음이 끝이 없음은 受恩罔極(수은망극).
- '비와 이슬의 은혜'로, 비와 이슬이 만물을 기르는 것처럼 은혜가 고루 미침을 이르는 말은 雨露之恩(우로지은). 아름다운 꽃도 자기가 잘나서 아름다운 것이 아니라 비와 이슬의 도움으로 그렇게 아름다운 것처럼, 오늘날 우리가 윤택하게 사는 것도 다 부모님의 피나는 노력 덕분이지요.

한자+ 惠(은혜 혜), 受(받을 수), 罔(없을 망), 極(끝 극, 다할 극), 雨(비 우), 露(이슬 로, 드러날 로), 之(갈 지, ~의 지, 이 지)

036 중충환(中忠患)

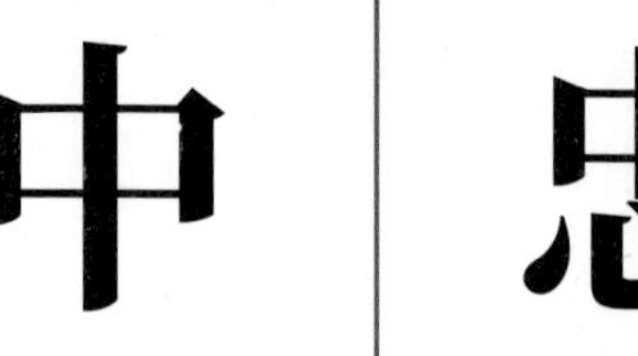

中	忠	患
가운데 **중**, 맞힐 **중**	충성 **충**	근심 **환**

가운데 중, 맞힐 중(中) = ㅁ [입 구, 말할 구, 구멍 구(口)의 변형] + ㅣ(뚫을 곤)
입이나 구멍 가운데를 뚫어맞힌다는 말은 아닐 것 같은데….
한자와 그 한자가 나타내는 뜻 사이에는 가장 자연스럽고 긴밀한 이유(어원)가 있었을 것이니, 어찌 이런 모양이나 이런 구조로 이런 뜻의 한자를 만들었을까, 또 이런 뜻을 나타내려면 어떤 구조여야 했을까를 생각하면 되는데, 위처럼 이상한 어원이 나오면 다른 각도로 생각해보는 것도 좋은 방법이지요.

사물(ㅁ)의 가운데를 뚫어(ㅣ) 맞히니 **가운데 중, 맞힐 중**

⊕ ㅁ [입 구, 말할 구, 구멍 구(口)의 변형이지만 여기서는 사물의 모양으로 봄)

忠

가운데서(中) 우러나오는 마음(心)으로 대하는 충성이니 **충성 충**

⊕ 心 (마음 심, 중심 심)

患

가운데(中) 가운데(中)에 맺혀 있는 마음(心)은 근심이니 **근심 환**

⊕ 적당히 잊어야 하는데 그렇지 못하고 가운데 가운데에 맺혀 있으면 근심이지요.

한자구조 **중충환**(中忠患) - **中으로 된 한자**

입 구, 말할 구, 구멍 구(口)의 변형(ㅁ)에 뚫을 곤(ㅣ)이면 **가운데 중, 맞힐 중**(中), 가운데 중, 맞힐 중(中) 아래에 마음 심, 중심 심(心)이면 **충성 충**(忠), 가운데 중, 맞힐 중(中) 둘 아래에 마음 심, 중심 심(心)이면 **근심 환**(患)

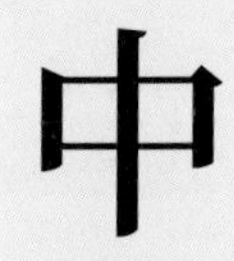

8급 총4획

부수 丨

middle, hit

- 사물의 한 가운데, 또는 중심이 되는 중요한 곳은 中央(중앙).
- (화살이) 과녁을 맞힘, 또는 (예상이나 추측, 또는 목표 따위에 꼭) 들어맞음은 的中(적중). '백 번 쏘아 백 번 다 맞힘'으로, ① 쏘기만 하면 다 명중함. ② 무슨 일이든지 생각하는 대로 다 들어맞음은 百發百中(백발백중).

한자+ 央(가운데 앙), 的(과녁 적, 맞힐 적, 밝을 적, 접미사 적), 百(일백 백, 많을 백), 發(쏠 발, 일어날 발)

4급Ⅱ 총8획

부수 心

loyalty

- 참마음에서 우러나오는 정성은 忠誠(충성). (남의 허물을) 충심으로 알림(타이름)은 忠告(충고). ① 충고의 말을 함. ② 충직하고 바른말을 함, 또는 그 말은 忠言(충언).
- '충고의 말은 귀에 거슬림'으로, 바르게 타이르는 말일수록 듣기 싫어진다는 말은 忠言逆耳(충언역이), "충언역이이어행(忠言逆耳利於行 - 충고의 말은 귀에는 거슬리나 행동에는 이롭고), 양약고구익어병(良藥苦口益於病 - 좋은 약은 입에는 쓰나 병에는 이롭다)"에서 유래되었지요.

한자+ 誠(정성 성), 告(알릴 고, 뵙고 청할 곡), 言(말씀 언), 逆(거스를 역), 耳(귀 이), 利(이로울 리, 날카로울 리), 於(어조사 어, 탄식할 오), 行(다닐 행, 행할 행, 항렬 항), 良(좋을 량, 어질 량), 藥(약 약), 苦(쓸 고, 괴로울 고), 益(더할 익, 유익할 익), 病(병들 병, 근심할 병)

5급 총11획

부수 心

anxiety

- 병을 앓는 사람은 患者(환자). 근심 걱정은 憂患(우환).
- '근심과 어려움'으로, 근심과 재난을 통틀어 이르는 말은 患難(환난). 환난(患難)이 생겼을 때 서로 불쌍히 여기고 도와준다는 말은 患難相恤(환난상휼)이네요.

한자+ 者(놈 자, 것 자), 憂(근심할 우), 難(어려울 난, 비난할 난), 相(서로 상, 모습 상, 볼 상, 재상 상), 恤(불쌍히 여길 휼)

037 사 리사(史 吏使)

史	吏	使
역사 **사**	관리 **리**	하여금 **사**, 부릴 **사**

역사는 어느 쪽으로도 치우치지 않는 중립을 지키는 사람이 사실대로 써야 하니,
다음처럼 나누고 풀어 봅니다.
역사 사(史) = 口 [가운데 중, 맞힐 중(中)의 변형] + 乀('파임 불'이지만
여기서는 '지키다'의 뜻으로 봄)

중립(口)을 지키며(乀) 써야 하는 역사니 **역사 사**

吏

한(一)결같이 중립(口)을 지키며(乀) 일해야 하는 관리니
관리 리

使

사람(亻)이 관리(吏)로 하여금 일하도록 부리니
하여금 사, 부릴 사
⊕ 亻(사람 인 변)

한자 구조 **사 리사**(史 吏使) - **史와 吏로 된 한자**

가운데 중, 맞힐 중(中)의 변형(口)에 파임 불(乀)이면 **역사 사**(史), 한 일(一)과 가운데 중, 맞힐 중(中)의 변형(口)에 파임 불(乀)이면 **관리 리**(吏), 관리 리(吏) 앞에 사람 인 변(亻)이면 **하여금 사, 부릴 사**(使)

5급 총5획

부수 口

history

- 인류 사회의 과거 변천 흥망의 기록은 歷史(역사). 간략하게 줄여서 적은 역사는 略史(약사).
- '역사 앞 시대'로, 문헌에 역사적인 자료가 전혀 존재하지 않는 시대, 즉 석기시대와 청동기시대를 말함은 先史時代(선사시대), 문자로 쓰인 기록이나 문헌 따위가 있는 시대는 歷史時代(역사시대).

한자+ 歷(지낼 력, 책력 력, 겪을 력), 略(간략할 략, 빼앗을 략), 先(먼저 선), 時(때 시), 代(대신할 대, 세대 대)

3급 II 총6획

부수 口

officer

- 관직에 있는 사람은 官吏(관리). 청렴결백한 관리는 淸白吏(청백리).
- 탐욕이 많고 더러운(행실이 깨끗하지 못한) 관리는 貪官汚吏(탐관오리).

한자+ 官(관청 관, 벼슬 관), 淸(맑을 청), 白(흰 백, 밝을 백, 깨끗할 백, 아뢸 백), 貪(탐낼 탐), 汚(더러울 오)

6급 총8획

부수 人(亻)

let, employ

- '하여금 하도록 한 명령'으로, 맡겨진 임무는 使命(사명).
- 노동자와 사용자를 아울러 이르는 말은 勞使(노사).
- 의심스러운 사람은 부리지 말고, 일단 사람을 부리면 의심하지 말라는 疑人勿使 使人勿疑(의인물사 사인물의)도 있네요.

한자+ 命(명령할 명, 목숨 명, 운명 명), 勞(수고할 로, 일할 로), 疑(의심할 의), 勿(없을 물, 말 물)

038 경[갱]경편[변](更硬便)

更	硬	便
고칠 **경**, 다시 **갱**	굳을 **경**, 단단할 **경**	편할 **편**, 똥오줌 **변**

고칠 경, 다시 갱(更) = 一 + 曰(가로 왈, 말할 왈) + 乂[사람 인(人)의 변형]
아하!
한번 말하면 좋은 사람은 고치지만, 그렇지 못한 사람은 다시 한다는 데서 만들어진 한자네요.
편할 편(便)에 어찌 '똥오줌 변'이란 뜻도 있을까?
조금만 생각해봐도, 누면 편한 것이 똥오줌이니 그런 것임을 알게 되지요.

更 한(一)번 말(曰)하면 사람(乂)들은 고치거나 다시 하니
고칠 경, 다시 갱

硬 돌(石)처럼 다시(更) 굳어 단단하니 **굳을 경, 단단할 경**
⊕ 石(돌 석) - 2권 제목번호 [057] 참고

便 사람(亻)이 잘못을 고치면(更) 편하니 **편할 편**
또 누면 편한 똥오줌이니 **똥오줌 변**

한자 구조 **경[갱]경편[변]**(更硬便) - **更으로 된 한자**

한 일(一)과 가로 왈(曰)에 사람 인(人)의 변형(乂)이면 **고칠 경, 다시 갱**(更), 고칠 경, 다시 갱(更) 앞에 돌 석(石)이면 **굳을 경, 단단할 경**(硬), 사람 인 변(亻)이면 **편할 편, 똥오줌 편**(便)

4급 총7획
부수 曰
change, again

• 어떤 직위에 있는 사람을 다른 사람으로 바꿈은 更迭(경질). 다르게 바꾸어 고침은 變更(변경). 다시 살아남은 更生(갱생), 남에게 의지하지 아니하고 자신의 힘만으로 어려운 처지에서 벗어나 새로운 삶을 살아감은 自力更生(자력갱생)이네요.

한자+ 迭(바꿀 질), 變(변할 변), 生(날 생, 살 생, 사람을 부를 때 쓰는 접사 생), 自(자기 자, 스스로 자, 부터 자), 力(힘 력)

硬

3급 II 총12획
부수 石
hard

• ① 몸 따위가 굳어서 뻣뻣하게 됨. ② 사고방식·태도·분위기 따위가 부드럽지 못하여 융통성이 없고 엄격하게 됨은 硬直(경직).

• '강하고 단단함'으로, 버티어 굽힘이 없음은 強硬(강경). 단단하게 됨은 硬化(경화), 동맥벽이 두꺼워지고 굳어져서 탄력을 잃은 상태의 병은 動脈硬化(동맥경화).

한자+ 直(곧을 직, 바를 직), 強(강할 강, 억지 강), 化(될 화, 변화할 화, 가르칠 화), 動(움직일 동), 脈(맥 맥)

便

7급 총9획
부수 人(亻)
convenient, poo and pee

• 편하고 이로움은 便利(편리). 고객의 편의를 위하여 24시간 문을 여는 잡화점은 便宜店(편의점). '때에 임한 편한 방법'으로, 그때그때 처한 상황에 맞추어 우선 급하게 내놓는 방법 臨時方便(임시방편)은, 고식지계(姑息之計)와 속담 '언 발에 오줌 누기', '아랫돌 빼서 윗돌 괴기'와 비슷한 뜻이네요.

• 대소변을 보는 곳은 便所(변소).

한자+ 利(이로울 리, 날카로울 리), 宜(마땅할 의), 店(가게 점), 臨(임할 림), 時(때 시), 方(모 방, 방향 방, 방법 방), 방편(方便) - 그때그때의 경우에 따라, 일을 쉽고 편하게 치를 수 있는 수단과 방법. 所(장소 소, 바 소), 고식지계(姑息之計)는 제목번호 [017] 참고

039 설활화(舌活話)

혀 설(舌) = 千('일천 천, 많을 천'이지만 여기서는 혀로 봄) + 口(입 구, 말할 구, 구멍 구)
'천 개의 입', 또는 '많은 입'인데 어찌 '혀'일까?
아하! 여기서는 千을 입에서 나온 혀 모양으로 보았네요.

舌 혀(千)가 입(口)에서 나온 모양을 본떠서 혀 설

活 물(氵)기가 혀(舌)에 있어야 사니 살 활

⊕ 氵(삼 수 변), 입에 물(氵)기, 즉 침이 있어야 혀가 살아서 잘 움직이고, 당황하거나 건강이 좋지 않을 때는 침이 마르지요.

話 말(言)을 혀(舌)로 하는 말씀이나 이야기니 말씀 화, 이야기 화

⊕ 言(말씀 언) - 제목번호 [078] 참고

한자 구조 **설활화**(舌活話) - **舌로 된 한자**

일천 천, 많을 천(千) 아래에 입 구, 말할 구, 구멍 구(口)면 **혀 설**(舌), 혀 설(舌) 앞에 삼 수 변(氵)이면 **살 활**(活), 말씀 언(言)이면 **말씀 화, 이야기 화**(話)

舌

4급 총6획
부수 舌
tongue

- '혀 싸움'으로, 말다툼을 비유한 말은 舌戰(설전). 남과 시비하거나 남에게서 헐뜯는 말을 듣게 될 운수는 口舌數(구설수). '독한 혀'로, 남을 해치는 몹쓸 말은 毒舌(독설).

한자+ 戰(싸울 전, 무서워 떨 전), 口(입 구, 말할 구, 구멍 구), 구설(口舌) - 시비하거나 헐뜯는 말. 數(셀 수, 두어 수, 운수 수), 毒(독할 독, 독 독)

活

7급 총9획
부수 水(氵)
live, alive

- '살아 움직임'으로, 몸을 움직여 행동함은 活動(활동). (고난을 헤치고) 살아나갈 수 있는 길은 活路(활로). 살아있는 물고기는 活魚(활어). 충분히 잘 이용함은 活用(활용).
- 사람이나 동물이 일정한 환경에서 활동하며 살아감은 生活(생활). 죽을 수밖에 없는 처지에서 한 가닥 살길을 구함(찾음)은 死中求活(사중구활).

한자+ 動(움직일 동), 路(길 로), 魚(물고기 어), 用(쓸 용), 生(날 생, 살 생, 사람을 부를 때 쓰는 접사 생), 死(죽을 사), 中(가운데 중, 맞힐 중), 求(구할 구)

話

7급 총13획
부수 言
talk, story

- 말하는 기술, 즉 말재주는 話術(화술). 마주 대하여 이야기를 주고받음, 또는 그 이야기는 對話(대화). 실지로 있었던 사실의 이야기는 實話(실화).
- 전화기를 이용하여 말을 주고받음, 또는 전화기를 줄여서 電話(전화)라 하지요.

한자+ 術(재주 술, 기술 술), 對(상대할 대, 대답할 대), 實(열매 실, 실제 실), 電(번개 전, 전기 전)

040 전유갑(田由甲)

田	由	甲
밭 **전**	말미암을 **유**	첫째 **갑**, 첫째 천간 **갑**, 껍질 **갑**, 갑옷 **갑**

밭을 한자로 어떻게 나타낼까?
사방에 경계가 있고, 가운데가 나눠진 밭의 모양을 본떠서 밭 전(田)을 만들었네요.
밭은 용도에 따라 나눠서 이것저것을 심으니까요.

田

사방을 경계 짓고(口) 나눈(十) 밭의 모양에서 **밭 전**

⊕ 口('에운담'이지만 여기서는 사방의 경계로 봄), 十('열 십, 많을 십'이지만 여기서는 나눈 모양으로 봄)

밭(田)에 싹(丨)이 나는 것은 씨앗을 뿌림으로 말미암으니 **말미암을 유**

⊕ 丨('뚫을 곤'이지만 여기서는 돋아나는 싹으로 봄)

밭(田)에 씨앗의 뿌리(丨)가 처음 나듯 첫째니 **첫째 갑, 첫째 천간 갑**

또 싹이 날 때 뒤집어쓴 껍질 같은 갑옷이니 **껍질 갑, 갑옷 갑**

⊕ 丨('뚫을 곤'이지만 여기서는 아래로 뻗는 뿌리로 봄)

한자 구조 **전유갑**(田由甲) - **田에서 유래된 한자**

에운담(口) 안에 열 십, 많을 십(十)이면 **밭 전**(田), 밭 전(田)에 뚫을 곤(丨)을 위에 붙이면 **말미암을 유**(由), 아래에 붙이면 **첫째 갑, 첫째 천간 갑, 껍질 갑, 갑옷 갑**(甲)

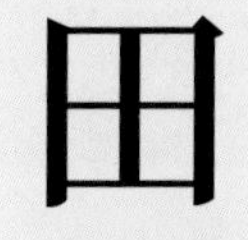

4급 II 총5획

부수 田

farm

• 밭과 논은 田畓(전답). 전답과 동산, 또는 시골은 田園(전원). '밭을 가는 사람이 밭을 가짐'으로, 경작자(耕作者)가 전답을 소유함은 耕者有田(경자유전), 소유자는 따로 있고 실제 경작자는 전답이 없는(빌려서 농사짓는) 경우는 耕者無田(경자무전)이네요.

한자+ 畓(논 답), 園(동산 원), 耕(밭 갈 경), 作(지을 작), 者(놈 자, 것 자), 有(가질 유, 있을 유), 無(없을 무)

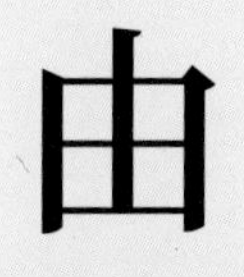

6급 총5획

부수 田

cause, support

• '말미암아 옴'으로, (사물이나 일이) 말미암아 생겨난 까닭은 由來(유래). 까닭. 사유는 理由(이유). '자기로 말미암음'으로, 무엇에 얽매이지 아니하고 자기 마음대로 할 수 있는 상태는 自由(자유). 사지(四肢)의 활동이 자유롭지 못함은 肢體不自由(지체부자유).

한자+ 來(올 래), 理(이치 리, 다스릴 리), 自(자기 자, 스스로 자, 부터 자), 肢(사지 지), 體(몸 체), 自(자기 자, 스스로 자, 부터 자), 사지(四肢) - 사람의 두 팔과 두 다리를 통틀어 이르는 말.

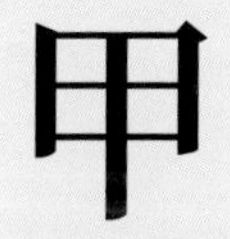

4급 총5획

부수 田

first

• 첫째 종류는 甲種(갑종). 쇠로 만든 갑옷은 鐵甲(철갑).

• '갑(甲)이라는 남자와 을(乙)이라는 여자'로, 신분이나 이름이 알려지지 않은 그저 평범한 사람을 이르는 말은 甲男乙女(갑남을녀), 장삼이사(張三李四)와 비슷한 뜻이네요.

한자+ 種(씨앗 종, 종류 종, 심을 종), 鐵(쇠 철), 乙(새 을, 둘째 천간 을), 男(사내 남), 張(벌릴 장, 베풀 장, 성씨 장), 李(오얏 리, 성씨 이), 장삼이사(張三李四) - 제목번호 [052] 참고

041 신신신(申伸神)

申	伸	神
아뢸 **신**, 펼 **신**, 원숭이 **신**, 아홉째 지지 **신**	펼 **신**, 늘일 **신**	귀신 **신**, 신비할 **신**

이 책의 내용을 좀 더 체계적으로 익히기 위해서는 ① 제목을 중심 삼아 외고, ② 그 제목을 보면서 각 한자는 어떤 공통점과 차이점으로 이루어진 한자들인지, 어원과 구조를 떠올려 보고, ③ 각 한자가 쓰인 단어는 무엇인지 생각해 보는 방법, 즉 한자 3박자 연상 학습법으로 익히면 좋습니다.

申

속마음을 아뢰어(曰) 펴듯(丨) 소리 내는 원숭이니 **아뢸 신, 펼 신, 원숭이 신**

또 원숭이는 아홉째 지지니 **아홉째 지지 신**

⊕ 曰 (가로 왈, 말할 왈), 丨('뚫을 곤'이지만 여기서는 펴는 모양으로 봄), 발(田)에서 씨앗이 아래로는 뿌리를 뻗고 위로는 줄기를 뻗는 모양에서 '펼 신(申)'이라고도 하네요.

伸

사람(亻)이 펴(申) 늘이니 **펼 신, 늘일 신**

㊌ 仲 – 사람(亻)들 가운데(中) 두 번째인 버금이니 '버금(둘째) 중'
또 사람(亻)들 가운데(中)에서 중개하니 '중개할 중'

⊕ 申은 속마음을 펴 아뢴다는 뜻이고, 伸은 물건을 길게 펴 늘인다는 뜻입니다.

神

신(示) 중 모습을 펴(申) 나타난다는 귀신이니 **귀신 신**

또 귀신처럼 신비하니 **신비할 신**

⊕ 示 (보일 시, 신 시) - 2권 제목번호 [015] 참고

한자 구조 **신신신**(申伸神) - **申으로 된 한자**

가로 왈, 말할 왈(曰)에 뚫을 곤(丨)이면 **아뢸 신, 펼 신, 원숭이 신, 아홉째 지지 신**(申), 아뢸 신, 펼 신, 원숭이 신, 아홉 째지지 신(申) 앞에 사람 인 변(亻)이면 **펼 신, 늘일 신**(伸), 보일 시, 신 시(示)면 **귀신 신, 신비할 신**(神)

4급Ⅱ 총5획
부수 田
spread, report, monkey

• (해당 기관에 일정한 사실을) 펴서 알림은 申告(신고). 펴고 펴서(여러 번 되풀이하여) 간곡히 부탁함은 申申付託(신신부탁)이나 申申當付(신신당부). 상부 기관이나 윗사람에게 아룀은 上申(상신)이네요.

한자+ 告(알릴 고, 뵙고 청할 곡), 付(줄 부, 부탁할 부), 託(부탁할 탁), 當(마땅할 당, 당할 당), 上(위 상, 오를 상)

3급 총7획
부수 人(亻)
extend

• 원통함을 풀어버림은 伸冤(신원). (물체의 크기나 세력 따위가) 늘어남, 또는 늘어나게 함은 伸張(신장)인데, 사람 등의 길이(키)를 뜻하는 신장(身長)과 혼동하지 마세요. 몸길이는 늘이지 않고 재니까요.

• 늘이고 줄임은 伸縮(신축), 물체가 늘어나고 줄어드는 성질, 또는 형편에 따라 적절하게 대처할 수 있는 성질은 伸縮性(신축성).

한자+ 冤(원통할 원), 張(벌릴 장, 베풀 장), 身(몸 신), 長(길 장, 어른 장), 縮(줄일 축), 性(성품 성, 바탕 성, 성별 성)

6급 총10획
부수 示
god, mystery

• (재주와 지혜가 남달리 뛰어난) 신 같은 아이는 神童(신동).

• 귀신처럼 자유자재로 나타났다 사라졌다 함'으로, 날쌔게 나타났다 숨었다 하는 모양을 이르는 말은 神出鬼沒(신출귀몰).

• (사람의 지혜로는 도저히 이해할 수 없는) 신묘한 비밀은 神秘(신비).

한자+ 童(아이 동), 出(나올 출, 나갈 출), 鬼(귀신 귀), 沒(빠질 몰, 다할 몰, 없을 몰), 秘(숨길 비, 신비로울 비)

042 세남사(細男思)

細	男	思
가늘 **세**	사내 **남**	생각할 **사**

밭 전(田)이 공통으로 들어가는 글자들
어떤 한자를 보면, 그 한자와 관련된 한자들로 이루어진 제목이 떠오르고,
그 제목에서 각 한자의 어원과 쓰인 단어들까지 떠올릴 수 있다면,
이미 그 한자는 완전히 익힌 것입니다.

細 실(糸)처럼 밭(田)이랑이 가느니 가늘 세
⊕ 糸 (실 사, 실 사 변)

男 밭(田)에서 힘(力)써 일하는 사내니 사내 남
⊕ 力 (힘 력)

思 나눠놓은 밭(田)처럼 마음(心)으로 요모조모 생각하니 생각할 사
⊕ 心 (마음 심, 중심 심)

한자 구조 **세남사**(細男思) - **田으로 된 한자**

밭 전(田) 앞에 실 사, 실 사 변(糸)이면 **가늘 세**(細), 아래에 힘 력(力)이면 **사내 남**(男), 마음 심, 중심 심(心)이면 **생각할 사**(思)

細

4급 II 총11획
부수 糸
thin

- (현미경으로만 볼 수 있는) 아주 가는(미세한) 균은 細菌(세균). 자세하고 꼼꼼함은 細密(세밀). '가는 마음'으로, 작은 일에도 꼼꼼하게 주의를 기울여 빈틈이 없음은 細心(세심). ① 작고 가늘어 변변하지 못함. ② 살림이 보잘것없고 몹시 가난함은 零細(영세). 작은 생산 규모와 적은 자본을 가지고 기업을 운영하는 상공업자는 零細業者(영세업자).

한자+ 菌(버섯 균), 密(빽빽할 밀, 비밀 밀), 心(마음 심, 중심 심), 零(떨어질 령, 제로 영), 業(업 업, 일 업), 者(놈 자, 것 자)

男

7급 총7획
부수 田
man, male

- '남자와 여자와 늙은이와 젊은이'로, 모든 사람을 일컫는 말은 男女老少(남녀노소). 아들 없는 집안의 외동딸은 無男獨女(무남독녀). 아름답게 생긴 남자는 美男(미남). '남자는 등에 지고 여자는 머리에 임'으로, 가난한 사람들이나 재난을 당한 사람들이 살 곳을 찾아 이리저리 떠돌아다님을 이르는 말은 男負女戴(남부여대).

한자+ 老(늙을 로), 少(적을 소, 젊을 소), 無(없을 무), 獨(홀로 독, 자식 없을 독), 美(아름다울 미), 負(짐 질 부, 패할 부, 빚질 부), 戴(머리에 일 대)

思

5급 총9획
부수 心
think

- 생각하고 그리워함은 思慕(사모). '이로움을 보면 의로움을 생각함'으로, 이익을 보면 먼저 그것이 의에 맞는지 어떤지를 생각해야 한다는 말은 見利思義(견리사의). '가히 생각하거나 의론할 수 없음'으로, 사람의 힘이 미치지 못하고, 상상조차 할 수 없는 오묘한 것은 不可思議(불가사의).
- '낮에 생각한 것이 밤에 꿈으로 나타남'으로, 평소에 생각하던 것이 꿈으로 나타난다는 말은 晝思夜夢(주사야몽)이니, 꿈에 무엇이 나타나는가를 보면 늘 생각하는 것이 무엇인지도 알 수 있지요.

한자+ 慕(사모할 모), 見(볼 견, 뵐 현), 利(이로울 리, 날카로울 리), 義(옳을 의, 의로울 의), 可(옳을 가, 가히 가, 허락할 가), 議(의론할 의), 晝(낮 주), 夜(밤 야), 夢(꿈 몽)

043 리리량(里理量)

里	理	量
마을 **리**, 거리 **리**	이치 **리**, 다스릴 **리**	헤아릴 **량**, 용량 **량**

마을 리, 거리 리(里) = 田 + 土(흙 토)
옛날에는 모두 농사를 지었으니, 먹거리를 생산하는 전답이 있는 땅에 마을이 형성되었음은 알겠는데, 어찌 '거리 리'도 될까요?
숫자 개념이 없었던 옛날에는 어느 마을에서 어느 마을까지의 몇 배 정도로 거리를 셈하였기 때문이지요. 후대로 오면서 1리는 400m, 10리는 4㎞로 정하여 쓰게 되었어요.

里 먹거리를 생산하는 전(田)답이 있는 땅(土)에 형성되었던 마을이니 마을 리
또 거리를 재는 단위로도 쓰여 거리 리

理 왕(王)이 마을(里)을 이치에 맞게 다스리니 **이치 리, 다스릴 리**
⊕ 王(임금 왕, 으뜸 왕, 구슬 옥 변) - 제목번호 [058] 참고
⊕ 원래는 구슬(王)을 가공할 때 여기저기 흩어져있는 마을(里)처럼 원석의 여기저기 있는 무늬가 잘 나타나도록 이치에 맞게 다스린다는 데서 '이치 리, 다스릴 리'입니다.

量 아침(旦)마다 그날 가야 할 거리(里)를 헤아리니 헤아릴 량
또 헤아려 담는 용량이니 용량 량
⊕ 旦 - 해(日)가 지평선(一) 위로 떠오르는 아침이니 '아침 단'

한자 구조 **리리량**(里理量) - 里로 된 한자

밭 전(田) 아래에 흙 토(土)면 **마을 리, 거리 리**(里), 마을 리, 거리 리(里) 앞에 임금 왕, 으뜸 왕, 구슬 옥 변(王)이면 **이치 리, 다스릴 리**(理), 위에 아침 단(旦)이면 **헤아릴 량, 용량 량**(量)

7급 총7획

부수 里

village, distance

- '마을의 어른'으로, 마을의 사무를 맡아보는 사람은 里長(이장).
- '앞길이 만 리'로, 나이가 젊어 장래가 아주 유망함을 이르는 말은 前程萬里(전정만리). 천 리를 멀다고 여기지 않음은 不遠千里(불원천리)로 "나를 보기 위해 不遠千里 찾아와 준 친구가 어찌 반갑지 않겠는가?"처럼 쓰이지요.

한자+ 長(길 장, 어른 장), 前(앞 전), 程(법 정, 정도 정, 길 정), 萬(일만 만, 많을 만), 遠(멀 원), 千(일천 천, 많을 천)

理

6급 총11획

부수 玉(王)

reason, regulate

- 사물의 정당하고 도리에 맞는 취지는 理致(이치). 이치에 맞음은 合理(합리), 이치에 맞지 않음은 不合理(불합리). 마음의 작용과 의식의 상태는 心理(심리). (많은 사람이 모였을 때 자제력을 잃고 쉽사리 흥분하거나, 다른 사람의 언동에 따라 움직이는 일시적이고 특수한) 무리의 심리 상태는 群衆心理(군중심리).
- 사건이나 사물 등을 다루어 문제가 없도록 마무리 지음은 處理(처리).

한자+ 致(이룰 치, 이를 치), 合(합할 합, 맞을 합), 心(마음 심, 중심 심), 群(무리 군), 衆(무리 중), 處(곳 처, 살 처, 처리할 처)

5급 총12획

부수 里

measure, capacity

- 양을 헤아리는 기구는 計量器(계량기). 감동이나 느낌이 헤아릴 수 없을 만큼 많음, 또는 그런 감동이나 느낌은 感慨無量(감개무량). '(자기의) 수입을 헤아려 지출함'으로, 수입에 맞추어 지출을 알맞게 해야 한다는 말은 量入爲出(양입위출).
- 내린 비의 양은 降雨量(강우량), 내린 눈의 양은 降雪量(강설량).

한자+ 計(셈할 계, 꾀할 계), 器(그릇 기, 기구 기), 感(느낄 감), 慨(슬플 개, 느낄 개), 無(없을 무), 入(들 입), 爲(할 위, 위할 위), 出(나올 출, 나갈 출), 降(내릴 강, 항복할 항), 雨(비 우), 雪(눈 설, 씻을 설)

044 중종동(重種動)

重	種	動
무거울 **중**, 귀중할 **중**, 거듭 **중**	씨앗 **종**, 종류 **종**, 심을 **종**	움직일 **동**

重은 부수나 독립된 한자로 나눠지지 않을 것 같지만, 잘 보면 일천 천, 많을 천(千)과 마을 리, 거리 리(里)로 나누어지네요.
어떻게 이런 구조로 '무거울 중, 귀중할 중, 거듭 중'의 뜻을 나타냈을까?
천 개나 되는 마을이니 무겁고 귀중하고 거듭 있다는 말인가?
많은 마을을 다스리려면 책임이 무겁고 귀중하니 거듭 다뤄야 한다는 말인가?

많은(千) 마을(里)에서 모은 것이라 무겁고 귀중하니 **무거울 중, 귀중할 중**
또 무겁고 귀중하여 거듭 다루니 **거듭 중**

種

벼(禾) 같은 곡식에서 중요한(重) 것은 씨앗이니 **씨앗 종**
또 씨앗처럼 나누어두는 종류니 **종류 종**
또 씨앗을 심으니 **심을 종**
⊕ 禾 ('벼 화'로 곡식을 대표함)

動

무거운(重) 것도 힘(力)쓰면 움직이니 **움직일 동**
⊕ 力 (힘 력)

한자 구조 **중종동**(重種動) - **重으로 된 한자**

일천 천, 많을 천(千) 아래에 마을 리, 거리 리(里)면 **무거울 중, 귀중할 중, 거듭 중**(重), 무거울 중, 귀중할 중, 거듭 중(重) 앞에 벼 화(禾)면 **씨앗 종, 종류 종, 심을 종**(種), 뒤에 힘 력(力)이면 **움직일 동**(動)

7급 총9획

부수 里

heavy, precious, repeat

• 무게는 重量(중량). 귀중하고 필요함은 重要(중요). 거듭하거나 겹침은 重複(중복). '숨어 참으며 스스로 무겁게 행동함'으로, 밖으로 드러내지 아니하고 감추어 참고 몸가짐을 신중히 함은 隱忍自重(은인자중), 반대말은 경솔하여 생각 없이 망령되게 행동한다는 경거망동(輕擧妄動).

• 하고 싶은 말이나 행동이 있어도 隱忍自重하게요. "이적진(이제까지는) 말로써 풀던 마음 말없이 삭이고 얼마 더 너그러워져서 이 생명을 살자"라는 시구가 생각나네요.

한자+ 量(헤아릴 량, 용량 량), 要(중요할 요, 필요할 요), 複(겹칠 복), 隱(숨을 은, 은은할 은), 忍(참을 인, 잔인할 인), 自(자기 자, 스스로 자, 부터 자), 輕(가벼울 경), 擧(들 거, 행할 거, 일으킬 거), 妄(망령들 망), 動(움직일 동)

種

5급 총14획

부수 禾

seed, kind, sow

• 씨앗은 種子(종자). 사물을 나누는 갈래는 種類(종류). (곡식이나 채소 따위를 키우기 위하여 논밭에) 씨를 뿌림은 播種(파종).

• '콩을 심으면 콩을 얻음'으로, 원인에 따라 결과를 얻는다는 말은 種豆得豆(종두득두). 좋은 일에는 좋은 결과가, 나쁜 일에는 나쁜 결과가 따른다는 인과응보(因果應報), '뿌린 대로 거둔다'라는 속담과 비슷한 뜻.

한자+ 子(아들 자, 첫째 지지 자, 자네 자, 접미사 자), 類(무리 류, 닮을 류), 播(뿌릴 파), 豆(제기 두, 콩 두), 得(얻을 득), 因(말미암을 인, 의지할 인), 果(과실 과, 결과 과), 應(응할 응), 報(알릴 보, 갚을 보)

7급 총11획

부수 力

move

• 움직이는(어떤 일을 발전시키고 밀고 나가는) 힘은 動力(동력). 살아 움직이는 느낌은 生動感(생동감). 말과 행동은 言動(언동). '다니고 움직이고 들고 그침'으로, 몸을 움직이는 모든 동작을 이르는 말은 行動擧止(행동거지).

한자+ 力(힘 력), 生(날 생, 살 생, 사람을 부를 때 쓰는 접사 생), 感(느낄 감, 감동할 감), 言(말씀 언), 行(다닐 행, 행할 행, 항렬 항), 擧(들 거, 행할 거, 일으킬 거), 止(그칠 지)

045 비비비(卑婢碑)

卑	婢	碑
낮을 **비**, 천할 **비**	여자종 **비**	비석 **비**

낮을 비, 천할 비(卑)로 된 한자들!

낮을 비, 천할 비(卑) 어원에도 전쟁과 관련된 갑옷(甲)과 많은(十) 병사들이 나오네요. 한자가 만들어진 시대에는 부족이나 나라 사이에 전쟁이 잦았기 때문에 갑옷도 옆에 두고 살았으니, 주위에 있는 것을 이용하여 글자도 만들었겠지요.

卑 찢어진(丿) 갑옷(甲)을 입은 많은(十) 병사들처럼 낮고 천하니 **낮을 비, 천할 비**

⊕ 丿('삐침 별'이지만 여기서는 찢어진 모양으로 봄), 甲 [첫째 갑, 첫째 천간 갑, 껍질 갑, 갑옷 갑(甲)의 변형], 十 (열 십, 많을 십)

婢 여자(女) 중 신분이 낮은(卑) 여자종이니 **여자종 비**

⊕ 女 (여자 녀)

碑 돌(石)을 깎아 낮게(卑) 세운 비석이니 **비석 비**

⊕ 石 (돌 석)

한자 구조 **비비비**(卑婢碑) - **卑로 된 한자**

삐침 별(丿) 아래에 첫째 갑, 첫째 천간 갑, 껍질 갑, 갑옷 갑(甲)의 변형(甲)과 열 십, 많을 십(十)이면 **낮을 비, 천할 비**(卑), 낮을 비, 천할 비(卑) 앞에 여자 녀(女)면 **여자종 비**(婢), 돌 석(石)이면 **비석 비**(碑)

卑

3급 II 총8획

부수 十

low, vulgar

- '낮게 굽힘'으로, 겁이 많고 줏대 없이 천박함은 卑屈(비굴). (신분이나 지위가) 낮고 천함은 卑賤(비천).
- 관리는 높고 귀하며 백성은 낮고 천하다고 여겼던 옛날의 생각은 官尊民卑(관존민비), 남자는 높이고 여자를 낮췄던 옛날의 생각은 男尊女卑(남존여비)였는데, 요즘에는 民尊官卑, 女尊男卑는 좀 그렇고, 民官平等, 男女平等이 좋겠네요.

한자+ 屈(굽을 굴, 굽힐 굴), 賤(천할 천), 官(관청 관, 벼슬 관), 尊(높일 존), 民(백성 민), 男(사내 남), 女(여자 녀), 平(평평할 평, 평화 평), 等(같을 등, 무리 등, 차례 등)

婢

3급 II 총11획

부수 女

maidservant

- 여자종으로서 첩이 된 사람은 婢妾(비첩). 예전에, 관가에 속해 있던 여자종은 官婢(관비). 사내종과 여자종의 총칭은 奴婢(노비). 곁에서 시중드는 여자종은 侍婢(시비).

한자+ 妾(첩 첩), 官(관청 관, 벼슬 관), 奴(종 노, 남을 흉하게 부르는 접미사 노), 侍(모실 시)

碑

4급 총13획

부수 石

monument

- 돌로 만든 비는 碑石(비석), 나무로 만든 비는 碑木(비목). 비에 새긴 글은 碑文(비문). 무덤 앞에 세우는 비는 墓碑(묘비). 시를 새긴 비는 詩碑(시비). 가요를 새긴 비는 歌謠碑(가요비).
- 공덕을 새긴 비는 功德碑(공덕비). 기념하기 위하여 세운 비는 記念碑(기념비).

한자+ 石(돌 석), 木(나무 목), 文(무늬 문, 글월 문), 墓(무덤 묘), 詩(시 시), 歌(노래 가), 謠(노래 요), 功(공 공, 공로 공), 德(덕 덕, 클 덕), 記(기록할 기, 기억할 기), 念(생각 념)

046 목림삼(木林森)

	林	森
나무 **목**	수풀 **림**	빽빽할 **삼**, 엄숙한 모양 **삼**

나무는 눈에 보이는 사물이니,
가지 달린 나무를 본떠서 나무 목(木)을 만들었군요.
나무 목(木)이 둘이면 수풀 림(林), 셋이면 빽빽할 삼, 엄숙한 모양 삼(森)이 되는 구조도 재미있네요.

木 가지 달린 나무를 본떠서 나무 목

林 나무(木)와 나무(木)가 우거진 수풀이니 수풀 림

나무(木)가 수풀(林)처럼 빽빽하니 빽빽할 삼
또 나무(木)가 수풀(林)처럼 엄숙하게 늘어선 모양이니 엄숙한 모양 삼

한자 구조 **목림삼**(木林森) - **木으로 된 한자 1**

가지 달린 나무를 본떠서 **나무 목**(木), 나무 목(木) 둘이면 **수풀 림**(林), 나무 목(木) 셋이면 **빽빽할 삼, 엄숙한 모양 삼**(森)

8급 총4획

부수 木

tree

- 나무로 만든 그릇은 木器(목기). 나무로 물건을 만듦, 또는 나무로 만든 물건은 木製(목제). 나무로 물건을 만듦, 또는 건물의 주요 뼈대를 나무로 짜 맞추는 구조는 木造(목조). 나무를 침(벰)은 伐木(벌목).
- '나무 인형에 돌 같은 마음'으로, ① 감정이 전혀 없는 사람. ② 의지가 굳어 마음이 흔들리지 않는 사람을 이르는 말은 木人石心(목인석심), 쉽게 목석(木石)같은 사람'이라고도 하지요.
- "심여목석자(心如木石者) 시유학도분(始有學道分) - 마음이 목석(木石)같이 차분한 사람이라야 비로소 도(학문)를 배울 자격이 있다"라는 말도 있네요.

한자+ 器(그릇 기, 기구 기), 製(지을 제), 造(지을 조), 伐(칠 벌), 石(돌 석), 心(마음 심, 중심 심), 如(같을 여), 者(놈 자, 것 자), 始(처음 시, 비로소 시), 有(가질 유, 있을 유), 學(배울 학), 道(길 도, 도리 도, 말할 도, 행정 구역의 도), 分(나눌 분, 단위 분, 단위 푼, 신분 분, 분별할 분, 분수 분)

林

7급 총8획

부수 木

forest

- 산의 수풀은 山林(산림). 산림에서 나는 물품은 林産物(임산물). 숲이 있는 산이나 들은 林野(임야). 큰 나무들이 빽빽하게 들어선 숲은 密林(밀림).
- 사람의 손이 가지 아니한 자연 그대로의 삼림은 原始林(원시림), 사람의 도움 없이 저절로 자라서 이루어진 삼림은 天然林(천연림), 사람이 씨를 뿌리거나 나무를 심어 만든 숲은 人工林(인공림).

한자+ 山(산 산), 産(낳을 산), 物(물건 물), 野(들 야, 거칠 야), 密(빽빽할 밀, 비밀 밀), 原(언덕 원, 근원 원), 始(처음 시), 天(하늘 천), 然(그러할 연), 工(장인 공, 만들 공, 연장 공)

3급 II 총12획

부수 木

forest, seriousnes

- 우주 사이의 온갖 사물과 현상은 森羅萬象(삼라만상).
- 무서우리만큼 질서가 바로 서고 엄숙함은 森嚴(삼엄)으로, "적군의 진지는 경비가 森嚴했다."처럼 쓰이지요.

한자+ 羅(벌일 라, 비단 라), 萬(많을 만, 일만 만), 象(코끼리 상, 모습 상, 본뜰 상), 嚴(엄할 엄)

047 휴본래(休本來)

休	本	來
쉴 **휴**	뿌리 **본**, 근본 **본**, 책 **본**	올 **래**

쉴 휴(休)는 사람(亻)이 나무(木) 옆에서 쉬는 구조네요.
나무는 그늘도 만들어 주고, 산소와 피톤치드(phytoncide)도 나와 건강에 좋다지요.
산속을 거닐거나 나무 옆에서 쉬면 녹색 샤워를 한 셈이겠어요.
그래서 그런가요?
올 래(來)도 나무(木) 밑으로 두 사람(人人)이 오는 구조네요.

사람(亻)이 나무(木) 옆에서 쉬니 쉴 휴

㊒ 体[몸 체(體)의 약자] - 사람(亻)에게 근본(本)은 몸이니 '몸 체'
⊕亻(사람 인 변)

本

나무 목(木) 아래, 즉 뿌리 부분에 일(一)을 그어,
나무에서는 뿌리가 제일 중요한 근본임을 나타내어
뿌리 본, 근본 본
또 근본을 적어놓은 책이니 책 본

來

나무(木) 밑으로 두 사람(人人)이 오니 올 래

한자 구조 **휴본래**(休本來) - **木으로 된 한자 2**

나무 목(木) 앞에 사람 인 변(亻)이면 **쉴 휴**(休), 아래에 한 일(一)이면 **뿌리 본, 근본 본, 책 본**(本), 중간에 사람 인(人) 둘(人人)이면 **올 래**(來)

7급 총6획

부수 人(亻)

rest

• (하던 일을 멈추고 잠깐) 쉼은 休息(휴식). 하던 전쟁을 얼마 동안 쉼은 休戰(휴전). 질병이나 기타 사정으로 일정 기간 학교를 쉼은 休學(휴학). 공식적으로 쉬는 날은 公休日(공휴일). '자지도 않고 쉬지도 않음'으로, 밤잠도 설쳐가며 쉬지 않고 열심히 일함은 不眠不休(불면불휴)네요.

한자+ 息(쉴 식, 숨 쉴 식, 자식 식), 戰(싸울 전, 무서워 떨 전), 學(배울 학), 公(공평할 공, 대중 공, 귀공자 공), 眠(잘 면)

6급 총5획

부수 木

origin, root, book

• '뿌리와 뿌리'로, 사물이 생기는 본바탕은 根本(근본). 근본의(본래의) 성품은 本性(본성). 본디부터 가지고 있는 사물 자체의 성질이나 모양은 本質(본질).

• (태어날 때 받은) 본래의 참된 마음을 지킨다는 말은 守本眞心(수본진심).

• 베끼거나 고친 것에 대하여 근본이 되는 서류나 문건 따위는 原本(원본).

한자+ 根(뿌리 근), 性(성품 성, 바탕 성, 성별 성), 質(바탕 질), 守(지킬 수), 眞(참 진), 心(마음 심, 중심 심), 原(언덕 원, 근원 원)

7급 총8획

부수 人

come, return

• '오는 날'로, 오늘의 바로 다음 날은 來日(내일). '오는 해'로, 올해의 바로 다음 해는 來年(내년). '아직 오지 않음'으로, 앞으로 올 때는 未來(미래). '장차 옴'으로, 앞으로 닥쳐올 날, 즉 미래는 將來(장래).

• ① 가고 오고 함. ② 서로 교제하여 사귐은 往來(왕래). (한 번 지난) 때는 다시 오지 아니한다는 말은 時不再來(시불재래).

• 요즘에는 억(億)이나 조(兆)도 쉽게 말하지만, 우리 인생은 백 년을 살아도 삼만 육천 오백일 밖에 되지 않네요. 이 중에서 잠잘 때와 병든 때와 어려서 철모르던 때와 늙어 활동하지 못할 때를 빼고 나면 정말 짧은 것이 우리 인생. 오늘도 우리는 그 정해진 날 중에서 하루를 쓰고 있지요.

한자+ 年(해 년, 나이 년), 未(아닐 미, 아직 ~ 않을 미, 여덟 째지지 미), 將(장수 장, 장차 장, 나아갈 장), 往(갈 왕), 時(때 시), 再(다시 재, 두 번 재), 億(억 억), 兆(조짐 조, 조 조)

048 말 미미(末 未味)

末	未	味
끝 **말**	아닐 **미**, 아직 ~ 않을 **미**, 여덟째 지지 **미**	맛 **미**

나무에는 길고 짧은 가지가 있으니, 나무 목(木) 위에 한 일(一)을 길게 그어 긴 가지 끝을 나타내면 끝 말(末), 짧게 그어 아직 자라지 않은 어린 가지를 나타내면 아닐 미, 아직 ~ 않을 미, 여덟째 지지 미(未)를 만들었네요.
이렇게 한자는 보통 사람들이 생각하는 수준에서 만들어졌어요.
그래야 누구나 보고 쉽게 알 수 있으니까요.

末 나무(木)에서 긴 가지(一) 끝이니 **끝 말**

⊕ 一 ('한 일'이지만 여기서는 나뭇가지로 봄)

未 나무(木)에서 짧은 가지(一)니,
아직 자라지 않았다는 데서
아닐 미, 아직 ~ 않을 미, 여덟째 지지 미

⊕ 未 는 아닐 불·부(不)나 말 막, 없을 막, 가장 막(莫)처럼 완전 부정사로 해석해서는 안 되고, 가능성을 두어 '아직 ~ 아니다'로 해석해야 합니다.

味 입(口)으로 아니(未) 삼키고 보는 맛이니 **맛 미**

한자 구조 **말 미미**(末 未味) - **末과 未로 된 한자**

나무 목(木) 위에 한 일(一)이 길면 **끝 말**(末), 짧으면 **아닐 미, 아직 ~ 않을 미, 여덟째 지지 미**(未), 아닐 미, 아직 ~ 않을 미, 여덟째 지지 미(未) 앞에 입 구, 말할 구, 구멍 구(口)면 **맛 미**(味)

5급 총5획

부수 木

end

- 끝을 맺음, 또는 일을 맺는 끝은 結末(결말). ① 사물이나 일의 처음과 끝. ② 사물이나 일의 중요한 부분과 중요하지 않은 부분은 本末(본말).
- 한 주일의 끝 무렵은 週末(주말)로, 주로 토요일부터 일요일까지를 말하지요.
- 한 달의 끝 무렵은 月末(월말). 한 해의 끝 무렵은 年末(연말). 계속된 일이나 현상의 맨 끝은 終末(종말). 꼭대기(처음)부터 끝까지 일이 진행되어 온 경과는 顚末(전말)로, '사건의 顚末을 밝히다'처럼 쓰이네요.

한자+ 結(맺을 결), 本(근본 본, 뿌리 본, 책 본), 週(주일 주, 돌 주), 月(달 월, 육 달 월), 年(해 년, 나이 년), 終(다할 종, 마칠 종), 顚(이마 전, 꼭대기 전, 넘어질 전)

4급 II 총5획

부수 木

no, not ~yet

- 未는 완전 부정사로 해석해서는 안 되고, 가능성을 두어 '아직 ~ 아니다'로 해석해야 합니다.
- 아직 성년(만 20세)이 되지 않은 나이, 또는 그런 사람은 未成年(미성년). 아직 완성이 덜 됨은 未完成(미완성). 아직 알지 못함은 未知(미지). 일찍이 있어 본 일이 없음은 未曾有(미증유). '앞선 대에서 아직 듣지 못함'으로, 이제까지 들어본 적이 없다는 데서 매우 놀랍거나 새로운 일을 이르는 말은 前代未聞(전대미문).

한자+ 成(이룰 성), 年(해 년, 나이 년), 完(완전할 완), 知(알 지), 曾(일찍 증, 거듭 증), 有(가질 유, 있을 유), 前(앞 전), 代(대신할 대, 세대 대), 聞(들을 문)

4급 II 총8획

부수 口

taste, savor

- 입맛은 口味(구미). 달콤한 맛은 甘味(감미). 쓴맛은 苦味(고미), 신맛은 酸味(산미), 매운맛은 辛味(신미), 짠맛은 鹹味(함미).
- 흥을 느끼는 재미는 興味(흥미). 넘쳐흐를 정도로 흥미가 매우 많음은 興味津津(흥미진진). 한가한 가운데 깃드는 참다운 맛은 閑中珍味(한중진미).

한자+ 甘(달 감, 기쁠 감), 苦(쓸 고, 괴로울 고), 酸(실 산), 辛(고생할 신, 매울 신), 鹹(짤 함), 興(흥할 흥, 흥겨울 흥), 津(나루 진, 진액 진), 진진(津津) - ① 물건 따위가 풍성하게 많음. ② 재미 따위가 매우 많이 있음. 閑(한가할 한), 中(가운데 중, 맞힐 중), 珍(보배 진, 맛있는 음식 진)

조금 더 알고 쓰는 한자

本(뿌리 본, 근본 본, 책 본)으로 된 말

本은 사물이나 일의 바탕이 되는 중요한 부분을 말하고, 末(끝 말)은 순서에서 맨 끝에 있는 위치나 本의 반대말로 쓰입니다.

君子務本(군자무본) 군자는 근본에 힘씀

+ <논어(論語)> "군자무본(君子務本) 본립이도생(本立而道生) - 군자는 근본에 힘쓰니, 근본이 서서(서야) 도(방법)가 생긴다"라는 말에서 유래

한자+ 君(임금 군, 남편 군, 그대 군), 子(아들 자, 첫째 지지 자, 자네 자, 접미사 자), 務(일 무, 힘쓸 무), 立(설 립), 而(말 이을 이), 道(길 도, 도리 도, 말할 도, 행정 구역의 도), 生(날 생, 살 생, 사람을 부를 때 쓰는 접사 생), 군자(君子) - 유교에서 말하는 이상적인 인간형. ⑪ 소인(小人)

拔本塞源(발본색원) '근본을 뽑고 근원을 막음'으로, 사물의 폐단을 없애기 위해서 아주 뿌리째 뽑아버림

한자+ 拔(뽑을 발), 塞(변방 새, 막을 색), 源(근원 원)

守本眞心(수본진심) (태어날 때 받은) 본래의 참된 마음을 지킴

+ 서산대사의 <선가귀감>에 나온 "수본진심 제일정진(守本眞心 第一精進) - (태어날 때 받은) 본래의 참된 마음을 지키는 일이 가장 으뜸가는 정진이다"에서 유래

한자+ 守(지킬 수), 眞(참 진), 心(마음 심, 중심 심), 第(차례 제), 精(정밀할 정, 찧을 정), 進(나아갈 진)

讀書起家之本(독서기가지본) 글을 읽는 것(讀書)은 집을 일으키는(起家) 근본

循理保家之本(순리보가지본) 이치에 따르는 것(循理)은 집을 보전하는(保家) 근본

勤儉治家之本(근검치가지본) 근면하고 검소함(勤儉)은 집을 다스리는(治家) 근본

한자+ 讀(읽을 독, 구절 두), 書(쓸 서, 글 서, 책 서), 起(일어날 기, 시작할 기), 家(집 가, 전문가 가), 之(갈 지, ~의 지, 이 지), 循(돌 순, 좇을 순), 理(이치 리, 다스릴 리), 保(지킬 보, 보호할 보), 勤(부지런할 근, 일 근), 儉(검소할 검), 治(다스릴 치)

A本B末 구문

'A가 근본(본질, 먼저 할 것, 급한 것)이고 B는 끝(사소한 것, 뒤에 해도 되는 것, 급하지 않은 것)이다'로, A, B에 한자를 넣어 상황에 맞는 말을 만들어 쓸 수 있습니다.

德本財末(덕본재말) (사람 사는 데에) 덕이 근본이고 재물은 끝(사소한 것)임.

人本物末(인본물말) (세상에서) 사람이 근본이고 물질은 끝(사소한 것)임.

한자+ 德(덕 덕, 클 덕), 財(재물 재), 物(물건 물)

本末顚倒(본말전도) '본(本)과 말(末)이 뒤집힘(바뀜)'으로, ① 입장이 뒤바뀜. ② 사물의 중요하고 중요하지 않은 것, 먼저 할 것과 뒤에 할 것, 급한 것과 그렇지 않은 것의 순서가 바뀜. 주객전도(主客顚倒)와 통함

한자+ 末(끝 말), 顚(이마 전, 꼭대기 전, 넘어질 전), 倒(넘어질 도), 主(주인 주), 客(손님 객)

A本主義

'A를 근본(本)으로 삼는 주의(主義)'를 말합니다.

人本主義(인본주의) '사람을 근본으로 삼는 주의'로, 인간의 존엄성을 최고의 가치로 여기고, 인종 · 민족 · 국가 · 종교 따위의 차이를 초월하여, 인류의 안녕과 복지를 꾀하는 것을 이상으로 하는 사상이나 태도를 말함. 휴머니즘(humanism).

神本主義(신본주의) '신을 근본으로 삼는 주의'로, 태초에 창조신이 있어 모든 만물을 만들었고, 지금 일어나는 모든 일이 신의 뜻이라고 해석하는 태도를 말함

資本主義(자본주의) '자본(물질)을 근본으로 삼는 주의'로, 이윤추구를 목적으로 하는 자본이 지배하는 경제체제를 말함

賤民資本主義(천민자본주의) 생산 활동을 통하여 영리를 추구하지 아니하고, 고리대금업과 같은 자본의 운용을 이윤추구의 기본적인 형태로 삼는 태도.

修正資本主義(수정자본주의) 자본주의 체제 자체를 변혁하지 않고, 그것에 수정을 가하여 모순을 완화하려는 사상이나 정책. 실업이나 공황 따위와 같은 자본주의의 여러 가지 모순을 국가의 개입으로 완화하려는 정책으로, 미국의 뉴딜정책이 대표적인 사례임

한자+ 義(옳을 의, 의로울 의), 主義(주의) - ① 굳게 지키는 주장이나 방침. ② 체계화된 이론이나 학설. 神(귀신 신, 신비할 신), 資(재물 자, 신분 자), 賤(천할 천), 民(백성 민), 修(닦을 수, 다스릴 수)

以A爲天(本) 구문

'A로 써 하늘(근본, 최고)로 삼음'의 말로, A에 한자를 넣어 상황에 맞는 말을 만들어 쓸 수 있습니다.

以民爲天(이민위천) '백성으로써 하늘을 삼음'으로, 백성을 하늘같이 소중히 여김

以人爲天(이인위천) '사람으로써 하늘을 삼음'으로, 사람을 하늘같이 최고로 여김

以學爲本(이인위본) 배움으로써 근본을 삼음

以孝爲本(이인위본) 효로써 근본을 삼음

한자+ 以(써 이, 까닭 이), 爲(할 위, 위할 위), 天(하늘 천), 民(백성 민), 學(배울 학), 孝(효도 효)

049 상상상(相箱想)

相	箱	想
서로 **상**, 모습 **상**, 볼 **상**, 재상 **상**	상자 **상**	생각할 **상**

서로 상, 모습 상, 볼 상, 재상 상(相) = 木(나무 목) + 目(눈 목, 볼 목, 항목 목)
나무(木)처럼 마주 서서 서로의 모습을 본다(目)는 데서 서로 상, 모습 상, 볼 상(相)이 되었음은 알겠는데, '재상 상'은 어떻게 붙었을까요?
재상(宰相)은 옛날 임금을 돕고 모든 관원을 지휘 감독하는 일을 맡아보던 이품 이상의 벼슬아치였으니, 임금과 서로 자주 보고 소통하던 사이였겠네요.
+ 宰(주관할 재, 재상 재)

相 나무(木)처럼 마주 서서 서로의 모습을 보니(目) **서로 상, 모습 상, 볼 상**
또 임금과 서로 소통했던 재상이니 **재상 상**

箱 대(⺮)를 서로(相) 걸어 만든 상자니 **상자 상**
⊕ ⺮ [대 죽(竹)이 부수로 쓰일 때의 모양]

想 서로(相) 마음(心)으로 생각하니 **생각할 상**
⊕ 心 (마음 심, 중심 심)

한자 구조 **상상상**(相箱想) - 相**으로 된 한자**

나무 목(木) 뒤에 눈 목, 볼 목, 항목 목(目)이면 **서로 상, 모습 상, 볼 상, 재상 상**(相), 서로 상, 모습 상, 볼 상, 재상 상(相) 위에 대 죽(⺮)이면 **상자 상**(箱), 아래에 마음 심, 중심 심(心)이면 **생각할 상**(想)

相

5급 총9획

부수 目

mutual, looks, stare, premier

• 서로서로 도움은 相扶相助(상부상조). 지나친 실수(나쁜 행실)를 하지 못하도록 서로 규제함은 過失相規(과실상규).

• 사물의 참된 모습이나 실제의 형편은 眞相(진상). 사람의 얼굴로 그의 운명 · 성격 · 수명 따위를 판단하는 일은 觀相(관상). 사람의 모습은 마음으로부터 생긴다는 말은 相由心生(상유심생).

• 우두머리 재상은 首相(수상)으로, 지금의 국무총리, 옛날의 영의정을 말하지요.

한자+ 扶(도울 부), 助(도울 조), 過(지날 과, 지나칠 과, 허물 과), 失(잃을 실), 規(법 규), 眞(참 진), 觀(볼 관), 由(까닭 유, 말미암을 유), 心(마음 심, 중심 심), 生(날 생, 살 생, 사람을 부를 때 쓰는 접사 생), 首(머리 수, 우두머리 수)

箱

2급 총15획

부수 竹(⺮)

box, case

• 물건을 넣어 두기 위하여 나무, 대나무, 두꺼운 종이 같은 것으로 만든 네모난 그릇은 箱子(상자). 책을 넣어 두는 상자는 書箱(서상)

한자+ 子(아들 자, 첫째 지지 자, 자네 자, 접미사 자), 書(쓸 서, 글 서, 책 서)

想

4급 II 총13획

부수 心

imagine

• (마음속으로) 모양을 생각함은 想像(상상). (객관성이 없는) 빈(헛된) 상상은 空想(공상). '(모든) 생각이 없음'으로, ① 무아(無我)의 경지에 이르러 모든 상념(想念)을 떠남. ② 모든 잡념을 버린 상태를 이르는 말은 無念無想(무념무상), 줄여서 무념(無念), 무아(無我)라고 하네요.

한자+ 像(모습 상, 본뜰 상), 空(빌 공, 하늘 공), 無(없을 무), 我(나 아), 念(생각 념), 상념(想念) - 마음속에 품고 있는 여러 가지 생각.

모르는 단어의 뜻도 한자로 생각해 보세요.

• 모르는 단어를 보았을 때, 외국어 느낌이 들면 영어로, 외국어 느낌이 들지 않으면 한자로 뜻을 생각해 보세요. 우리나라에서 쓰이는 외국어 대부분은 영어고, 우리말 대부분은 한자로 되었기 때문입니다.

• 외국어 느낌이 들지 않는 말은, 한자 무슨 자 무슨 자로 된 말일까를 생각해 보면, 대부분은 그 뜻을 쉽게 알 수 있지요.

• 한자로 생각하는 힘을 기르면 말하기와 글쓰기에도 자신이 생깁니다.

050 화화 미(禾和 米)

禾	和	米
벼 **화**	화목할 **화**	쌀 **미**

이번에는 벼 화(禾)로 된 한자들
벼 화(禾)는 부수나 독립된 한자로 나눠지지 않고, 눈에 보이는 사물이니, 벼를 본떠서 만들었네요.
벼는 한자문화권에서 주로 먹는 곡식이니, 벼 화(禾)는 모든 곡식을 대표하여 곡식과 관련된 한자에 부수로도 쓰입니다.

禾 익어서 고개 숙인 벼를 본떠서 **벼 화**

和 벼(禾) 같은 곡식을 나누어 입(口)으로 같이 먹으면 화목하니 **화목할 화**

米 벼(米)를 찧으면 알(丶)로 톡 튀어나오는 쌀이니 **쌀 미**
⊕米[벼 화(禾)의 변형], 丶('점 주, 불똥 주'지만 여기서는 쌀 알로 봄)
⊕米를 八 + 十 + 八의 구조로 보아, '팔(八) 십(十) 팔(八) 번의 손으로, 즉 많은 노력으로 생산하는 쌀이라는 데서 쌀 미'라고도 합니다.

> 한자 구조 **화화 미**(禾和 米) - **禾로 된 한자와 米**
>
> 익어서 고개 숙인 벼를 본떠서 **벼 화**(禾), 벼 화(禾) 뒤에 입 구, 말할 구, 구멍 구(口)면 **화목할 화**(和), 벼 화(禾)의 변형(米)에 점 주, 불똥 주(丶)면 **쌀 미**(米)

禾

3급 총5획

부수 禾

rice plant

和

6급 총8획

부수 口

peaceful

- 뜻이 맞고 정다움은 和睦(화목). (다툼을 그치고) 화목하게 풂은 和解(화해).
- <논어(論語)>에 君子(군자) 和而不同(화이부동) 小人(소인) 同而不和(동이불화)라는 말이 있어요. 군자는 남과 화목하게(사이좋게) 지내기는 하나 무턱대고 어울리지는 아니하며, 소인은 겉으로는 동의를 표시하면서 내심으로는 화목하지 못하다는 말이지요.
- <맹자(孟子)>에 天時不如地利(천시불여지리) 地利不如人和(지리불여인화)라는 말도 있네요. 천시(天時 - 하늘이 준 기회)는 지리(地利 - 땅을 잘 이용함)만 못하고, 地利는 인화(人和 - 사람들끼리 화목하게 지냄)만 못 한다는, 즉 人和가 제일 중요하다는 말이지요.

한자+ 睦(화목할 목), 解(해부할 해, 풀 해), 君(임금 군, 남편 군, 그대 군), 子(아들 자, 첫째 지지 자, 자네 자, 접미사 자), 而(말 이을 이), 不(아닐 불 · 부), 同(한 가지 동, 같을 동), 小(작을 소), 天(하늘 천), 時(때 시), 如(같을 여), 地(땅 지, 처지 지), 利(이로울 리, 날카로울 리)

米

6급 총6획

부수 米

rice

- 쌀을 푹 끓여 마실 수 있게 만든 음식은 米飮(미음). 흰 쌀은 白米(백미). 벼의 겉껍질만 벗겨 낸 쌀로, 쓿지 않았기 때문에 깨끗하지 않고 검은빛이 있는 쌀은 玄米(현미), 겉이 검은 쌀의 한 종류는 黑米(흑미).

한자+ 飮(마실 음), 白(흰 백, 밝을 백, 깨끗할 백, 아뢸 백), 玄(검을 현, 오묘할 현), 黑(검을 흑), 쓿다 - 거친 쌀, 조, 수수 따위의 곡식을 찧어 속꺼풀을 벗기고 깨끗하게 하다.

051 리 추수(利 秋愁)

利	秋	愁
이로울 **리**, 날카로울 **리**	가을 **추**	근심 **수**

'벼(禾) 같은 곡식을 낫(刂)으로 베어 수확하면 이로우니 이로울 리'가 됨은 쉽게 알겠는데 '날카로울 리'는 어떻게 붙은 뜻일까?
아하! 이익 취하는 데는 모두 날카롭다는 데서 붙었군요.
이처럼 한 한자에 둘 이상의 뜻이 있으면 반드시 그런 뜻이 붙게 된 이유가 있으니, 무조건 외는 시간에 왜 그럴까를 생각해 보세요. 생각하면서 익히면 잘 익혀지고, 오래 잊히지도 않으며, 더불어 생각하는 두뇌도 발달하지요.

利

벼(禾) 같은 곡식을 낫(刂)으로 베어 수확하면 이로우니 **이로울 리**
또 이로움에는 모두 날카로우니 **날카로울 리**
⊕ 刂 [칼 도(刀)가 한자의 오른쪽에 붙는 부수인 '칼 도 방'이지만, 여기서는 낫으로 봄]

秋

벼(禾)가 불(火)처럼 붉게 익어 가는 가을이니 **가을 추**
⊕ 火(불 화)

愁

가을(秋)에 느끼는 마음(心)은 주로 근심이니 **근심 수**
⊕ 추워지는 날씨에 겨울나기 걱정, 또 한 해가 간다는 슬픈 마음 등, 가을(秋)에 느끼는 마음(心)은 주로 근심이라는 데서 만들어진 한자네요.

한자 구조 **리 추수**(利 秋愁) - **利와 秋로 된 한자**

벼 화(禾) 뒤에 칼 도 방(刂)이면 **이로울 리, 날카로울 리**(利), 불 화(火)면 **가을 추**(秋), 가을 추(秋) 아래에 마음 심, 중심 심(心)이면 **근심 수**(愁)

利

6급 총7획
부수 刀(刂)
benefit, sharp

- 자기 이익만을 꾀하는 마음은 利己心(이기심), 남의 이익을 생각하는 마음은 利他心(이타심). (연장이나 판단력이) 날카롭고 정확함은 銳利(예리).
- '어부(漁夫)의 이익'으로, 둘이 다투는 틈을 타서 엉뚱한 제삼자가 이익 봄을 이르는 말은 漁夫之利(어부지리), 조개가 입을 벌리고 있는데 황새가 쪼아대자 조개가 입을 오므려 놓지 않으므로 그 곁을 지나던 어부가 힘들이지 않고 한 번에 둘을 다 잡았다는 데서 유래된 말이지요.

한자+ 己(몸 기, 자기 기, 여섯째 천간 기), 心(마음 심, 중심 심), 他(다를 타, 남 타), 銳(날카로울 예), 漁(고기 잡을 어), 夫(사내 부, 남편 부)

7급 총9획
부수 禾
autumn

- 봄 · 여름 · 가을 · 겨울의 네 철은 春夏秋冬(춘하추동). 가을에 익은 곡식을 거두어들임, 즉 가을걷이는 秋收(추수). '하루가 세 가을(삼 년) 같다'로, 하루가 삼 년처럼 매우 지루하거나, 몹시 애태우며 기다림을 나타내는 말은 一日三秋(일일삼추)나, 一日如三秋(일일여삼추).

한자+ 春(봄 춘), 夏(여름 하), 冬(겨울 동), 收(거둘 수), 如(같을 여), 일 년에 가을은 한 번이므로 三秋는 삼 년인 셈입니다.

3급 II 총13획
부수 心
anxiety

- 근심과 걱정은 憂愁(우수). 고향이 그리워 느끼는 근심(슬픔)은 鄕愁(향수). 얼굴에 가득한 근심의 빛은 滿面愁色(만면수색)이네요.

한자+ 憂(근심할 우), 鄕(시골 향, 고향 향), 滿(찰 만), 面(얼굴 면, 향할 면, 볼 면, 행정구역의 면), 色(빛 색)

052 위계 리[이](委季 李)

委	季	李
맡길 **위**	끝 **계**, 계절 **계**	오얏 **리**, 성씨 **이**

한자가 만들어지던 시절에는 대부분 농사를 지었기 때문에, 농사나 곡식과 관련된 것으로 만들어진 한자도 많네요.

委 벼(禾) 같은 곡식을 여자(女)에게 맡기니 **맡길 위**

⊕ 지금도 집안 살림은 여자에게 맡기는 경우가 많지요.

季 벼(禾)에서 아들(子) 같은 열매가 맺는 줄기 끝이니 **끝 계**

또 (달력이 없었던 옛날에) 벼(禾) 열매(子)가 익어 감을 보고 짐작했던 계절이니 **계절 계**

⊕ 子(아들 자, 첫째 지지 자, 자네 자, 접미사 자), '끝 계(季)'는 형제 중 막내로 쓰이고, 보통 말하는 끝은 끝 종(終)이나 끝 말(末)로 씁니다.

李 나무(木)에 열린 아들(子)처럼 귀한 오얏이나 성씨니 **오얏 리, 성씨 이**

⊕ 木(나무 목), 오얏은 '자두'의 사투리. 과일이 별로 없었던 옛날에는 오얏도 귀했나 봅니다.

한자 구조 **위계 리[이]**(委季 李) - 禾로 된 한자와 李

벼 화(禾) 아래에 여자 녀(女)면 **맡길 위**(委), 아들 자, 첫째 지지 자, 자네 자, 접미사 자(子)면 **끝 계, 계절 계**(季), 나무 목(木) 아래에 아들 자, 첫째 지지 자, 자네 자, 접미사 자(子)면 **오얏 리, 성씨 이**(李)

4급 총8획
부수 女
entrust, lean on

- (일이나 처리를) 남에게 맡김은 委任(위임). 남에게 사물이나 사람의 책임을 맡김은 委託(위탁). (일의 처리를) 위임받은 사람은 委員(위원), 委員들의 모임은 委員會(위원회).

한자+ 任(맡을 임, 맡길 임), 託(부탁할 탁, 맡길 탁), 員(사람 원, 인원 원), 會(모일 회)

4급 총8획
부수 子
youngest season

- 伯은 맏이, 仲은 둘째, 叔은 셋째, 季는 막내로, 사형제의 차례를 이르는 말은 伯仲叔季(백중숙계).
- 규칙적으로 되풀이되는 자연현상에 따라서 일 년을 구분한 것은 季節(계절), 일반적으로 온대지방은 기온 차이를 기준으로 봄·여름·가을·겨울의 네 계절로 나누고, 열대지방에서는 강우량을 기준으로 건기와 우기로 나누고, 천문학적으로는 춘분, 하지, 추분, 동지로 나눕니다.

한자+ 伯(맏 백, 우두머리 백), 仲(버금 중, 중개할 중), 叔(작은아버지 숙, 아저씨 숙), 節(마디 절, 절개 절, 계절 절)

6급 총7획
부수 木
plum, family name

- '오얏나무(자두나무) 아래에서 갓을 고쳐 쓰지 않는다'로, (실제는 갓을 고쳐 쓰려고 손을 올린 것이지만 오얏을 따먹는 것으로 오해받을 수 있으니) 남에게 의심 살 만한 일은 하지 않는다는 말은 李下不整冠(이하부정관).
- '장(張)씨의 삼남과 이(李)씨의 넷째 아들'로, 성명이나 신분이 뚜렷하지 못한 평범한 사람들을 이르는 말은 張三李四(장삼이사), 갑남을녀(甲男乙女)와 비슷한 뜻이네요.

한자+ 下(아래 하, 내릴 하), 整(가지런할 정), 冠(갓 관), 張(베풀 장, 키울 장, 성씨 장), 갑남을녀(甲男乙女) - 제목번호 [040] 참고

053 예부문(乂父文)

벨 **예**, 다스릴 **예**, 어질 **예**	아버지 **부**	무늬 **문**, 글월 **문**

아버지 부(父) = 八(여덟 팔, 나눌 팔) + 乂(벨 예, 다스릴 예, 어질 예)
무늬 문, 글월 문(文) = 머리 부분 두(亠) + 乂
아버지 부(父)와 무늬 문, 글월 문(文)을 풀기 위해서는, 잘 쓰이지는 않지만, 공통으로 들어간 벨 예, 다스릴 예, 어질 예(乂)를 알아야 하네요.

이리저리 베어 다스리는 모양이 어지니 **벨 예, 다스릴 예, 어질 예**

사람이 알아야 할 것을 조목조목 나누어(八) 어질게(乂) 가르치는 아버지니 **아버지 부**

머리(亠) 속의 생각을 다스려(乂) 무늬처럼 써놓은 글월이니 **무늬 문, 글월 문**

⊕ 亠(머리 부분 두) - 2권 제목번호 [039] 참고. 글월 - 글이나 문장.

한자 구조 **예부문**(乂父文) - **乂로 된 한자**

이리저리 베어 다스리는 모양이 어지니 **벨 예, 다스릴 예, 어질 예**(乂), 벨 예, 다스릴 예, 어질 예(乂) 위에 여덟 팔, 나눌 팔(八)이면 **아버지 부**(父), 머리 부분 두(亠)면 **무늬 문, 글월 문**(文)

특급II 총2획

부수 丿

cut, manage, merciful

8급 총4획

부수 父

father

- 아버지와 어머니는 父母(부모), 할아버지는 祖父(조부), 할머니는 조모(祖母), 할아버지와 할머니를 합쳐서는 祖父母(조부모)
- '아버지가 전하고 자식이 전함'으로, 아들의 성격이나 생활 습관 따위가 아버지로부터 대물림된 것처럼 같거나 비슷함은 父傳子傳(부전자전). '임금과 스승과 아버지는 한 몸'으로, 임금과 스승과 아버지의 은혜가 같음을 이르는 말은 君師父一體(군사부일체).
- '엄(嚴)한 아버지, 자애(慈愛)로운 어머니'로, 아버지는 자식을 엄하게 다루고, 어머니는 자식을 깊은 사랑으로 보살펴야 함을 이르는 말은 嚴父慈母(엄부자모).

한자+ 母(어머니 모), 祖(할아버지 조, 조상 조), 傳(전할 전, 이야기 전), 子(아들 자, 첫째 지지 자, 자네 자, 접미사 자), 君(임금 군, 남편 군, 그대 군), 師(스승 사, 전문가 사, 군사 사), 體(몸 체), 嚴(엄할 엄), 慈(사랑 자, 어머니 자), 愛(사랑 애, 즐길 애, 아낄 애)

7급 총4획

부수 文

pattern, sentence

- 무늬는 文樣(문양).
- 글을 (읽거나 쓸 줄) 모름, 또는 그런 사람은 文盲(문맹). 어떤 문제에 관한 학술적인 연구 결과를 체계적으로 적은 글은 論文(논문). 실제로 쓰는 말과 그 말을 적은 글이 일치함은 語文一致(어문일치).
- '죽은 후에 약 처방 글'로, 시기를 잃어 낭패 보는 경우를 이르는 말은 死後藥方文(사후약방문). 속담 "소 잃고 외양간 고친다.", '버스 지나간 뒤 손들기' 와 비슷한 뜻이네요.

한자+ 樣(모양 양), 盲(눈멀 맹, 시각장애인 맹, 무지할 맹), 論(논할 론, 평할 론), 語(말씀 어), 致(이룰 치, 이를 치), 死(죽을 사), 後(뒤 후), 藥(약 약), 方(모 방, 방향 방, 방법 방), 文(무늬 문, 글월 문)

⓪⑤④ 교교효(交校效)

 交	校	效
사귈 **교**, 오고 갈 **교**	학교 **교**, 교정볼 **교**, 장교 **교**	본받을 **효**, 효험 **효**

사귈 교, 오고 갈 교(交) = 亠(머리 부분 두) + 父(아버지 부)
이 한자를 어원으로 풀기 위해서는 상상력을 발휘해야 하겠어요.
체면을 모르는 어린이야 격식을 갖추지 않아도 되지만, 아버지 같은 어른은 의관을 갖추고 격식을 갖추어 남을 사귀거나 오고 갔음을 생각하고 만든 한자네요.

交 (옛날에는) 머리(亠)에 갓을 쓰고 아버지(父)는 사람을 사귀거나 오고 갔으니 **사귈 교, 오고 갈 교**

校 나무(木)에 지주를 교차(交)시켜 바로잡듯이, 사람을 바르게 가르치는 학교니 **학교 교**
또 글을 바르게 교정보니 **교정볼 교**
또 사병을 바르게 지휘하는 장교니 **장교 교**
⊕ 木(나무 목), 지주 – 받침대. 의지할 수 있는 근거나 힘을 비유하는 말

效 좋은 분과 사귀어(交) 자신을 치며(攵) 본받으면 효험이 있으니 **본받을 효, 효험 효**
⊕ 攵(칠 복, = 攴)

한자 구조 **교교효**(交校效) - 交로 된 한자

머리 부분 두(亠) 아래에 아버지 부(父)면 **사귈 교, 오고 갈 교**(交), 사귈 교, 오갈 교(交) 앞에 나무 목(木)이면 **학교 교, 교정볼 교, 장교 교**(校), 뒤에 칠 복(攵)이면 **본받을 효, 효험 효**(效)

6급 총6획

부수 亠

associate come and go

- (어떤 사람이 누구와) 서로 사귐은 交際(교제). (이것과 저것을) 서로 바꿈은 交換(교환). 믿음으로써 벗을 사귐은 交友以信(교우이신).
- 친구 사이의 도를 말하는 세속오계(世俗五戒)에 나오는 交友以信도, 삼강오륜(三綱五倫)에 나오는 붕우유신(朋友有信)도 모두 믿을 신, 소식 신(信)이 들어갔네요.

한자+ 際(때 제, 사귈 제), 換(바꿀 환), 友(벗 우), 以(써 이, 까닭 이), 朋(벗 붕, 무리 붕), 有(가질 유, 있을 유), 세속오계(世俗五戒) - 신라(新羅) 26대 진평왕 때 원광법사(圓光法師)가 세운 다섯 가지의 계율

8급 총10획

부수 木

school, correct, officer

- 학생에게 교육하는 기관은 學校(학교). 학교를 상징하는 노래는 校歌(교가), 학교의 이념이나 목표를 나타낸 표어는 校訓(교훈).
- 교정쇄와 원고를 대조하여 잘못된 부분을 바르게 고침은 校正(교정). 인쇄물의 교정을 보기 위하여 임시로 조판 된 내용을 찍는 인쇄, 또는 그렇게 찍어 낸 인쇄물은 校正刷(교정쇄). 군인 신분상 소위 이상의 간부는 將校(장교).

한자+ 學(배울 학), 歌(노래 가), 訓(가르칠 훈), 正(바를 정), 刷(닦을 쇄, 인쇄할 쇄), 將(장수 장, 장차 장, 나아갈 장)

5급 총10획

부수 攵

follow, imitate

- 본받아 법으로 삼음은 效則(효칙). 윗사람의 행동을 아랫사람이 본받음을 이르는 말은 上行下效(상행하효). 효력을 잃음은 失效(실효).

한자+ 則(곧 즉, 법칙 칙), 上(위 상, 오를 상), 行(다닐 행, 행할 행, 항렬 항), 下(아래 하, 내릴 하), 失(잃을 실)

⓪⑤⑤ 사지길(士志吉)

士	志	吉
선비 **사**, 군사 **사**, 칭호나 직업에 붙이는 말 **사**	뜻 **지**	길할 **길**, 상서로울 **길**

한자는 눈으로 보기도 하고 읽기도 하지만 손으로 쓰기도 해야 하니, 이 책에서는 좀 어색한 어원이 되더라도 필순을 고려해서 어원을 풀었어요.
士의 어원도 '하나(一)를 배우면 열(十)까지 아는 선비니 선비 사'가 자연스러운데, 필순을 고려하여 다음처럼 풀다 보니 어색한 어원이 되고 말았네요.

士

열(十)까지 하나(一)를 배우면 아는 선비니 **선비 사**

또 선비 같은 군사나, 사람의 칭호나 직업에 붙이는 말이니 **군사 사, 칭호나 직업에 붙이는 말 사**

⊕ 선비 - 학식이 있고 예의 바르며 의리와 원칙을 지키고 고결한 인품을 지닌 사람

志

선비(士) 같은 마음(心)의 뜻이니 **뜻 지**

⊕ 心(마음 심, 중심 심)

吉

선비(士)처럼 말하면(口) 길하고 상서로우니 **길할 길, 상서로울 길**

⊕ 길하다 - 운이 좋거나 일이 상서롭다.
⊕ 상서(祥瑞)롭다 - 복되고 좋은 일이 있을 듯하다.
⊕ 口(입 구, 말할 구, 구멍 구), 祥(상서로울 상), 瑞(상서로울 서)

한자 구조 **사지길**(士志吉) - 士로 된 한자

열 십, 많을 십(十) 아래에 한 일(一)이 짧으면 **선비 사, 군사 사, 칭호나 직업에 붙이는 말 사**(士), 선비 사, 군사 사, 칭호나 직업에 붙이는 말 사(士) 아래에 마음 심, 중심 심(心)이면 **뜻 지**(志), 입 구, 말할 구, 구멍 구(口)면 **길할 길, 상서로울 길**(吉)

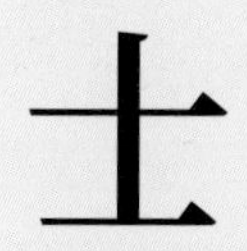

5급 총3획

부수 士

scholar, soldier

- '선비 기운'으로, 의욕이나 자신감 따위로 충만하여 굽힐 줄 모르는 기세는 士氣(사기). 예전에, 선비·농부(農夫)·공장(工匠)·상인(商人)의 네 신분을 아울러 이르던 말은 士農工商(사농공상).
- 부사관 이하의 군인은 兵士(병사). (기개와 체질이) 굳센 사람은 壯士(장사). 항공기를 움직이도록 다루는 기능과 자격을 갖춘 사람은 操縱士(조종사).

한자+ 氣(기운 기, 대기 기), 農(농사 농), 夫(사내 부, 남편 부), 工(장인 공, 만들 공, 연장 공), 匠(장인 장), 공장(工匠) - 수공업에 종사하던 장인. 商(장사할 상, 헤아릴 상), 兵(군사 병), 壯(굳셀 장, 장할 장), 操(잡을 조, 다룰 조), 縱(세로 종, 놓을 종)

4급 II 총7획

부수 心

meaning

- 뜻 지(志)는 이상을 향한 뜻이고, 뜻 의(意)는 말이나 글 속에 들어 있는 의미지요.
- 마음의 뜻은 意志(의지). '뜻을 잡음'으로, 곧은 뜻과 절조는 志操(지조). 이루려는 뜻이 있으면 반드시 성공하게 된다는 말은 有志竟成(유지경성)이네요.

한자+ 操(잡을 조, 다룰 조), 有(가질 유, 있을 유), 竟(마침내 경, 다할 경), 成(이룰 성)

5급 총6획

부수 口

lucky, auspicious

- 길한(좋은) 일과 흉한(언짢은) 일은 吉凶(길흉). 재앙(禍)과 복(福)과 길함(吉)과 흉함(凶)을 아울러 이르는 말은 吉凶禍福(길흉화복)이나 禍福吉凶(화복길흉). 상서로운 조짐은 吉兆(길조).

한자+ 凶(흉할 흉, 흉년 흉), 禍(재앙 화), 福(복 복), 兆(조짐 조, 조 조)

056 토 좌좌(土 坐座)

土	坐	座
흙 **토**	앉을 **좌**	자리 **좌**

선비 사(士)와 흙 토(土)는 비슷한데, 열 십, 많을 십(十) 아래에 있는 한 일(一)만 짧고 길지요? 선비는 옛날에 학문을 닦는 사람을 일컫는 말이니 많이 앎을 강조하려고 열 십, 많을 십(十)을 크게 써서 '선비 사(士)', 넓은 땅을 강조하려고 아래 '한 일(一)'을 길게 써서 '흙 토(土)'를 만들었네요.

土 많이(十) 땅(一)에 있는 흙이니 **흙 토**
⊕ 一 ('한 일'이지만 여기서는 땅으로 봄)

坐 흙(土) 위에 두 사람(人人)이 앉으니 **앉을 좌**
⊕ 人 (사람 인)

座 집(广)에서 앉는(坐) 자리니 **자리 좌**
⊕ 广 (집 엄)

한자 구조 **토 좌좌**(土 坐座) - **土와 坐로 된 한자**

열 십, 많을 십(十) 아래에 한 일(一)이 길면 **흙 토**(土), 흙 토(土) 위에 사람 인(人) 둘이면 **앉을 좌**(坐), 앉을 좌(坐) 위에 집 엄(广)이면 **자리 좌**(座)

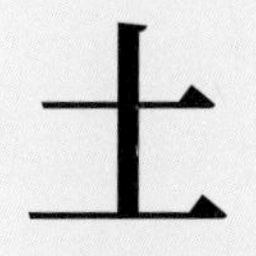

8급 총3획

부수 土

soil

- 흙과 모래는 土沙(토사). 경지나 주거지 따위의 사람이 이용하는 땅은 土地(토지). '흙을 쌓아서 산을 이룸'으로, 작은 것도 쌓이면 큰 것이 된다는 말은 積土成山(적토성산), 작은 것도 쌓이면 큰 것을 이룬다는 적소성대(積小成大), 속담 '티끌 모아 태산'의 한자어인 진합태산(塵合太山)과 비슷한 뜻이네요.

한자+ 沙(모래 사, = 砂), 地(땅 지, 처지 지), 積(쌓을 적), 成(이룰 성), 大(큰 대), 塵(티끌 진), 合(합할 합, 맞을 합), 太(클 태)

3급 II 총7획

부수 土

sit

- 앉아있는 모양의 그림이나 조각은 坐像(좌상), 서 있는 모양의 그림이나 조각은 입상(立像), 누워있는 모양의 그림이나 조각은 와상(臥像).
- (자리를) 정하여 앉음은 坐定(좌정). '앉아도 자리가 편안하지 않음'으로, 마음에 불안이나 근심 등이 있어 한자리에 오래 앉아있지 못함은 坐不安席(좌불안석)이지요.

한자+ 像(모습 상, 본뜰 상), 立(설 립), 臥(엎드릴 와, 누울 와), 定(정할 정), 安(편안할 안), 席(자리 석)

4급 총10획

부수 广

seat, situation

- 앉는 자리, 또는 여러 사람이 모인 자리는 座席(좌석).
- 여러 사람이 한자리에 모여 앉아서, 어떤 문제에 대하여 의견이나 견문을 나누는 일, 또는 그런 이야기는 座談(좌담). 座談을 하는 모임은 座談會(좌담회).
- '좌석의 우측에 새김'으로, 늘 자리 옆에 갖추어 두고 가르침으로 삼는 말이나 문구는 座右銘(좌우명). '권력의 자리'로, 특히 통치권을 가지고 있는 지위는 權座(권좌).

한자+ 談(말씀 담), 會(모일 회), 右(오른쪽 우), 銘(새길 명), 權(권세 권)

057 생성성(生性星)

生	性	星
날 **생**, 살 **생**, 사람을 부를 때 쓰는 접사 **생**	성품 **성**, 바탕 **성**, 성별 **성**	별 **성**

소(牛)가 외나무다리(一)를 건너는 모양의 한자는?

'소(牛 : 소 우)가 외나무다리(一 : '한 일'이지만 여기서는 외나무다리로 봄)를 건너듯 어렵게 태어나서 조심하며 산다는 데서 날 생, 살 생(生)'이라고도 하네요.

일리도 있고 재미있는 어원 풀이지만 좀 더 쉬운 어원으로 다음처럼 정리할게요.

사람(𠂉)이 흙(土)에 나서 사니

날 생, 살 생, 사람을 부를 때 쓰는 접사 생

⊕ 𠂉 [사람 인(人)의 변형], 土(흙 토)

性

마음(忄)에 나면서(生)부터 생긴 성품이고 바탕이니

성품 성, 바탕 성

또 바탕이 다른 남녀의 성별이니 **성별 성**

⊕忄(마음 심 변)

星

해(日)가 진 뒤에 빛나는(生) 별이니 **별 성**

한자 구조 **생성성**(生性星) - **生으로 된 한자**

사람 인(人)의 변형(𠂉)에 흙 토(土)면 **날 생, 살 생, 사람을 부를 때 쓰는 접사 생**(生), 날 생, 살 생, 사람을 부를 때 쓰는 접사 생(生) 앞에 마음 심 변(忄)이면 **성품 성, 바탕 성, 성별 성**(性), 위에 해 일, 날 일(日)이면 **별 성**(星)

生

8급 총5획
부수 生
be born, live

- 태어난 날은 生日(생일). 목숨, 또는 사물의 유지되는 기간은 生命(생명). 이롭게 써서 삶을 두텁게(좋게) 함은 利用厚生(이용후생).
- 글을 배우는 사람은 學生(학생). 성적이 우수한 학생은 優等生(우등생), 성적이 낮아서 보통 수준에 못 미치는 학생은 劣等生(열등생).

한자+ 命(명령할 명, 목숨 명, 운명 명), 利(이로울 리, 날카로울 리), 用(쓸 용), 厚(두터울 후), 學(배울 학), 優(우수할 우, 배우 우, 머뭇거릴 우), 等(같을 등, 무리 등, 차례 등), 劣(못날 렬)

性

5급 총8획
부수 心(忄)
personality, nature, gender

- 사람의 성질이나 됨됨이는 性品(성품). 낱낱의 물건이 가지고 있는 독특한 성질은 個性(개성). 남녀나 암수의 구별은 性別(성별). 같은 성(性)끼리 하는 연애는 同性戀愛(동성연애), 줄여서 同性愛(동성애).
- '익힌 것이 더불어 성품을 이룸'으로, 습관이 오래되면 마침내 성품이 된다는 말은 習與性成(습여성성)이니, 평소에 좋은 습관을 들여야 하겠네요.

한자+ 品(물건 품, 등급 품, 품위 품), 個(낱 개), 別(나눌 별, 다를 별), 同(한가지 동, 같을 동), 戀(사모할 연), 愛(사랑 애, 즐길 애, 아낄 애), 習(익힐 습), 與(줄 여, 더불 여, 참여할 여), 成(이룰 성)

星

4급 II 총9획
부수 日
star

- 하늘의 별처럼 머리털이 희뜩희뜩한 모양은 星星(성성)으로, '백발이 성성하다'처럼 쓰이고, 별이 있는 이른 아침에 가서 밤늦게 귀가함은 星行夜歸(성행야귀).
- '달이 밝으면 별빛은 희미해짐'으로, 한 영웅이 나타나면 다른 군웅(群雄)의 존재가 희미해짐을 이르는 말은 月明星稀(월명성희), 해가 뜨면 모든 불이 빛을 잃듯이, 마음에 태양 같은 강렬한 꿈이 있다면 어떤 것에도 흔들리지 않겠지요.

한자+ 行(다닐 행, 행할 행, 항렬 항), 夜(밤 야), 歸(돌아갈 귀, 돌아올 귀), 群(무리 군), 雄(수컷 웅, 클 웅, 영웅 웅), 月(달 월, 육 달 월), 明(밝을 명), 稀(드물 희, 희미할 희)

058 왕옥주(王玉主)

王	玉	主
임금 **왕**, 으뜸 **왕**, 구슬 **옥** 변	구슬 **옥**	주인 **주**

구슬 옥(玉) = 王(임금 왕, 으뜸 왕, 구슬 옥 변) + 丶(점 주, 불똥 주)
'구슬 옥'은 원래 구슬 세(三) 개를 끈으로 꿰어(丨) 놓은 모양(王)이었으나, 임금 왕(王)과 구별하기 위하여 점 주, 불똥 주(丶)를 우측에 더하여 '구슬 옥(玉)'이네요.
그러나 임금 왕(王)은 부수로 쓰이지 않으니, 구슬 옥(玉)이 부수로 쓰일 때는 원래의 모양인 王으로 쓰고 '구슬 옥 변'이라 부릅니다.

王

하늘(一) 땅(一) 사람(一)의 뜻을 두루 꿰뚫어(丨) 보아야 하는 임금이니 **임금 왕**
또 임금처럼 그 분야에서 으뜸이니 **으뜸 왕**
또 구슬 옥(玉)이 부수로 쓰일 때의 모양으로 **구슬 옥 변**
⊕ 一 ('한 일'이지만 여기서는 하늘 · 땅 · 사람으로 봄), 丨(뚫을 곤)

玉

임금 왕(王) 우측에 점(丶)을 찍어서 **구슬 옥**

主

(임금보다 더 책임감을 가지는 사람이 주인이니)
점(丶)을 임금 왕(王) 위에 찍어서 **주인 주**

한자 구조 **왕옥주**(王玉主) - 王으로 한자

한 일(一) 셋에 뚫을 곤(丨)이면 **임금 왕, 으뜸 왕, 구슬 옥 변**(王), 임금 왕, 으뜸 왕, 구슬 옥 변(王)에 점 주, 불똥 주(丶)를 우측에 붙이면 **구슬 옥**(玉), 위에 붙이면 **주인 주**(主)

8급 총4획
부수 玉(王)
king

- 왕의 머리에 쓰는 관은 王冠(왕관).
- '으뜸 고집'으로, 고집이 몹시 심한 사람, 또는 아주 심한 고집은 王固執(왕고집).
- '왕과 제후와 장수와 재상, 즉 훌륭한 사람이 어찌 씨앗이 있겠느냐?'로, 원래부터 씨앗이 있는 것이 아니고 노력하면 누구나 될 수 있다는 말 王侯將相(왕후장상) 寧有種乎(영유종호)도 있네요.

한자+ 冠(갓 관), 固(굳을 고, 진실로 고), 執(잡을 집, 집행할 집), 侯(과녁 후, 제후 후), 將(장수 장, 장차 장, 나아갈 장), 相(서로 상, 모습 상, 볼 상, 재상 상), 寧(어찌 녕, 편안할 녕, 차라리 녕), 有(가질 유, 있을 유), 種(씨앗 종, 종류 종, 심을 종), 乎(어조사 호)

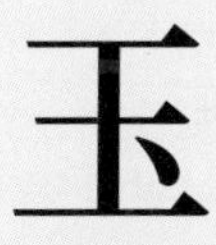

4급 II 총5획
부수 玉(王)
gem

- '옥처럼 훌륭한 원고'로, 다른 사람의 원고를 높여 이르는 말은 玉稿(옥고). 흰빛이 나는 옥은 白玉(백옥). '금 같은 과목, 옥 같은 조목'으로, 아주 귀중한 법칙이나 규범을 이르는 말은 金科玉條(금과옥조).

한자+ 稿(볏짚 고, 원고 고), 白(흰 백, 밝을 백, 깨끗할 백, 아뢸 백), 金(쇠 금, 금 금, 돈 금, 성씨 김), 科(과목 과, 조목 과), 條(가지 조, 조목 조)

7급 총5획
부수 丶
lord

- 대상이나 물건 따위의 임자는 主人(주인). 백성을 주인으로 삼는 정치를 하는 제도는 民主主義(민주주의).
- '주인과 손님이 서로 뒤바뀜'으로, ① 입장이 뒤바뀜. ② 중요하고 중요하지 않은 것, 먼저 할 것과 뒤에 할 것, 급한 것과 그렇지 않은 것의 순서가 바뀜을 이르는 말은 主客顚倒(주객전도).

한자+ 民(백성 민), 義(옳을 의, 의로울 의), 客(손님 객), 顚(꼭대기 전, 구를 전), 倒(넘어질 도)

059 임 임임(壬 任賃)

壬	任	賃
간사할 **임**, 짊어질 **임**, 아홉째 천간 **임**, 북방 **임**	맡을 **임**	품삯 **임**, 품팔이 **임**, 빌릴 **임**

간사할 임, 짊어질 임, 아홉째 천간 임, 북방 임(壬)
= 丿(삐침 별) + 士(선비 사, 군사 사, 칭호나 직업 이름에 붙이는 말 사)
맡을 임(任) = 亻(사람 인 변) + 壬
품삯 임, 품팔이 임, 빌릴 임(賃) = 任 + 貝(조개 패, 재물 패, 돈 패)

壬 삐뚤어진(丿) 선비(士)는 간사하여 나중에 큰 죄업을 짊어지니 **간사할 임, 짊어질 임, 아홉째 천간 임**
또 위쪽(丿)이 가리키는 네 방위(十)로 표시된 지도(一)의 북방이니 **북방 임**

任 사람(亻)이 어떤 일을 짊어져(壬) 맡으니 **맡을 임**

賃 맡은(任) 일을 하고 품삯(貝)을 받는 품팔이니 **품삯 임, 품팔이 임**
또 무엇을 맡기고(任) 재물(貝)을 빌리니 **빌릴 임**
⊕ 貝 (조개 패, 재물 패, 돈 패) - 2권 제목번호 [121] 참고

한자구조 **임 임임**(壬 任賃) - **壬과 任으로 된 한자**

삐침 별(丿) 아래에 선비 사, 군사 사, 칭호나 직업 이름에 붙이는 말 사(士)면 **간사할 임, 짊어질 임, 아홉째 천간 임, 북방 임**(壬), 간사할 임, 짊어질 임, 아홉째 천간 임, 북방 임(壬) 앞에 사람 인 변(亻)이면 **맡을 임**(任), 맡을 임(任) 아래에 조개 패, 재물 패, 돈 패(貝)면 **품삯 임, 품팔이 임, 빌릴 임**(賃)

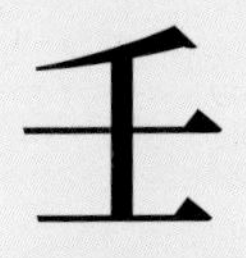

3급 II 총4획

부수 士

cunning, bear, north

- 임진년(1592년)에 일본의 침입으로 비롯된 6년간의 전란은 壬辰倭亂(임진왜란).

한자+ 辰(별 진, 날 신, 다섯째 지지 진), 倭(왜국 왜), 亂(어지러울 란)

5급 총6획

부수 人(亻)

charge

- 맡은 일은 任務(임무). 임무를 맡는 일정한 기간은 任期(임기). 맡아서 해야 할 임무나 의무는 責任(책임).
- '어진 이에게 맡기고 능한 이에게 시킴'으로, 인재를 잘 뽑아 씀을 이르는 말은 任賢使能(임현사능). 인사(人事)가 만사(萬事)라고 하지요. 좋은 인재를 뽑아서 적재적소에 배치하여 그 능력을 최고로 발휘할 수 있게 하면, 모든 일이 잘 풀리고 순리대로 돌아간다는 말이지요.

한자+ 務(일 무, 힘쓸 무), 期(기간 기, 기약할 기), 責(꾸짖을 책, 책임 책), 賢(어질 현), 使(하여금 사, 시킬 사), 能(능할 능), 事(일 사, 섬길 사), 萬(일만 만, 많을 만)

3급 II 총13획

부수 貝

pay, hire

- 노동자가 노동하고 받는 보수는 賃金(임금), 낮은 임금은 低賃金(저임금), 높은 임금은 高賃金(고임금).
- 돈을 받고 자기의 물건을 남에게 빌려줌은 賃貸(임대), 돈을 내고 남의 물건을 빌려 씀은 賃借(임차). 운반이나 운수 따위의 보수로 받거나 주는 돈은 運賃(운임).

한자+ 金(쇠 금, 금 금, 돈 금, 성씨 김), 低(낮을 저), 高(높을 고), 貸(빌릴 대), 借(빌릴 차), 運(운전할 운, 옮길 운, 운수 운)

060 주주왕(注住往)

注	住	往
물 댈 **주**, 쏟을 **주**	살 **주**, 사는 곳 **주**	갈 **왕**

제목번호 [058]에 나왔던 주인 주(主)가 공통으로 들어간 글자들.
주인 주(主) = 丶(점 주, 불똥 주) + 王(임금 왕, 으뜸 왕, 구슬 옥 변)
어떻게 이런 구조로 주인 주(主)를 만들었을까?
임금보다 더 위라는 뜻으로 만들었다고 하면 이상하고….
아하! 왕인정신(王人精神)이라는 말은 없지만, 주인정신(主人精神), 주인의식(主人意識)이란 말이 있는 것을 보면 임금보다 더 책임감을 가지는 것이 주인이라는 데서, 임금 왕, 으뜸 왕, 구슬 옥 변(王) 위에 점 주, 불똥 주(丶)를 찍어 만들었군요.

注 물(氵)을 한쪽으로 주(主)로 대고 쏟으니 **물 댈 주, 쏟을 주**

⊕ 氵(삼 수 변)

住 사람(亻)이 주인(主) 되어 사는 곳이니 **살 주, 사는 곳 주**

㊒ 隹(새 추) - 2권 제목번호 [134] 참고

往 걸어서(彳) 주인(主)에게 가니 **갈 왕**

⊕ 彳(조금 걸을 척)

한자 구조 **주주왕**(注住往) - **主로 된 한자**

주인 주(主) 앞에 삼 수 변(氵)이면 **물 댈 주, 쏟을 주**(注), 사람 인 변(亻)이면 **살 주, 사는 곳 주**(住), 조금 걸을 척(彳)이면 **갈 왕**(往)

6급 총8획
부수 水(氵)
pour

- 약액을 주사기에 넣어 생물체에 직접 주입하는 일, 또는 그 기구는 注射(주사). 기름을 넣음은 注油(주유). 흘러 들어가도록 부어 넣음, 또는 기억과 암기를 주로 하여 지식을 넣어줌은 注入(주입).
- 눈길을 쏟아(관심을 두고) 봄은 注目(주목). 어떤 일에 온 정신을 모아 자세히 살핌은 注視(주시). '날카롭게 뜻을 모아 바라봄'으로, 어떤 일을 잘하려고, 단단히 마음 차리고 자세히 살핌은 銳意注視(예의주시).

한자+ 射(쏠 사), 油(기름 유), 入(들 입), 目(눈 목, 볼 목, 항목 목), 視(볼 시), 銳(날카로울 예), 意(뜻 의)

7급 총7획
부수 人(亻)
dwell, hang-out

- 일정한 지역에 자리 잡고 삶은 住居(주거)나 居住(거주). 사람이 들어가 살 수 있게 지은 건물은 住宅(주택). 늘 일정하게 살고 있음은 常住(상주). 한곳에 자리 잡고 편안히 삶, 또는 현재 상황이나 처지에 만족함은 安住(안주).
- 인간 생활의 3대 요소인 옷과 음식과 사는 집을 함께 이르는 말은 衣食住(의식주). 사는 장소는 住所(주소). (살던 곳을 떠나 딴 곳으로) 옮겨 가서 삶은 移住(이주).

한자+ 居(살 거), 宅(집 택 · 댁), 常(항상 상, 보통 상, 떳떳할 상), 安(편안할 안), 衣(옷 의), 食(밥 식, 먹을 식), 所(장소 소, 바 소), 移(옮길 이)

4급 II 총8획
부수 彳
go

- ① 가고 오고 함. ② 서로 교제하여 사귐은 往來(왕래). 갔다가 돌아옴은 往復(왕복). ① 이미 정해진 사실로서 어쩔 수 없게 된 바에. 이미 그렇게 된 바에는. ② '지금보다 이전'을 뜻하는 한자어는 既往(기왕)이나 已往(이왕).
- '다니고 머물고 앉고 누움'으로, 일상의 움직임을 이르는 말은 行住坐臥(행주좌와)로, 행동거지(行動擧止)와 비슷한 뜻이네요.

한자+ 來(올 래), 復(다시 부, 돌아올 복), 既(이미 기), 已(이미 이, 따름 이), 行(다닐 행, 행할 행, 항렬 항), 坐(앉을 좌), 臥(엎드릴 와, 누울 와), 動(움직일 동), 擧(들 거, 행할 거, 일으킬 거), 止(그칠 지)

PART 13 (061~065)

061 인입구(人入久)

'다리 벌리고 서 있는 사람을 본떠서 사람 인(人)'으로 보았는데, 사람은 혼자(丨)서는 살 수 없고 의지하고 살아야 한다는 데서, '서로 기대고 사는 사람이니 사람 인'이라고도 하네요. 이렇게 만들어진 人만으로도 부족하여 사이 간(間)을 붙여 인간(人間)이라 함은 사람은 서로 어울려 살아야 함을 강조한 것이지요.

人 다리 벌리고 서 있는 사람을 본떠서 **사람 인**

入 사람(人)이 머리 숙이고 들어가는 모양을 본떠서 **들 입**

久 (무엇에 걸리면 잘 갈 수 없어서 시간이 오래 걸리니)
무엇(丿)에 걸린(一) 사람(人)의 모양을 본떠서 **오랠 구**

한자 구조 **인입구(人入久) - 人에서 유래된 한자**

다리 벌리고 서 있는 사람을 본떠서 **사람 인(人)**, 사람(人)이 고개 숙이고 들어가는 모양을 본떠서 **들 입(入)**, 무엇(丿)에 걸린(一) 사람(人)의 모양을 본떠서 **오랠 구(久)**

8급 총2획
부수 人
person

- (몸이나 어느 분야에서 업적이) 큰 사람은 巨人(거인). 사랑하는 사람 또는 남을 사랑함은 愛人(애인). 하늘을 공경하고 사람을 사랑함은 敬天愛人(경천애인).
- 이름은 같으나 사람이 다름, 또는 그러한 사람은 同名異人(동명이인)으로, 한자를 바꾸어 동인이명(同人異名 - 사람은 같은데 이름만 다름)도 만들어 쓸 수 있네요.

한자+ 巨(클 거), 愛(사랑 애, 즐길 애, 아낄 애), 敬(공경할 경), 天(하늘 천), 同(한 가지 동, 같을 동), 名(이름 명, 이름날 명), 異(다를 이)

7급 총2획
부수 入
enter

- 들어가는 문(구멍)은 入口(입구), 나오는 문은 출구(出口). 나감과 들어옴은 出入(출입). 나갔다가 들어왔다가 하는 문은 出入口(출입구).
- 학교를 들어감은 入學(입학). 무엇을 배우는 길에 처음 들어섬, 또는 그 길은 入門(입문). 회사 따위에 취직하여 들어감은 入社(입사), 기숙사나 관사(官舍) 따위에 들어감은 入舍(입사).
- 사들임은 買入(매입). 물 따위를 쏟아 넣음. 마음에 새겨지도록 가르침은 注入(주입).
- (어떤 대상에 대하여) 먼저(이미) 마음속에 가지고 있는 고정적인 관념이나 관점은 先入之見(선입지견), 줄여서 先入觀(선입관)이라 하지요.

한자+ 出(나올 출, 나갈 출), 學(배울 학), 門(문 문), 社(토지신 사, 모일 사), 官(관청 관, 벼슬 관), 舍(집 사), 買(살 매), 注(물 댈 주, 쏟을 주), 先(먼저 선), 之(갈 지, ~의 지, 이 지), 見(볼 견, 뵐 현), 觀(볼 관)

3급 II 총3획
부수 丿
long time

- 오래 참는 성질은 耐久性(내구성). 길고 오램은 永久(영구).
- 굳게 참고 오래 가짐(견딤)은 堅忍持久(견인지구).
- '날이 오래되고 달이 갈수록 깊어짐'으로, 무언가 바라는 마음이 세월이 갈수록 더해짐은 日久月深(일구월심).

한자+ 耐(참을 내, 견딜 내), 性(성품 성, 바탕 성, 성별 성), 永(길 영, 오랠 영), 堅(굳을 견), 忍(참을 인, 잔인할 인), 持(가질 지), 月(달 월, 육 달 월), 深(깊을 심)

062 대천부(大天夫)

大	天	夫
큰 **대**	하늘 **천**	사내 **부**, 남편 **부**

세상에서 제일 큰 것은 하늘이지만, 그 형상을 본떠 그릴 수 없으므로, 양팔 벌린 모습으로 큰 대(大)를 만들었네요.
아이에게 얼마만큼 좋아? 하고 물으면 양팔 벌려 '이만큼'이라 하지요.
하늘 천(天)은 한 일(一)에 큰 대(大)를 더하여, 세상에서 제일(一) 큰(大) 것은 하늘이라 했네요. 양팔 벌림보다 더 큼을 나타낼 때 '하늘만큼'이라 하는 것처럼.

大 양팔 벌려(一) 사람(人)이 큼을 나타내어 **큰 대**
⊕ 一('한 일'이지만 여기서는 사람이 양팔 벌린 모양으로 봄)

天 세상에서 제일(一) 큰(大) 것은 하늘이니 **하늘 천**

夫 한(一) 가정을 거느릴 만큼 큰(大) 사내나 남편이니 **사내 부, 남편 부**

한자구조 **대천부**(大天夫) - 大로 된 한자

한 일(一)에 사람 인(人)을 붙여서 **큰 대**(大), 큰 대(大) 위에 한 일(一)이면 **하늘 천**(天), 하늘 천(天)의 위가 뚫어지면 **사내 부, 남편 부**(夫)

8급 총3획
부수 大
big, great

- 많은 분량은 大量(대량). 엄청나게 큼은 巨大(거대).
- 작은 것도 쌓이면 큰 것을 이룸은 積小成大(적소성대)로, 속담 '티끌 모아 태산'의 한자어인 진합태산(塵合太山)과 비슷한 뜻이네요.
- '큰 그릇은 늦게 이루어짐'으로, 큰 그릇(큰 인물, 큰 성공)은 늦게(오랜 공적을 쌓은 뒤에) 이루어짐을 이르는 말은 大器晩成(대기만성). 고독과 가난과 눈물은 위대한 사람이 되기 위한 필수성분이라지요. 大望(대망)을 품고 어떤 어려움도 참으며 정진(精進)해 보게요.

한자+ 量(헤아릴 량, 용량 량), 巨(클 거), 積(쌓을 적), 小(작을 소), 成(이룰 성), 塵(티끌 진), 合(합할 합, 맞을 합), 太(클 태), 器(그릇 기, 기구 기), 晩(늦을 만), 望(바랄 망, 보름 망), 精(정밀할 정, 찧을 정), 進(나아갈 진)

7급 총4획
부수 大
sky, heaven

- 하늘과 땅, 즉 온 세상은 天地(천지). 하늘과 땅 사이와 같이 엄청난 차이는 天壤之差(천양지차).
- '하늘로 방향을 잡다가 땅으로 나아가다가'로, ① 못난 사람이 종잡을 수 없이 덤벙댐. ② 너무 급하여 허둥지둥 함부로 날뜀을 이르는 말은 天方地軸(천방지축).
- '법이 없는 천지'로, 아무 질서가 없는 사회를 일컫는 말은 無法天地(무법천지).

한자+ 地(땅 지, 처지 지), 壤(흙 양, 땅 양), 之(갈 지, ~의 지, 이 지), 差(다를 차, 어긋날 차), 方(모 방, 방향 방, 방법 방), 軸(굴대 축, 나아갈 축), 無(없을 무), 法(법 법)

7급 총4획
부수 大
man, husband

- 농사를 직업으로 삼는 사람은 農夫(농부), 물고기 잡는 일을 업으로 하는 사람은 漁夫(어부). 다 자란 씩씩한 남자는 丈夫(장부). 건장하고 씩씩한 사내는 大丈夫(대장부). 남편과 아내는 夫婦(부부).
- '저 사람이 장부라면 나도 장부'로, 남이 하는 것은 나도 할 수 있다는 말은 彼丈夫我丈夫(피장부아장부), 비슷한 뜻의 말은 he can do, she can do, why not me?(그도 하고 그녀도 하는데, 왜 내가 못 하겠는가?), 줄여서 I can do(나도 할 수 있다), 또는 can do(할 수 있다)라 하지요.

한자+ 農(농사 농), 漁(고기 잡을 어), 丈(어른 장, 길이 장), 婦(아내 부, 며느리 부), 彼(저 피 - 저쪽을 가리키는 지시대명사), 我(나 아)

063 견태(犬太)

犬	太
개 견	클 태

제목번호 [058]에 나왔던 구슬 옥(玉), 주인 주(主)처럼
점 주, 불똥 주(丶)를 어디에 붙이느냐에 따라서 뜻이 달라지는 한자들.
한자에서는 점 주, 불똥 주(丶)나 삐침 별(丿)로 무엇이나
어느 부분을 강조하지요.

(주인을) 크게(大) 점(丶)찍어 따르는 개니 **개 견**

⊕ 개는 주인을 알아보고 잘 따르지요.
⊕ 한자의 왼쪽에 붙는 부수인 변으로 쓰일 때는 '큰 개 견(犭)'인데, 개 이외에 사슴 등 여러 짐승을 나타낼 때도 쓰이니 '개 사슴 록 변'으로 많이 부르네요.

太 큰 대(大) 아래에 점(丶)을 찍어 더 큼을 나타내어 **클 태**

한자 구조 **견태(犬太) - 大에서 유래된 한자**

큰 대(大)에 점 주, 불똥 주(丶)를 우측 위에 붙이면 **개 견**(犬), 아래에 붙이면 **클 태**(太)

4급 총4획

부수 犬

dog

- 개를 사랑함, 또는 사랑하는 개는 愛犬(애견). 미친개는 狂犬(광견).
- '개나 말 정도의(하찮은) 수고'로, ① 임금이나 나라에 충성을 다하는 노력. ② 윗사람에게 바치는 자기의 노력을 낮추어 말할 때 쓰는 말은 犬馬之勞(견마지로).
- '아비는 범인데 새끼는 개'로, 훌륭한 아버지에 비하여 자식은 그렇지 못함을 이르는 말은 虎父犬子(호부견자)네요.

한자+ 愛(사랑 애, 즐길 애, 아낄 애), 狂(미칠 광), 馬(말 마), 勞(일할 로, 수고할 로), 虎(범 호), 父(아버지 부), 子(아들 자, 첫째 지지 자, 자네 자, 접미사 자)

6급 총4획

부수 大

big, great

- '크게 처음'으로, 천지가 생겨난 맨 처음은 太初(태초). 크게 평화로움은 太平(태평). 크게(너무) 굳으면(세거나 빳빳하면) 곧 꺾어지기 쉽다는 말은 太剛則折(태강즉절).
- 티끌 모아 태산은 塵合太山(진합태산).

한자+ 初(처음 초), 平(평평할 평, 평화 평), 剛(굳셀 강), 則(곧 즉, 법칙 칙), 折(꺾을 절), 塵(티끌 진), 合(합할 합, 맞을 합)

064 인복건(亻伏件)

亻	伏	件
사람 **인** 변	엎드릴 **복**	물건 **건**, 사건 **건**

사람 인(人)이 한자의 왼쪽에 붙는 부수인 변으로 쓰일 때는 '사람 인 변(亻)', 한자의 아래에 붙는 부수인 발로 쓰일 때는 '사람 인 발(儿)'인데, 많이 쓰여서 별도로 제목에 넣었어요.

亻 사람 인(人)이 한자의 왼쪽에 붙는 부수인 변으로 쓰일 때의 모양으로 **사람 인 변**

伏 사람(亻)이 개(犬)처럼 엎드리니 **엎드릴 복**

件 사람(亻)이 소(牛)를 팔아 사는 물건이니 **물건 건**
또 사람(亻)이 소(牛)에 받친 사건이니 **사건 건**
⊕ 牛 (소 우), 옛날 농경시대에는 소로 논밭도 갈고 짐도 나르고, 새끼를 낳으면 살림에 보탬도 되었으니, 집마다 소가 중요한 자산이었지요.

한자 구조 **인복건**(亻伏件) - **亻으로 된 한자**

사람 인(人)이 한자의 왼쪽에 붙는 부수인 변으로 쓰일 때의 모양으로 **사람 인 변**(亻), 사람 인 변(亻)에 개 견(犬)이면 **엎드릴 복**(伏), 소 우(牛)면 **물건 건, 사건 건**(件)

亻

2획
부수자
person

伏

4급 총6획
부수 人(亻)
lie down, hide

• 엎드려 빎은 伏乞(복걸). 소원 따위를 들어 달라고 애처롭게 사정하며 간절히 빎은 哀乞伏乞(애걸복걸). 일어났다 엎드렸다, 또는 올라갔다 내려갔다 함은 起伏(기복). 악마가 엎드려(숨어) 있는 곳, 나쁜 일을 꾀하는 무리가 많이 모여 있는 곳은 伏魔殿(복마전).

• 伏魔殿 같은 세상이 되다 보니 이상한 말도 생기네요. 사정(司正) 한 파가 몰아칠 때는 '땅에 엎드려 움직이지 않음'으로, 마땅히 해야 할 일을 하지 않고 몸을 사린다는 伏地不動(복지부동), 땅에 엎드려 눈동자만 굴리면서 주위를 살핀다는 伏地眼動(복지안동), 땅에 엎드려 대장이나 대통령의 남은 임기만 셈해본다는 伏地度數(복지탁수)라는 말도 만들어 쓰네요.

한자+ 乞(빌 걸), 哀(슬플 애), 起(일어날 기, 시작할 기), 魔(마귀 마), 殿(대궐 전, 큰집 전), 司(맡을 사, 벼슬 사), 正(바를 정), 사정(司正) - 그릇된 일을 다스려 바로잡음. 地(땅 지, 처지 지), 動(움직일 동), 眼(눈 안), 度(법도 도, 정도 도, 헤아릴 탁), 數(셀 수, 두어 수, 운수 수)

件

5급 총6획
부수 人(亻)
article, affair

• (자연적으로나 인공적으로 되어) 존재하는 모든 유형의 것은 物件(물건). ① 관심이나 시선을 끌 만한 일. ② '소송사건'의 준말은 事件(사건). 해당하는 모든 일, 온갖 사건, 매사는 事事件件(사사건건).

• 세울만한 조건으로, 갖추어야 할 주위환경과 기후 따위의 자연적 조건은 立地條件(입지조건).

한자+ 物(물건 물), 事(일 사, 섬길 사), 立(설 립), 地(땅 지, 처지 지), 條(가지 조, 조목 조)

065 인 재존(仁 在存)

仁	在	存
어질 **인**	있을 **재**	있을 **존**

어질 인(仁) = 亻(사람 인 변) + 二(둘 이)
어질 인(仁)을 이런 구조로 만든 이유가 분명히 있었을 텐데,
명쾌하고 분명한 어원을 추측할 수 없어서 일단 다음처럼 풀어 보았어요.
이렇게 명쾌한 어원이 생각나지 않을 때는 일단 정해놓고 계속 생각해
보는 것도 한 방법이지요.

仁 사람(亻)은 둘(二)만 모여도 어질어야 하니 **어질 인**

在 한(一) 사람(亻)에게 땅(土)이 있으니 **있을 재**
⊕ 土 ('흙 토'지만 여기서는 땅으로 봄)

存 한(一) 사람(亻)에게 아들(子)이 있으니 **있을 존**
⊕ 子 (아들 자, 첫째 지지 자, 자네 자, 접미사 자)

한자 구조 **인 재존**(仁 在存) **- 亻과 𠂇으로 된 한자**

사람 인 변(亻)에 둘 이(二)면 **어질 인**(仁), 한 일(一)과 사람 인 변(亻)에 흙 토(土)면 **있을 재**(在), 아들 자, 첫째 지지 자, 자네 자, 접미사 자(子)면 **있을 존**(存)

4급 총4획
부수 人(亻)
benevolent

- 어진 마음으로 사랑함은 仁愛(인애). 어질고 자애로움은 仁慈(인자). 어진 사람은 (널리 사람을 사랑하므로) 세상에 적이 없다는 말은 仁者無敵(인자무적). '자기 몸을 죽여(희생하여) 어짊을 이룸'으로, 몸을 바쳐 옳은 도리를 행함은 殺身成仁(살신성인).
- <논어(論語)>에 仁者樂山 智者樂水(인자요산 지자요수)라는 말도 있네요. 어진 자는 (의리에 밝고 산과 같이 중후하여 변하지 않으므로) 산을 좋아하고, 지혜로운 자는 (사리에 통달하여 물과 같이 막힘이 없으므로) 물을 좋아한다는 말이지요.

한자+ 愛(사랑 애, 즐길 애, 아낄 애), 慈(사랑 자, 어머니 자), 者(놈 자, 것 자), 無(없을 무), 敵(원수 적), 殺(죽일 살, 빠를 쇄, 감할 쇄), 身(몸 신), 成(이룰 성), 樂(풍류 악, 즐길 락, 좋아할 요), 智(지혜 지)

6급 총6획
부수 土
existence

- 창고에 있음은 在庫(재고). 학교에 적(籍)을 두고 있음은 在學(재학). '목숨이 잠깐의 시각에 달려있음'으로, 금방 숨이 끊어질 지경에 이름은 命在頃刻(명재경각), 바람 앞에 등불인 풍전등화(風前燈火)와 비슷한 말.

한자+ 庫(곳집 고, 창고 고), 籍(서적 적, 문서 적), 學(배울 학, 학교 학), 命(명령할 명, 목숨 명, 운명 명), 頃(잠깐 경, 요즈음 경, 이랑 경), 刻(새길 각, 시각 각), 風(바람 풍, 풍속 · 경치 · 모습 · 기질 · 병 이름 풍), 前(앞 전), 燈(등불 등)

4급 총6획
부수 子
exist

- (둘 이상의 사물이) 함께 있음은 共存(공존). 살아 있음은 生存(생존).
- 이름만 존재하고 실상이 없다는 名存實無(명존실무)는, 유명무실(有名無實), 명실상반(名實相反)과 비슷한 말이고, '이름과 실상이 서로 꼭 맞다'라는 명실상부(名實相符), '명성이나 명예가 헛되이 퍼진 것이 아니다'로, 이름날 만한 까닭이 있음을 이르는 말인 명불허전(名不虛傳)과는 반대되는 말이네요.

한자+ 共(함께 공), 生(날 생, 살 생, 사람을 부를 때 쓰는 접사 생), 名(이름 명, 이름날 명), 實(열매 실, 실제 실), 無(없을 무), 有(가질 유, 있을 유), 相(서로 상, 모습 상, 볼 상, 재상 상), 反(거꾸로 반, 뒤집을 반), 符(부절 부, 부호 부, 들어맞을 부), 虛(빌 허, 헛될 허), 傳(전할 전, 이야기 전)

066 인광극(儿光克)

儿	光	克
사람 **인** 발	빛 **광**, 경치 **광**	능할 **극**, 이길 **극**

'오래(古) 참은 사람(儿)이 능히 이기니 능할 극, 이길 극(克)'
우리에게 소중한 교훈을 주는 어원으로 된 한자네요.
한자의 어원에서 이런 진리를 깨칠 때마다 저는 그 감동으로 잠을 못 이룰 때도 많아요. 그러니 어원을 생각하며 한자를 익히는 것은 단순히 한자만 익히는 차원이 아니라, 한자에 담긴 세상의 진리와 번뜩이는 아이디어를 깨쳐 우리의 생각을 키우고, 일이나 생활에도 100배, 1,000배 활용할 수 있는 매우 의미 있는 일을 하는 셈이지요.

儿 사람 인(人)이 한자의 아래에 붙는 부수인, 발로 쓰일 때의 모양으로 **사람 인 발**

光 조금(⺌)씩 땅(一)과 사람(儿)에게 비치는 빛이니 **빛 광**
또 빛으로 말미암은 경치니 **경치 광**
⊕ ⺌ [작을 소(小)의 변형], 一 ('한 일'이지만 여기서는 땅으로 봄)

克 오래(古) 참은 사람(儿)이 능히 이기니 **능할 극, 이길 극**
⊕ 古 (오랠 고, 옛 고) - 제목번호 [017] 참고

한자 구조 **인광극**(儿光克) - **儿으로 된 한자**

사람 인(人)이 한자의 발로 쓰일 때의 모양으로 **사람 인 발**(儿), 사람 인 발(儿) 위에 작을 소(小)의 변형(⺌)과 한 일(一)이면 **빛 광, 경치 광**(光), 오랠 고, 옛 고(古)면 **능할 극, 이길 극**(克)

부수자 총2획
부수 儿
person

光

- (잃었던) 빛을 회복함(도로 찾음)은 光復(광복). '한 마디 빛과 그늘'로, 매우 짧은 시간을 이르는 말은 一寸光陰(일촌광음).
- 경치, 즉 산 · 들 · 강 · 바다 따위의 자연이나 지역의 모양은 風光(풍광).

6급 총6획
부수 人(儿)
light, scene

한자+ 復(다시 부, 돌아올 복), 寸(마디 촌, 법도 촌), 陰(그늘 음), 風(바람 풍, 풍속 · 경치 · 모양 · 기질 · 병 이름 풍)

- ① (어려움을) 능히 굴복시킴. ② (악조건이나 고생 따위를) 능히 이겨냄은 克服(극복). 몸의 욕망이나 충동·감정 따위를 의지로 눌러 이김은 克己(극기). '자기(사욕)를 이기고 예(禮)로 돌아감'으로, 욕망이나 거짓된 마음 등을 자신의 의지로 억제하고 예의에 어그러지지 않도록 함은 克己復禮(극기복례).
- '자기를 이기는 훈련'으로, 자기의 감정이나 욕심 · 충동 따위를 이성적 의지로 눌러 이기는 훈련은 克己訓練(극기훈련).
- '능히 생각할 수 있으면(잡념을 이기면) 성인이 됨'으로, ① 성인(聖人)의 언행(言行)을 잘 생각하여 소양을 쌓으면 자연스럽게 성인이 됨. ② 잡념을 이겨야 성인이 된다는 말은 克念作聖(극념작성)이네요.

3급 II 총7획
부수 人(儿)
win, overcome

한자+ 服(옷 복, 먹을 복, 복종할 복), 己(몸 기, 자기 기, 여섯째 천간 기), 禮(예도 례), 復(다시 부, 회복할 복), 訓(가르칠 훈), 練(익힐 련), 聖(성스러울 성, 성인 성), 言(말씀 언), 行(다닐 행, 행할 행, 항렬 항), 念(생각 념), 作(지을 작)

067 형황축(兄況祝)

兄	況	祝
형 **형**, 어른 **형**	상황 **황**, 하물며 **황**	빌 **축**, 축하할 **축**

형 형, 어른 형(兄) = 口(입 구, 말할 구, 구멍 구) + 儿(사람 인 발, 어진 사람 인)
'입만 있는 사람', '말하는 사람'이라고 하면 형과 전혀 다른 어원이 되고 마는데….
빌 축, 축하할 축(祝) = 示(보일 시, 신 시) + 兄
신께 형이 빈다는 뜻일까? 물론 연장자인 형이 대표로 빈다고 할 수도 있겠지만, 혼자서 비는 경우도 많으므로, 兄을 口와 儿으로 나누어 다음처럼 풀었어요.

동생을 말하며(口) 지도하는 사람(儿)이 형이고 어른이니 **형 형, 어른 형**

況

물(氵)이 점점 불어나서 위험한 상황을 하물며 형(兄)이 모르겠는가에서 **상황 황, 하물며 황**

㊟ 况 - 얼음이 언 상황을 하물며 형이 모르겠는가에서 '상황 황, 하물며 황'

⊕ 형이 동생을 데리고 물놀이나 얼음을 지치러 갔을 때를 생각하고 만든 한자.

⊕ 氵(삼 수 변), 冫(이 수 변) - 제목번호 [003] 주 참고

祝

신(示)께 입(口)으로 사람(儿)이 비니 **빌 축**
또 좋은 일에 행복을 빌며 축하하니 **축하할 축**

한자 구조 **형황축**(兄況祝) - **兄으로 된 한자**

사람 인 발(儿) 위에 입 구, 말할 구, 구멍 구(口)면 **형 형, 어른 형**(兄), 형 형, 어른 형(兄) 앞에 삼 수 변(氵)이면 **상황 황, 하물며 황**(況), 보일 시, 신 시(示)면 **빌 축, 축하할 축**(祝)

兄

8급 총5획
부수 人(儿)
elder brother, adult

- 형과 아우는 兄弟(형제). 언니의 남편은 兄夫(형부), 동생의 남편은 제부(弟夫).
- 兄弟의 의리를 맺음, 또는 그런 형제는 結義兄弟(결의형제).
- '형이라 하기도 어렵고 동생이라 하기도 어려움'으로, 우열을 가리기 어렵게 서로 비슷함을 이르는 말은 難兄難弟(난형난제).

한자+ 弟(아우 제, 제자 제), 夫(사내 부, 남편 부), 結(맺을 결), 義(옳을 의, 의로울 의), 難(어려울 난, 비난할 난)

況

4급 총8획
부수 水(氵)
situation, moreover

- (일이 되어 가는) 과정이나 형편은 狀況(상황). 일의 사정과 상황, 또는 인정상 딱한 처지에 있는 상황은 情況(정황).
- 불경기(不景氣)로 경제활동이 일반적으로 침체한 상황은 不況(불황), 경기(景氣)가 좋음, 또는 그런 상황은 好況(호황).
- '하물며'라는 뜻의 접속 부사는 況且(황차)네요.

한자+ 狀(모양 상, 문서 장), 情(뜻 정, 정 정), 景(볕 경, 경치 경, 클 경), 氣(기운 기, 대기 기), 好(좋을 호), 且(또 차, 구차할 차)

祝

5급 총10획
부수 示
pray, celebrate

- 앞날의 행복을 빎은 祝福(축복).
- 기뻐하고 즐거워서 한다는 뜻으로 인사함은 祝賀(축하). 축하하여 벌이는 큰 규모의 행사는 祝祭(축제). 경사스러운 일을 축하함은 慶祝(경축).

한자+ 福(복 복), 賀(축하할 하), 祭(제사 제, 축제 제), 慶(경사 경)

068 원 완원(元 完院)

元	完	院
원래 **원**, 으뜸 **원**	완전할 **완**	집 **원**, 관청 **원**

하늘과 땅(二) 사이에 사람(儿)이 원래 으뜸이니 원래 원, 으뜸 원(元)
모든 생명체와 더불어 살아가는 세상이니 사람이 으뜸이라고 할 수는 없지만
옛날 사람의 입장에서는 사람을 만물의 으뜸으로 보았을 수도 있겠네요.
언덕에 완전하게 지은 집이면 '집 원'은 되는데, '관청 원'은 어찌 될까?
관청은 대부분 높은 언덕에, 또는 높은 언덕처럼 크게 지었겠지요.

하늘과 땅(二) 사이에 사람(儿)이 원래 으뜸이니 **원래 원, 으뜸 원**

⊕ 二 ('둘 이'지만 여기서는 하늘과 땅으로 봄)

完

집(宀)을 으뜸(元)으로 잘 지으면 모든 것이 갖추어져 완전하니 **완전할 완**

⊕ 宀 (집 면)

院

언덕(阝)에 완전하게(完) 지은 집이나 관청이니 **집 원, 관청 원**

⊕ 阝(언덕 부 변)

한자 구조 **원 완원**(元 完院) - 元과 完으로 된 한자

둘 이(二) 아래에 사람 인 발(儿)이면 **원래 원, 으뜸 원**(元), 원래 원, 으뜸 원(元) 위에 집 면(宀)이면 **완전할 완**(完), 완전할 완(完) 앞에 언덕 부 변(阝)이면 **집 원, 관청 원**(院)

元

5급 총4획
부수 人(儿)
originally, the top

- 처음부터. 근본부터. 본디는 元來(원래). 원래의 모양이나 상태로 회복함은 復元(복원). 원래의 상태로 다시 돌아감, 또는 그렇게 되게 함은 還元(환원).
- '으뜸 아침'으로, 설날 아침은 元旦(원단). 씩씩하게 으뜸으로 뽑힘, 또는 뽑힌 사람은 壯元(장원).
- 靑山元不動(청산원부동) 白雲自去來(백운자거래)라는 시구가 있어요. '청산은 원래 움직이지 않는데 흰 구름만 스스로 왔다 갔다 함'으로, 진실은 변함없는데 그것을 바라보는 우리의 마음만 수시로 변한다는 뜻이지요.

한자+ 來(올 래), 復(다시 부, 돌아올 복), 還(돌아올 환), 旦(아침 단), 壯(굳셀 장, 씩씩할 장), 靑(푸를 청, 젊을 청), 動(움직일 동), 白(흰 백, 밝을 백, 깨끗할 백, 아뢸 백), 雲(구름 운), 自(자기 자, 스스로 자, 부터 자), 去(갈 거, 제거할 거)

完

5급 총7획
부수 宀
complete

- 필요한 것이 모두 갖추어져 모자람이나 흠이 없음은 完全(완전). 완전하여 아무런 결점이 없음은 完全無缺(완전무결). 범인이 범행의 증거가 될 만한 물건이나 사실을 전혀 남기지 않아 자기의 범행 사실을 완전하게 숨기는 범죄는 完全犯罪(완전범죄). 완전히 이룸은 完成(완성). (부족한 것을) 보충하여 완전하게 함은 補完(보완).

한자+ 全(온전할 전), 無(없을 무), 缺(이지러질 결, 빠질 결), 犯(범할 범), 罪(죄지을 죄, 허물 죄), 成(이룰 성), 補(기울 보)

院

5급 총10획
부수 阜(阝)
house, public building

- 원(院)자가 붙은 각종 기관의 안은 院內(원내). 院 자가 붙은 기관의 우두머리는 院長(원장). 학교 설치기준의 여러 조건을 갖추지 못한 사설 교육기관은 學院(학원). 병자(病者)를 진찰, 치료하는 데에 필요한 설비를 갖추어 놓은 곳은 病院(병원)이나 醫院(의원).

한자+ 內(안 내), 長(길 장, 어른 장), 學(배울 학), 病(병들 병, 근심할 병), 者(놈 자, 것 자), 醫(의원 의)

069 견[현]현시(見現視)

見	現	視
볼 **견**, 뵐 **현**	이제 **현**, 나타날 **현**	볼 **시**, 살필 **시**

이제 현, 나타날 현(現) = 王(임금 왕, 으뜸 왕, 구슬 옥 변) + 見
중국인들은 구슬을 좋아해서 일찍부터 구슬 가공 산업이 발달하여,
한자에도 구슬 옥 변(王)이 들어간 글자가 많고, 대부분 좋은 의미로 쓰이지요.
구슬을 가공할 때 원석에 있는 무늬가 잘 나타나도록 하는 것이 기술이라네요.

見 눈(目)으로 사람(儿)이 보거나 뵈니 **볼 견, 뵐 현**
⊕ 目 (눈 목, 볼 목, 항목 목), 뵈다 - ① 웃어른을 대하여 보다. ② '보이다'의 준말

現 구슬(王)을 갈고 닦으면 이제 바로 무늬가 보이고(見) 나타나니 **이제 현, 나타날 현**

視 보고(示) 또 보며(見) 살피니 **볼 시, 살필 시**
⊕ 示 (보일 시, 신 시)

한자 구조 **견[현]현시(見現視) - 見으로 된 한자**

눈 목, 볼 목, 항목 목(目) 아래에 사람 인 발(儿)이면 **볼 견, 뵐 현**(見), 볼 견, 뵐 현(見) 앞에 임금 왕, 으뜸 왕, 구슬 옥 변(王)이면 **이제 현, 나타날 현**(現), 보일 시, 신 시(示)면 **볼 시, 살필 시**(視)

見

5급 총7획

부수 見

see, meet

- 보고 들음, 또는 보고 들어서 안 지식은 見聞(견문). '보고 풂'으로, 무엇에 대한 자기의 의견이나 생각은 見解(견해). 어떤 대상에 대하여 가지는 생각은 意見(의견). (공정하지 못하고 한쪽으로) 치우친 생각은 偏見(편견). '쏘아 봄'으로, 미처 찾아내지 못하였거나, 아직 알려지지 아니한 사물이나 현상, 사실 따위를 찾아냄은 發見(발견).
- '앉아서 천 리를 봄'으로, 앞일을 예견하거나 먼 곳의 일을 내다보고 헤아림은 坐見千里(좌견천리). 지체가 높고 귀한 사람을 찾아뵙는 일은 謁見(알현)이지요.

한자+ 聞(들을 문), 解(해부할 해, 풀 해), 意(뜻 의), 偏(치우칠 편), 發(쏠 발, 일어날 발), 坐(앉을 좌), 千(일천 천, 많을 천), 里(마을 리, 거리 리), 謁(뵐 알)

現

6급 총11획

부수 玉(王)

present, appear

- 현재 있는 돈은 現金(현금). 현재 실제로 존재하는 사실이나 상태는 現實(현실).
- 어떠한 형상으로 나타냄, 또는 그 형상은 現像(현상). 생각이나 느낌 따위를 언어나 몸짓 따위의 형상으로 드러내어 나타냄은 表現(표현). (없던 것이나 숨겨져 있던 것이) 나타남은 出現(출현).

한자+ 金(쇠 금, 금 금, 돈 금, 성씨 김), 實(열매 실, 실제 실), 像(모습 상, 본뜰 상), 表(겉 표), 出(나올 출, 나갈 출)

視

4급Ⅱ 총12획

부수 見

look at, watch

- 눈을 통해 빛의 자극을 받아들이는 감각 작용은 視覺(시각), '보는 각도'로, 사물을 관찰하고 파악하는 기본적인 자세는 視角(시각).
- (어떤 대상을) 가볍게 봄(여김)은 輕視(경시), 중요하게 봄(여김)은 重視(중시), 사물의 존재가치를 알아주지 아니함은 無視(무시).
- 돌아다니며 실제의 사정을 살핌은 視察(시찰). 단속하기 위하여 주의 깊게 살핌은 監視(감시). 어떤 일에 온 정신을 모아 자세히 살핌은 注視(주시)네요.

한자+ 覺(깨달을 각), 角(뿔 각, 모날 각, 겨눌 각), 輕(가벼울 경), 重(무거울 중, 귀중할 중, 거듭 중), 無(없을 무), 察(살필 찰), 監(볼 감), 注(물 댈 주, 쏟을 주)

070 녀호여(女好如)

女	好	如
여자 **녀**	좋을 **호**	같을 **여**

여자 녀(女)가 옥편에는 '계집 녀'로 나와 있다고요?
옛날에는 '계집'이 여자라는 뜻이었지만, 오늘날은 여자나 아내를 낮잡아 보고 이르는 말로 쓰이기에 '여자 녀'로 바꾸었어요.

女 두 손 모으고 앉아있는 여자를 본떠서 **여자 녀**

好 여자(女)에게 자식(子)이 있으면 좋으니 **좋을 호**
⊕ 子 (아들 자, 첫째 지지 자, 자네 자, 접미사 자)

如 여자(女)의 말(口)은 대부분 부모나 남편의 말과 같으니 **같을 여**
⊕ 집에서만 생활하던 옛날 여자들은 대부분 부모나 남편의 말을 따랐겠지요.

한자 구조 **녀호여**(女好如) - **女로 된 한자**

두 손 모으고 앉아있는 여자를 본떠서 **여자 녀**(女), 여자 녀(女) 뒤에 아들 자, 첫째 지지 자, 자네 자, 접미사 자(子)면 **좋을 호**(好), 입 구, 말할 구, 구멍 구(口)면 **같을 여**(如)

8급 총3획
부수 女
female

- 여자아이는 女兒(여아), 남자아이는 남아(男兒)
- 남자와 여자는 男女(남녀). (유교 사상에서) 남자와 여자 사이에는 구별(분별)이 있어야 함을 이르는 말은 男女有別(남녀유별).
- '착한 남자와 착한 여자'로, ① 순결하고 마음씨 착한 남자와 여자. ② 불교에 귀의한 남자와 여자를 이르는 말은 善男善女(선남선녀)네요.

한자+ 兒(아이 아), 男(사내 남), 有(가질 유, 있을 유), 別(나눌 별, 다를 별, 구별할 별), 善(착할 선, 좋을 선, 잘할 선)

4급 II 총6획
부수 女
liking

- 좋게 평함, 또는 그런 평판이나 평가는 好評(호평), 나쁘게 평함, 또는 그런 평판이나 평가는 악평(惡評), 가혹하게 평함, 또는 그런 평판이나 평가는 혹평(酷評).
- 사랑하며 좋아함은 愛好(애호).
- 좋은 기회를 놓치지 말라는 말은 勿失好機(물실호기).
- '하루하루가 좋은 날'로, 오늘이 바로 최고이자 최후인 것처럼 소중하게 보내자는 말은 日日是好日(일일시호일). '세상에서 가장 소중한 시간은 바로 지금, 세상에서 가장 소중한 사람은 바로 가장 가까이 있는 사람, 세상에서 가장 소중한 일은 바로 지금 하는 일에 최선을 다하는 것'이라지요.

한자+ 評(평할 평), 惡(악할 악, 미워할 오), 酷(심할 혹, 독할 혹), 愛(사랑 애, 즐길 애, 아낄 애), 勿(없을 물, 말 물), 失(잃을 실), 機(베틀 기, 기계 기, 기회 기), 是(옳을 시, 이 시, ~이다 시)

4급 II 총6획
부수 女
same, alike

- 하나같음. 변함없이 그대로 임은 如一(여일). 전과 같음(다름이 없음)은 如前(여전). '뜻 막기를 성같이 함'으로, 온갖 잡념 · 유혹 · 욕심들을 마치 성처럼 막아야 함을 이르는 말은 防意如城(방의여성).
- 모든 일이 뜻과 같다(뜻대로 된다)는 말은 萬事如意(만사여의)로, 만사형통(萬事亨通)과 비슷한 뜻이네요.

한자+ 前(앞 전), 防(막을 방), 意(뜻 의), 城(성 성), 萬(많을 만, 일만 만), 事(일 사, 섬길 사), 亨(형통할 형), 通(통할 통), 형통(亨通) - 모든 일이 뜻과 같이 잘되어 감.

조금 더 알고 쓰는 한자

| A不如B 구문

한문에서 A不如B 형태로 된 문장은 'A는 B만 같지 못하다', 즉 'A보다 B가 낫다'로 해석합니다.

遠親不如近隣(원친불여근린)

'먼 친척은 가까운 이웃만 같지 못하다'로, 속담 '이웃사촌'과 통함

한자+ 遠(멀 원), 親(어버이 친, 친할 친), 近(가까울 근, 비슷할 근), 隣(이웃 린)

與魚不如敎漁(여어불여교어)

고기를 주는 것은 고기 잡기를 가르치는 것만 같지 못하다.

한자+ 與(줄 여, 더불 여, 참여할 여), 魚(물고기 어), 敎(가르칠 교), 漁(고기 잡을 어)

百聞不如一見(백문불여일견)

백 번 들음(百聞)보다 한 번 보는 것(一見)이 낫다.

百言不如一行(백언불여일행)

백 번 말함(百言)보다 한 번 행하는 것(一行)이 낫다.

百論不如一行(백론불여일행)

백 번 논의(百論)보다 한 번 행하는 것(一行)이 낫다.

한자+ 百(일백 백, 많을 백), 聞(들을 문), 見(볼 견, 뵐 현), 言(말씀 언), 行(다닐 행, 행할 행, 항렬 항), 論(논할 론)

勇將不如智將 (용장불여지장),

智將不如德將 (지장불여덕장)

용맹한 장수(勇將)보다 지혜로운 장수(智將)가 낫고,

지혜로운 장수(智將)보다 덕 있는 장수(德將)가 낫다.

한자+ 勇(날랠 용), 將(장수 장, 장차 장, 나아갈 장), 智(지혜 지), 德(덕 덕, 클 덕)

知之者不如好之者 (지지자불여호지자),

好之者不如樂之者 (호지자불여낙지자)

'아는 것(知之者)은 좋아하는 것(好之者)만 같지 못하고,

좋아하는 것(好之者)은 즐기는 것(樂之者)만 같지 못하다'로,

아는 것보다 좋아하는 것이, 좋아하는 것보다 즐기는 것이 더 낫다는 말

한자+ 知(알 지), 之(갈 지, ~의 지, 이 지), 者(놈 자, 것 자), 好(좋을 호), 樂(노래 악, 즐길 락, 좋아할 요)

天時不如地利 (천시불여지리),

地利不如人和 (지리불여인화)

'天時 (하늘이 준 절호의 기회)는 地利 (땅을 잘 이용함)만 못하고,

地利는 人和 (식구끼리 화목함)만 못하다'로, 화목(和睦)이 제일 중요함을 강조한 말

한자+ 天(하늘 천), 時(때 시), 地(땅 지, 처지 지), 利(이로울 리, 날카로울 리), 和(화목할 화), 睦(화목할 목)

071 노노 서(奴怒 恕)

奴	怒	恕
종 **노**, 남을 흉하게 부르는 접미사 **노**	성낼 **노**	용서할 **서**

종 노(奴) = 女(여자 녀) + 又(오른손 우, 또 우)
여자가 손을 물에 담그고 힘들게 일하는 모습을 생각하면 이해는 되는데,
어찌 남을 흉하게 부르는 접미사로도 쓰일까요?
아마 종을 부르듯 남을 함부로 흉하게 부른다는 데서 붙여진 것 같네요.

奴 여자(女)의 손(又)처럼 힘들게 일하는 종이니 **종 노**
또 종을 부르듯 남을 흉하게 부르는 접미사니
남을 흉하게 부르는 접미사 노
⊕ 주로 사내종에 쓰이고, 여자종은 '여자종 비(婢)' - 제목번호 [045] 참고

怒 일이 힘든 종(奴)의 마음(心)처럼 성내니 **성낼 노**
⊕ **心** (마음 심, 중심 심)

恕 예전과 같은(如) 마음(心)으로 용서하니 **용서할 서**

한자 구조 **노노 서**(奴怒 恕) - **奴로 된 한자와** 恕

여자 녀(女) 뒤에 오른손 우, 또 우(又)면 **종 노, 남을 흉하게 부르는 접미사 노**(奴), 종 노, 남을 흉하게 부르는 접미사 노(奴) 밑에 마음 심, 중심 심(心)이면 **성낼 노**(怒), 같을 여(如) 밑에 마음 심, 중심 심(心)이면 **용서할 서**(恕)

奴

3급 II 총5획
부수 女
slave

- 사내종과 여자종을 함께 일컬어 奴婢(노비). 사사로운 이익을 위하여 나라의 주권이나 이권을 남의 나라에 팔아먹는 행위를 하는 사람은 賣國奴(매국노). '돈만 지키는 종'으로, 돈을 모을 줄만 알아 한 번 손에 들어간 것은 도무지 쓰지 않는 사람을 낮잡아 이르는 말은 守錢奴(수전노), '구두쇠, 노랑이, 자린고비'와 비슷한 뜻이네요.

한자+ 婢(여자종 비), 賣(팔 매), 國(나라 국), 守(지킬 수), 錢(돈 전)

怒

4급 II 총9획
부수 心
angry

- 몹시 노하여 펄펄 뛰며 성냄은 怒發大發(노발대발). 분개하여 화를 냄은 忿怒(분노). '화를 옮기지 않음'으로, 감정에 쏠려 엉뚱한 사람에게 화풀이하지 아니함은 不遷怒(불천노). 군자(君子)는 불천노(不遷怒)라지요.
- 한 번 화내면 그만큼 더 늙어지고, 한 번 웃으면 그만큼 더 젊어진다는 말은 一怒一老(일노일로) 一笑一少(일소일소), 건강하고 젊어지기 위해서도 웃어야 하겠어요.

한자+ 發(쏠 발, 일어날 발), 忿(성낼 분), 遷(옮길 천), 군자(君子) - 유교에서 말하는 이상적인 인간형. ⑭ 소인(小人). 老(늙을 로), 笑(웃을 소), 少(적을 소, 젊을 소)

恕

3급 II 총10획
부수 心
pardon

- 죄나 잘못을 꾸짖거나 벌하지 아니하고 덮어 줌은 容恕(용서).
- 너그럽게 용서하면 나중에 흥하고, 사납고 악하게 대하면 끝에 망한다는 寬恕終興(관서종흥) 暴惡遂亡(포악수망)이라는 말도 있지요.
- "용서하자 용서하자 일곱 번에 일흔 번도 / 넉넉히 봄을 풀어 흐르는 강물 / 네 한 뼘 오기에도 물꼬 이제 트거라."는 이영도 시인의 시조가 생각나네요.

한자+ 容(얼굴 용, 받아들일 용, 용서할 용), 寬(너그러울 관), 終(다할 종, 마칠 종), 興(흥할 흥, 흥겨울 흥), 暴(사나울 폭 · 포), 惡(악할 악, 미워할 오), 遂(이룰 수, 끝낼 수), 亡(망할 망, 달아날 망, 죽을 망), 물꼬 - ① 논에 물이 넘어 들어오거나 나가게 하려고 만든 좁은 통로. ② 어떤 일의 시작을 비유적으로 이르는 말

072 안안연(安案宴)

安	案	宴
편안할 **안**	책상 **안**, 생각 **안**, 계획 **안**	잔치 **연**

편안할 안(安) = 宀(집 면) + 女(여자 녀)
책상 안, 생각 안, 계획 안(案) = 安 + 木(나무 목)
'편하게 앉아 공부하도록 나무로 만든 책상이니 책상 안'은 이해되는데,
어찌 '생각 안, 계획 안'도 될까? 아하! 책상에 앉아 생각하고 계획을 짜지요.

安 집(宀)에서 여자(女)가 살림하면 편안하니 편안할 안

案 편하게(安) 공부하도록 나무(木)로 만든 책상이니 책상 안
또 책상에 앉아서 짠 생각이나 계획이니 생각 안, 계획 안

宴 좋은 날(日)을 맞아 편안하게(安) 여는 잔치니 잔치 연

한자 구조 **안안연**(安案宴) - **安으로 된 한자**

집 면(宀) 아래에 여자 녀(女)면 **편안할 안**(安), 편안할 안(安) 아래에 나무 목(木)이면 **책상 안, 생각 안, 계획 안**(案), 중간에 해 일, 날 일(日)이면 **잔치 연**(宴)

安

7급 총6획

부수 宀

peaceful

- 건강하고 편안함은 安寧(안녕). 편안함과 그렇지 못함, 또는 그에 대한 소식은 安否(안부). 모든 걱정을 떨쳐 버리고 마음을 편히 가짐은 安心(안심).
- ① 편안히 살 때 (앞으로 닥칠) 위험을 생각함. ② 언제든지 위험에 대처할 수 있도록 준비함은 居安思危(거안사위). 나라가 태평하고 백성이 편안함은 國泰民安(국태민안).

한자+ 寧(어찌 녕, 편안할 녕, 차라리 녕), 否(아닐 부, 막힐 비), 心(마음 심, 중심 심), 居(살 거), 思(생각할 사), 危(위험할 위), 國(나라 국), 泰(클 태, 태평할 태), 民(백성 민)

案

5급 총10획

부수 木

table, consider, plan

- 책상처럼 벽에 세워 놓고 앉을 때 몸을 기대는 방석은 案席(안석).
- 생각해 보아야 할(토의하거나 조사해야 할) 사건은 案件(안건). 연구하여 새로운 안을 생각해 냄, 또는 그 안은 考案(고안).
- (일을 처리하거나 해결하여 나갈) 방법이나 계획은 方案(방안). '걸린 계획(문제)'으로, 이전부터 의논하여 오면서도 아직 해결되지 않은 채 남아 있는 안건은 懸案(현안).

한자+ 席(자리 석), 件(사건 건), 考(살필 고, 생각할 고), 方(모 방, 방향 방, 방법 방), 懸(매달 현, 멀 현)

3급 II 총10획

부수 宀

party, enjoy

- (축하 · 위로 · 환영 · 석별 따위를 위하여 여러 사람이) 모여 베푸는 잔치는 宴會(연회).
- 떠나는 사람을 위하여 베푸는 잔치는 送別宴(송별연). 축하하는 잔치는 祝賀宴(축하연)으로, 생신 축하연, 승진축하연처럼 앞에 축하할 일을 붙여 말하지요.
- '남의 잔치에 감 놔라 배 놔라 함'으로, 다른 사람의 일에 쓸데없이 간섭하고 참견함을 이르는 말은 他人之宴(타인지연)에 曰梨曰柿(왈리왈시)네요.

한자+ 會(모일 회), 送(보낼 송), 別(나눌 별, 다를 별), 祝(빌 축, 축하할 축), 賀(축하할 하), 他(다를 타, 남 타), 之(갈 지, ~의 지, 이 지), 曰(가로 왈, 말할 왈), 梨(배 리), 柿(감 시)

073 기이사(己已巳)

己	已	巳
몸 **기**, 자기 **기**, 여섯째 천간 **기**	이미 **이**, 따름 **이**	뱀 **사**, 여섯째 지지 **사**

己와 비슷한 한자들.
비슷하여 혼동되는 한자도 어원으로 익히면 쉽고 분명하게 구분되고, 오래도록 잊히지 않으니, 아래에 나오는 한자 구조도 참고하세요.

己 사람이 엎드려 절하는 모양에서 **몸 기, 자기 기, 여섯째 천간 기**

已 발갈이를 이미 끝낸 쟁기 보습의 모양에서 **이미 이**
또 이미 끝냈다며 갈라 끊는 뜻의 '따름'으로도 쓰여 **따름 이**

⊕ 쟁기 - 논밭을 가는 농기구.
보습 - 쟁기에서 땅속으로 들어가는 쇠 부분.
⊕ 따름 - 오로지 그것뿐이고 그 이상은 아님을 나타내는 말.

巳 몸을 사리고 꼬리 든 뱀 모양에서 **뱀 사, 여섯째 지지 사**

⊕ 사리다 - 뱀 따위가 몸을 똬리처럼 동그랗게 감다.

한자 구조 **기이사**(己已巳) - **己와 비슷한 한자**

사람이 엎드려 절하는 모양에서 **몸 기, 자기 기, 여섯째 천간 기**(己), 몸 기, 자기 기, 여섯째 천간 기(己)의 한쪽이 약간 올라가면 **이미 이, 따름 이**(已), 완전히 붙으면 **뱀 사, 여섯째 지지 사**(巳)

5급 총3획
부수 己
body, self

- 몸의 욕망이나 충동·감정 따위를 의지로 눌러 이김은 克己(극기). 자기 자신의 이익만을 꾀함은 利己(이기). '자기를 알아줌'으로, 서로 마음이 통하는 벗을 이르는 말은 知己(지기).
- 人一能之(인일능지) 己十之(기십지)하고 人十能之(인십능지) 己百之功(기백지공)이면 수유(雖柔)나 필강(必強)하고 수우(雖愚)나 필명(必明)이라는 말이 있어요.
- '남이 한 번 하면 나는 열 번 하고, 남이 열 번 하면 나는 백배의 공을 들이면, 비록 부드러우나 반드시 강해지고, 비록 어리석으나 반드시 밝아진다'는 뜻이지요. 줄여서 己百之功(기백지공)이나 人一己百(인일기백)이라 하는데, 자기는 천 번을 하겠다는 정신을 말하는 己千精神(기천정신)도 있네요.

한자+ 克(능할 극, 이길 극), 利(이로울 리, 날카로울 리), 知(알 지), 能(능할 능), 之(갈 지, ~의 지, 이 지), 百(일백 백, 많을 백), 功(공 공, 공로 공), 雖(비록 수), 柔(부드러울 유), 必(반드시 필), 強(강할 강, 억지 강), 愚(어리석을 우), 明(밝을 명), 千(일천 천, 많을 천), 精(정밀할 정, 찧을 정), 神(귀신 신, 신비할 신)

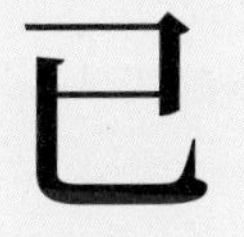

3급Ⅱ 총3획
부수 己
already, only

- ① 이미 정해진 사실로서 어쩔 수 없게 된 바에. 이미 그렇게 된 바에는. ② '지금보다 이전'을 뜻하는 한자어는 已往(이왕)이나 기왕(旣往).
- '이미 쏘아 놓은 화살'로, 이왕에 시작한 일이라 중도에 그만두기 어려운 형편을 비유적으로 이르는 말은 已發之矢(이발지시).

한자+ 往(갈 왕), 旣(이미 기), 發(쏠 발, 일어날 발), 矢(화살 시)

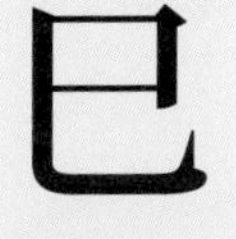

3급 총3획
부수 己
snake

- 하루 24시간을 십이지지(地支)로 2시간씩 나눈 시간의 여섯째 시, 즉 오전 아홉 시부터 열한 시까지는 巳時(사시). 사시(巳時)의 첫 무렵은 巳初(사초).

한자+ 地(땅 지, 처지 지), 支(다룰 지, 가를 지, 지출할 지), 地支(지지) - 육십갑자의 아래 단위를 이루는 12가지 요소로, 자(子), 축(丑), 인(寅), 묘(卯), 진(辰), 사(巳), 오(午), 미(未), 신(申), 유(酉), 술(戌), 해(亥)를 말함. 時(때 시), 初(처음 초)

074 기기기(記紀忌)

記	紀	忌
기록할 **기**, 기억할 **기**	벼리 **기**, 질서 **기**, 해 **기**, 기록할 **기**	꺼릴 **기**

꺼릴 기(忌) = 己 + 心(마음 심, 중심 심)

나눠진 한자대로 해석하면 '자기의 마음, 자기의 중심'이 되는데, 어찌 '꺼리다'의 뜻일까?

아하! 자기를 생각하면 아무 짓이나 함부로 하지 못하고, 꺼리고 삼가게 됨을 생각하고 만든 한자네요.

記 말(言) 중에 자기(己)에게 필요한 부분은 기록하거나 기억하니 **기록할 기, 기억할 기**

⊕ 言 (말씀 언)

紀 실(糸)로 짠 그물에서 몸(己)처럼 중요한 벼리니 **벼리 기**

또 벼리처럼 중요한 질서나 해니 **질서 기, 해 기**

또 벼리처럼 중요한 것은 기록하니 **기록할 기**

⊕ 糸 (실 사, 실 사 변), 벼리 - 그물의 위쪽 코를 꿰어 오므렸다 폈다 하는 줄로, 그물에서 제일 중요한 부분.

忌 자기(己)를 마음(心)으로 생각하면 아무 일이나 함부로 못 하고 꺼리니 **꺼릴 기**

한자 구조 **기기기**(記紀忌) **- 己로 된 한자**

몸 기, 자기 기, 여섯째 천간 기(己) 앞에 말씀 언(言)이면 **기록할 기, 기억할 기**(記), 실 사, 실 사 변(糸)이면 **벼리 기, 질서 기, 해 기, 기록할 기**(紀), 아래에 마음 심, 중심 심(心)이면 **꺼릴 기**(忌)

記

7급 총10획

부수 言

record, remember

- (어떤 사실을) 기록함, 또는 그 글은 記錄(기록).
- '이전(移轉)한 내용을 (장부에) 올려 기록함'으로, 매매 · 증여 · 상속으로 생기는 권리의 변동에 관한 등기는 移轉登記(이전등기).
- 예전의 인상이나 경험을 의식 속에 간직하거나 도로 생각해 냄은 記憶(기억). '기억하고 생각함'으로, 어떤 뜻깊은 일이나 훌륭한 인물 등을 오래도록 잊지 아니하고 기억함(마음에 간직함)은 記念(기념).

한자+ 錄(기록할 록), 移(옮길 이), 轉(구를 전), 登(오를 등, 기재할 등), 憶(기억할 억, 생각할 억), 念(생각 념)

4급 총9획

부수 糸

principle, regular, year, record

- 규율과 법도를 아울러 이르는 말은 紀綱(기강). 군대에서의 질서는 軍紀(군기). 백 년을 단위로 하는 기간은 世紀(세기). 예수가 탄생한 해를 원년으로 삼는 서양 책력(달력)의 기원은 西曆紀元(서력기원), 줄여서 西紀(서기)라 하지요.
- 여행하며 보고 듣고 느낀 것을 쓴 글은 紀行文(기행문).

한자+ 綱(벼리 강, 대강 강), 軍(군사 군), 世(세대 세, 세상 세, 여러 대에 걸칠 세), 西(서쪽 서), 曆(책력 력, 달력 력), 元(원래 원, 으뜸 원), 行(다닐 행, 행할 행, 항렬 항), 文(무늬 문, 글월 문), 서력(西曆) - 서양 달력. 기원(紀元) - 연대를 계산할 때 기초가 되는 해.

3급 총7획

부수 心

avoid

- '꺼리어 이김'으로, 남의 재능을 시샘하여 그 보다 나으려고 다툼은 忌克(기극). 꺼리거나 싫어하여 피함은 忌避(기피). 금하여 꺼림은 禁忌(금기). 남이 잘되는 것을 샘하여 미워함은 猜忌(시기). (아무것도) 꺼릴 바가 없음은 無所忌憚(무소기탄)이네요.

한자+ 克(능할 극, 이길 극), 避(피할 피), 禁(금할 금), 猜(시기할 시), 無(없을 무), 所(장소 소, 바 소), 憚(꺼릴 탄)

075 립위읍(立位泣)

설 립(立)은 어떻게 만들어진 한자일까?
부수나 독립된 한자로 나눠지지 않으니, 무엇을 본뜨거나 생각해서 만든 한자일 텐데….
아하! 아래에 있는 一을 땅으로 보고, 그 위에 사람이 다리 벌리고 서 있는 모양을 본떠 만들었네요.

立 사람이 다리 벌리고 땅(一)에 서 있는 모양에서 **설 립**

位 사람(亻)이 서(立) 있는 자리니 **자리 위**
⊕ 亻(사람 인 변)

泣 물(氵)이 서(立) 있는 모양으로 눈물 흘리며 우니 **울 읍**
⊕ 氵(삼 수 변), 누워서 울어도 눈물은 서 있는 모양이지요.

한자 구조 **립위읍**(立位泣) - 立으로 된 한자

사람이 다리 벌리고 땅(一)에 서 있는 모양에서 **설 립**(立), 설 립(立) 앞에 사람 인 변(亻)이면 **자리 위**(位), 삼 수 변(氵)이면 울 읍(泣)

7급 총5획
부수 立
stand

- 뜻을 세움은 立志(입지). (남에게 의존하지 않고) 홀로 섬은 獨立(독립). (남의 힘을 빌리지 않고) 스스로 섬은 自立(자립).
- '특별히 서서 홀로 행함'으로, 남에게 의지하거나 굴하지 않고 소신(所信)대로 행함은 特立獨行(특립독행).
- 立志無處無工夫(입지무처무공부)라는 말이 있어요. '뜻을 세우면(立志) 공부(工夫) 안 되는(無) 곳(處)이 없다(無)'로, 뜻만 있다면 언제 어디서 무엇을 보고 들어도, 다 공부가 된다는 말이네요.

한자+ 志(뜻 지), 獨(홀로 독, 자식 없을 독), 自(자기 자, 스스로 자, 부터 자), 所(장소 소, 바 소), 信(믿을 신, 소식 신), 特(특별할 특), 行(다닐 행, 행할 행, 항렬 항), 無(없을 무), 處(살 처, 곳 처, 처리할 처), 工(장인 공, 만들 공, 연장 공), 夫(사내 부, 남편 부, 다스릴 부)

5급 총7획
부수 人(亻)
position

- (사람이나 물건이) 있는 자리는 位置(위치). 어떤 방향의 위치는 方位(방위). 차례나 순서를 나타내는 위치나 지위는 順位(순위). ① 개인의 사회적 신분에 따르는 자리나 위치. ② 어떤 사물이 차지하는 자리나 위치는 地位(지위).
- 사람이 갖추어야 할 위엄이나 기품은 品位(품위). ① 수량을 수치로 나타낼 때 기초가 되는 일정한 기준. ② 조직 따위를 구성하는 기본적인 한 덩어리는 單位(단위).
- 지위나 계층 따위의 등급은 位階(위계), 직책의 상하관계에서 마땅히 있어야 하는 차례와 순서는 位階秩序(위계질서).

한자+ 置(둘 치), 方(모 방, 방향 방, 방법 방), 順(순할 순), 地(땅 지, 처지 지), 品(물건 품, 등급 품, 품위 품), 單(홑 단), 階(계단 계), 秩(차례 질), 序(먼저 서, 차례 서), 위계(位階) - ① 벼슬의 품계. ② 지위나 계층 따위의 등급.

3급 총8획
부수 水(氵)
weep

- 눈물로 하소연함은 泣訴(읍소). 느껴서(감동하여) 우는 것은 感泣(감읍)이지요.

한자+ 訴(하소연할 소, 소송할 소), 感(느낄 감, 감동할 감)

076 음암장(音暗章)

音	暗	章
소리 **음**	어두울 **암**, 몰래 **암**	문장 **장**, 글 **장**

어두울 암, 몰래 암(暗) = 日(해 일, 날 일) + 音
나눠진 한자대로 풀면 '어둡다, 몰래'라는 뜻이 나오지 않으니, 다른 각도로 생각해 보게요.
지금은 해가 져도 등불이 있지만, 등불이 별로 없었던 옛날에는 해가 지면 보이지 않았으니, 오직 소리로만 뜻을 전달했겠지요. 어둡게, 즉 남몰래 하는 것이라는 데서 '몰래 암'이란 뜻도 붙었고요.

音 서서(立) 말하듯(曰) 내는 소리니 소리 음
⊕ 曰 (가로 왈, 말할 왈)

暗 해(日)가 지고 소리(音)만 들릴 정도로 어두우니 어두울 암
또 어둡게 몰래 하니 몰래 암

章 소리(音)를 적은 한자 열(十) 개 정도면 이루어지는 문장이나 글이니 문장 장, 글 장
⊕ 十 (열 십, 많을 십)

한자 구조 **음암장**(音暗章) - **音으로 된 한자**

설 립(立) 아래에 가로 왈(曰)이면 **소리 음**(音), 소리 음(音) 앞에 해 일, 날 일(日)이면 **어두울 암, 몰래 암**(暗), 아래에 열 십, 많을 십(十)이면 **문장 장, 글 장**(章)

6급 총9획

부수 音

sound

• 소리 내어 읽음은 音讀(음독). 사람의 목소리나 말소리는 音聲(음성). 목소리나 악기를 통하여 사상이나 감정을 나타내는 예술은 音樂(음악). 물체에서 나는 소리와 그 울림은 音響(음향). 소리를 기록함, 또는 그렇게 기록한 소리는 錄音(녹음).

한자+ 讀(읽을 독, 구절 두), 聲(소리 성), 樂(풍류 악, 즐거울 락, 좋아할 요), 響(울릴 향), 錄(기록할 록)

4급 II 총13획

부수 日

dark, secretly

• 밝음과 어두움, 또는 행복과 불행은 明暗(명암).

• (법을 어기면서) 몰래 물품을 사고파는 행위는 暗去來(암거래). 외워 잊지 아니함은 暗記(암기). 필기도구, 계산기 따위를 이용하지 아니하고 머릿속으로 계산함은 暗算(암산). 넌지시 알림, 또는 그 내용은 暗示(암시).

• '어둠 속에서 더듬어 찾음'으로, 은밀한 가운데 일의 실마리나 해결책을 찾아내려 함은 暗中摸索(암중모색).

한자+ 明(밝을 명), 去(갈 거, 제거할 거), 來(올 래), 記(기록할 기, 기억할 기), 算(셈할 산), 示(보일 시, 신 시), 中(가운데 중, 맞힐 중), 摸(찾을 모), 索(찾을 색, 동아줄 삭, 쓸쓸할 삭)

6급 총11획

부수 立

sentence, writing

• 생각이나 감정을 말과 글로 표현할 때 완결된 내용을 나타내는 최소의 단위는 文章(문장). 일정한 표적으로 삼기 위하여, 이름을 나무, 뿔, 돌 따위에 새겨 문서에 찍도록 만든 물건은 圖章(도장)이나 印章(인장).

• 나라와 사회에 크게 공헌한 사람에게 국가원수가 수여하는 휘장은 勳章(훈장). (전투에 참여하여 뚜렷한) 무공(武功)을 세운 사람에게 주는 훈장은 武功勳章(무공훈장).

한자+ 文(무늬 문, 글월 문), 圖(그림 도, 꾀할 도), 印(찍을 인, 도장 인), 勳(공 훈), 武(군사 무, 무기 무), 功(공 공, 공로 공)

077 의억억(意億憶)

	億	憶
뜻 **의**	억 **억**	기억할 **억**, 생각할 **억**

억 억(億) = 亻(사람 인 변) + 意
요즘에는 단위가 커져서 억이라는 숫자를 자주 듣지만, 생각해 보면 億은 아주 큰 숫자지요. 1초에 하나를 세는 속도로도 1분에 60, 한 시간은 3,600, 종일이면 86,400, 천일이면 86,400,000이니, 億은 쉬지 않고 세어도 3년 가까이 세어야 하는 큰 수네요.

 소리(音)를 듣고 마음(心)에 생각되는 뜻이니 **뜻 의**

⊕ 心 (마음 심, 중심 심)

億 너무 커서 사람(亻)이 뜻(意)을 생각해 보아야 하는 억이니 **억 억**

憶 마음(忄)속에 뜻(意)을 기억하고 생각하니 **기억할 억, 생각할 억**

⊕ 忄(마음 심 변)

한자 구조 **의억억**(意億憶) - **意로 된 한자**

소리 음(音) 아래에 마음 심, 중심 심(心)이면 **뜻 의**(意), 뜻 의(意) 앞에 사람 인 변(亻)이면 **억 억**(億), 마음 심 변(忄)이면 **기억할 억, 생각할 억**(憶)

6급 총13획
부수 心
intention

- 어떤 대상에 대하여 가지는 생각은 意見(의견). 말이나 글의 뜻, 또는 행위나 현상이 지닌 뜻은 意味(의미). '같은 뜻'으로, 어떤 의견에 찬성함은 同意(동의). 모든 일이 뜻대로 됨은 萬事如意(만사여의). 정성스러운 마음과 정성스러운 뜻은 誠心誠意(성심성의).
- ① 마음 씀이 두루 미처 빈틈이 없음. ② 무슨 일에든지 주의와 준비가 완벽하여 실수가 없음은 用意周到(용의주도)로, 주의가 두루 미쳐 자세하고 빈틈이 없다는 주도면밀(周到綿密)과 같은 뜻이지요.

한자+ 見(볼 견, 뵐 현), 味(맛 미), 同(한 가지 동, 같을 동), 萬(많을 만, 일만 만), 事(일 사, 섬길 사), 如(같을 여), 誠(정성 성), 心(마음 심, 중심 심), 用(쓸 용), 周(두루 주), 到(이를 도, 주도면밀할 도), 綿(솜 면, 자세할 면), 密(빽빽할 밀, 비밀 밀)

5급 총15획
부수 人(亻)
hundred million

- '억과 조'로, 셀 수 없을 만큼 많은 수는 億兆(억조).
- 수억의 돈을 가진 부자는 億萬長者(억만장자)로, 재산이 많은 부자를 일컫는 백만장자(百萬長者)보다 더 큰 부자라는 뜻이네요.

한자+ 兆(조짐 조, 조 조), 萬(많을 만, 일만 만), 長(길 장, 어른 장), 者(놈 자, 것 자), 百(일백 백, 많을 백)

3급 II 총16획
부수 心(忄)
recall, remember

- (마음속에) 기록하여 잊지 않고 외워둠은 記憶(기억). (머리 부분에 타박상과 같은 충격을 받거나, 약물중독 따위로 이전 어느 기간의) 기억이 사라져 버리는 일, 또는 그런 병은 記憶喪失(기억상실). 記憶(기억)은 과거로의 여행, 想像(상상)은 미래로의 여행.
- 기억을 쫓아(돌이켜) 생각함은 追憶(추억). 追憶이 만국기처럼 펄럭이는 길이나 장소도 있지요.

한자+ 記(기록할 기, 기억할 기), 喪(초상날 상, 잃을 상), 失(잃을 실), 想(생각할 상), 像(모습 상, 본뜰 상), 追(쫓을 추, 따를 추)

078 언신어(言信語)

言	信	語
말씀 **언**	믿을 **신**, 소식 **신**	말씀 **어**

믿을 신, 소식 신(信) = 亻(사람 인 변) + 言
하하! 나눠놓고 보니 어원이 바로 나오네요.
말씀 어(語) = 言 + 吾(나 오)
'말(言)을 내(吾)가 하니, 말(言)은 내(吾)가 잘하니'로 풀면 어색하고, 다음처럼 정리할게요.

言

머리(亠)로 두(二) 번 생각하고 입(口)으로 말하는 말씀이니 **말씀 언**

⊕ 한 번 한 말은 되돌릴 수 없으니 말은 잘 생각하고 해야 하지요.

⊕ 亠 (머리 부분 두), 二 (둘 이), 口 (입 구, 말할 구, 구멍 구)

信

사람(亻)이 말한(言) 대로 행하면 믿으니 **믿을 신**

또 믿을 만한 소식이니 **소식 신**

語

말(言)로 나(吾)의 뜻을 알리는 말씀이니 **말씀 어**

⊕ 吾 - 다섯(五) 손가락, 즉 손으로 자신을 가리키며 말하는(口) 나니 '나 오'

⊕ 五(다섯 오)

한자 구조 **언신어**(言信語) - **言으로 된 한자**

머리 부분 두(亠) 아래에 둘 이(二)와 입 구, 말할 구, 구멍 구(口)면 **말씀 언**(言), 말씀 언(言) 앞에 사람 인 변(亻)이면 **믿을 신**(信), 뒤에 나 오(吾)면 **말씀 어**(語)

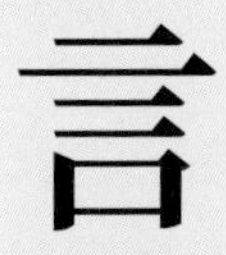

6급 총7획

부수 言

talk, speech

- 어떤 문제에 대하여 말함은 言及(언급). 말과 행동은 言動(언동). 말로써 약속함은 言約(언약). 말을 꺼내어 의견을 나타냄, 또는 그 말은 發言(발언). 널리 펴서 말함, 또는 그런 내용은 宣言(선언).
- 세 번(신중히) 생각하고, 한번(조심히) 말한다는 말은 三思一言(삼사일언). 말은 일단 하고 나면 되돌릴 수 없고, 화해하더라도 마음속에 앙금은 지울 수 없지요.

한자+ 及(이를 급, 미칠 급), 動(움직일 동), 約(묶을 약, 약속할 약), 發(쏠 발, 일어날 발), 宣(펼 선, 베풀 선), 思(생각할 사)

6급 총9획

부수 人(亻)

faith, information

- 자기가 옳다고 믿는 생각은 信念(신념).
- '믿을 만한 (상을 줄 만한) 사람에게는 상을 주고, (벌을 줄 만한 사람에게는) 반드시 벌을 줌'으로, 상벌(賞罰)을 규정대로 공정하게 시행함을 이르는 말은 信賞必罰(신상필벌). ① 반은 믿고 반은 의심함. ② 믿으면서도 한편으로는 의심함은 半信半疑(반신반의).
- 글로 전하는 소식은 書信(서신). 편지, 전신, 전화 따위로 회답함은 回信(회신), 또는 答信(답신).

한자+ 念(생각 념), 賞(상 줄 상, 구경할 상), 罰(벌할 벌), 必(반드시 필), 半(반 반), 疑(의심할 의), 書(쓸 서, 글 서, 책 서), 回(돌 회, 돌아올 회, 횟수 회), 答(대답할 답, 갚을 답)

語

7급 총14획

부수 言

words

- 생각, 느낌 따위를 나타내거나 전달하는 데에 쓰는 음성, 문자 따위의 수단은 言語(언어). 말에서 오는 느낌은 語感(어감). (어떤) 말이 생겨난 근원은 語源(어원).
- 하는 말이 조금도 사리에 맞지 않음은 語不成說(어불성설)이네요.

한자+ 感(느낄 감, 감동할 감), 源(근원 원), 成(이룰 성), 說(달랠 세, 말씀 설, 기쁠 열)

079 모 수배(毛 手拜)

毛	手	拜
털 **모**	손 **수**, 재주 **수**, 재주 있는 사람 **수**	절 **배**

털 모(毛)와 손 수, 재주 수, 재주 있는 사람 수(手)는
아래 구부린 방향만 다르고,
손 수(手)는 손으로 하는 재주나 재주 있는 사람도 가리켜서
'재주 수, 재주 있는 사람 수'도 되네요.

毛 짐승의 꼬리털을 본떠서 **털 모**

手 손가락을 편 손을 본떠서 **손 수**
또 손으로 하는 재주나, 재주 있는 사람도 가리켜서
재주 수, 재주 있는 사람 수
⊕ 한자의 변으로 쓰일 때는 모양이 약간 바뀌어 '손 수 변(扌)'입니다.

拜 손(手)과 손(手)을 하나(一)로 모으고 하는 절이니 **절 배**
⊕ 手, 手[손 수, 재주 수, 재주 있는 사람 수(手)의 변형]

한자 구조 **모 수배**(毛 手拜) - **毛와 手로 된 한자**

짐승의 꼬리털을 본떠서 **털 모**(毛), 손가락을 편 손을 본떠서 **손 수**(手), 또 손으로 하는 재주나 재주 있는 사람을 가리켜서 **재주 수, 재주 있는 사람 수**(手), 손 수, 재주 수, 재주 있는 사람 수(手)의 변형 둘(手, 手)에 한 일(一)이면 **절 배**(拜)

4급 II 총4획

부수 毛

wool, fur

- 털실로 짠 피륙은 毛織(모직). 짐승의 털이 붙은 가죽은 毛皮(모피).
- '많은 소의 한 가닥 털'로, 많은 가운데 극히 적은 부분을 이르는 말은 九牛一毛(구우일모), 창해일속(滄海一粟)과 같은 뜻이네요.

한자+ 滄海一粟(창해일속) - '푸른 바다에 좁쌀 하나'로, ① 지극히 작거나 보잘것없는 존재를 이르는 말. ② 무한한 세상에서 인간 존재의 허무함을 이르는 말. - <소식(蘇軾)의 적벽부(赤壁賦)>

한자+ 織(짤 직), 皮(가죽 피), 九(아홉 구, 클 구, 많을 구), 牛(소 우), 滄(푸를 창), 海(바다 해), 粟(조 속, 벼 속)

7급 총4획

부수 手

hand, talent

- ① 손과 발. ② 자기의 손이나 발처럼 마음대로 부리는 사람. ③ 형제나 자식을 비유적으로 이르는 말은 手足(수족). 손이 묶인 듯이 어찌할 꾀가 없음(꼼짝 못 함)은 束手無策(속수무책).
- (일을 다루는) 재주나 방법은 手法(수법). '능숙한 재주가 능숙하게 무르익음'으로, 일 따위에 익숙하고 솜씨가 좋음은 能手能爛(능수능란).
- ① 경기에 출전하는 사람. ② 어떤 일을 능숙하게 하거나 버릇으로 자주 하는 사람을 빗대어 이르는 말은 選手(선수).
- '깨끗한 손으로 바싹 마름에 이름'으로, 아무것도 없이 허랑방탕한 짓을 하고 돌아다니는 사람은 白手乾達(백수건달).

한자+ 足(발 족, 넉넉할 족), 束(묶을 속), 無(없을 무), 策(채찍 책, 꾀 책), 法(법 법), 能(능할 능), 爛(무르익을 란), 選(가릴 선), 白(흰 백, 밝을 백, 깨끗할 백, 아뢸 백), 乾(마를 건, 하늘 건), 達(이를 달, 통달할 달), 건달(乾達) - 하는 일 없이 빈둥빈둥 놀거나 게으름을 부리는 짓, 또는 그런 사람.

4급 II 총9획

부수 手

bow

- '절하며 올립니다'로, 편지글에서 사연을 다 쓰고, 자기 이름 뒤에 쓰는 말은 拜上(배상)인데, 요즘은 '올림'으로 순화하여 쓰지요. (섣달그믐이나 정초에 하는) 해가 바뀌는 인사는 歲拜(세배). 우러러 공경함은 崇拜(숭배). 신이나 부처에게 절함, 또는 무덤이나 기념비 따위 앞에서 추모의 뜻을 나타냄은 參拜(참배).

한자+ 上(위 상, 오를 상), 歲(해 세, 세월 세), 崇(높일 숭, 공경할 숭), 參(참여할 참, 석 삼)

080 사종결(糸終結)

糸	終	結
실 **사**, 실 **사** 변	다할 **종**, 마칠 **종**	맺을 **결**

공통글자이자 기본자가 실 사, 실 사 변(糸).
맺을 결(結) = 糸 + 吉(길할 길, 상서로울 길)
'실로 길하게, 실로 상서롭게'가 어찌 맺는다지?
생각해 보면 실의 제일 큰 역할은 양쪽을 맺어주는 것이지요.

糸 실을 감아놓은 실타래를 본떠서 **실 사, 실 사 변**

⊕ 타래 – 사리어 뭉쳐 놓은 실이나 노끈 따위의 뭉치.

終 (누에 같은 벌레가) 실(糸) 뽑아 집 짓는 일은 겨울(冬)이 되기 전에 다하여 마치니 **다할 종, 마칠 종**

⊕ 冬 (겨울 동) - 2권 제목번호 [128] 참고

結 실(糸)로 길하게(吉), 즉 좋게 맺으니 **맺을 결**

⊕ 吉 (길할 길, 상서로울 길) - 제목번호 [055] 참고

한자 구조 **사종결**(糸終結) - **糸로 된 한자**

실을 감아놓은 실타래를 본떠서 **실 사, 실 사 변**(糸), 실 사, 실 사 변(糸) 뒤에 겨울 동(冬)이면 **다할 종, 마칠 종**(終), 길할 길, 상서로울 길(吉)이면 **맺을 결**(結)

특급 총6획
부수 糸
thread

終

5급 총11획
부수 糸
finish, end

- 끝을 맺음은 終結(종결). 끝마침은 終了(종료). 맨 나중은 最終(최종).
- 처음에는 부지런하지만 마지막에는(나중에는) 게으르다는 말은 始勤終怠(시근종태)로, 용두사미(龍頭蛇尾), 유두무미(有頭無尾)와 통하고, 반대말은 始終一貫(시종일관)이네요.
- '시작은 있었으나 끝이 없음을 탄식한다'라는 有始無終之嘆(유시무종지탄) 같은 상황은 안 되어야 하겠지요.

한자+ 結(맺을 결), 了(마칠 료), 最(가장 최), 始(처음 시), 勤(부지런할 근), 怠(게으를 태), 龍(용 룡), 頭(머리 두, 우두머리 두), 蛇(뱀 사), 尾(꼬리 미), 용두사미(龍頭蛇尾) - 용머리에 뱀 꼬리'로, ① 시작은 좋았다가 갈수록 나빠짐. ② 처음 출발은 야단스러웠는데 끝장은 보잘것없이 흐지부지됨을 이르는 말. 有(가질 유, 있을 유), 頭(머리 두, 우두머리 두), 無(없을 무), 유두무미(有頭無尾) - '머리만 있고 꼬리는 없음'으로, 일이 흐지부지 끝나 버림을 이르는 말. 貫(꿸 관, 무게 단위 관), 始終一貫(시종일관) - '처음부터 끝까지 하나로 꿤'으로, 시작부터 끝까지 한결같이 함. 嘆(탄식할 탄)

結

5급 총12획
부수 糸
join

- ① 과실을 맺음, 또는 그 과실. ② 어떤 원인으로 생긴 결말은 結果(결과). 일이 마무리되는 마당이나 일의 결과가 그렇게 돌아감을 이르는 말은 結局(결국). 끝맺는 말이나 글은 結論(결론). 의견이 대립한 양편에서 서로 양보하여 일을 마무리함은 妥結(타결).
- '맺은 사람이 그것을 풂'으로, 일을 저지른 사람이 해결함을 이르는 말은 結者解之(결자해지), "結者解之 차원에서 이 일을 시작한(저지른) 사람이 마무리하세요(해결하세요)."처럼 쓰이지요.

한자+ 果(과실 과, 결과 과), 局(판 국, 관청 국, 상황 국), 論(논할 론, 평할 론), 妥(온당할 타), 者(놈 자, 것 자), 解(해부할 해, 풀 해), 之(갈 지, ~의 지, 이 지)

081 계계손(系係孫)

系	係	孫
이어 맬 **계**, 혈통 **계**	맬 **계**, 묶을 **계**	손자 **손**

한자를 좌우, 상하, 내외 등으로 나눠보면, 한자에는 부수 말고도 많은 한자에 공통부분이 있는 경우가 많으니, 이 공통부분에 여러 부수를 붙여보는 방법으로 학습하는 방법도 유익하지요.
맬 계, 묶을 계(係)와 손자 손(孫)의 어원이 공통부분인 系의 '이어 매다'와 관련이 있는 것처럼, 공통부분이 있는 한자들은 뜻도 서로 관련이 있네요.

하나(丿)의 실(糸)처럼 이어 매진 혈통이니 **이어 맬 계, 혈통 계**

⊕ 丿('삐침 별'이지만 여기서는 하나로 봄), 糸 (실 사, 실 사 변)

사람(亻)들이 이어 매(系) 묶으니 **맬 계, 묶을 계**

孫

아들(子)의 대를 이어주는(系) 손자니 **손자 손**

⊕ 子 (아들 자, 첫째 지지 자, 자네 자, 접미사 자)

한자 구조 **계계손**(系係孫) - **系로 된 한자**

삐침 별(丿) 아래에 실 사, 실 사 변(糸)이면 **이어 맬 계, 혈통 계**(系), 이어 맬 계, 혈통 계(系) 앞에 사람 인 변(亻)이면 **맬 계, 묶을 계**(係), 아들 자, 첫째 지지 자, 자네 자, 접미사 자(子)면 **손자 손**(孫)

4급 총7획

부수 糸

connect, a family line

- '이어 벌림'으로, 관련 있는 계통이나 조직은 系列(계열). 어머니 쪽의 혈통은 母系(모계). 직접적으로 이어져 있는 계통은 直系(직계), 주(主)된 계통에서 갈라져 나가거나 벗어나 있는 계통은 傍系(방계).
- '곧게 이어진 낮은 무리'로, 자기로부터 곧게 이어 내려간 혈족인 아들 · 손자 · 증손 등을 이르는 말은 直系卑屬(직계비속), '곧게 이어진 높은 무리'로, 자기로부터 곧게 이어 올라간 혈족인 부모 · 조부모 등을 이르는 말은 直系尊屬(직계존속).

한자+ 列(벌일 렬, 줄 렬), 母(어머니 모), 直(곧을 직, 바를 직), 主(주인 주), 傍(곁 방), 卑(낮을 비), 屬(붙어살 속, 무리 속), 尊(높일 존)

4급 II 총9획

부수 人(亻)

tie, relation

- 어느 한 계(係)에서 일하는 사람은 係員(계원). 둘 이상의 사람 · 사물 · 현상 따위가 서로 관련을 맺거나 관련이 있음, 또는 그런 관련은 關係(관계), 사람과의 관계는 對人關係(대인관계), 서로 이해가 걸려 있는 관계는 利害關係(이해관계), 원인과 결과의 관계는 因果關係(인과관계).
- 어떤 사물이나 현상이 서로 연관되어 그물처럼 얽혀 있는 조직이나 짜임새는 關係網(관계망), 요즘에 많이 쓰는 인터넷, 카톡, 페이스북 등의 network도 사회적 關係網이지요.

한자+ 員(사람 원, 인원 원), 關(빗장 관, 관계할 관), 對(상대할 대, 대답할 대), 利(이로울 리, 날카로울 리), 害(해칠 해, 방해할 해), 因(말미암을 인, 의지할 인), 果(과실 과, 결과 과), 網(그물 망)

6급 총10획

부수 子

grandson, descendant

- 아들의 아들, 또는 딸의 아들은 孫子(손자). 자식과 손자를 아울러 이르는 말은 子孫(자손), 자신의 세대에서 여러 세대가 지난 뒤의 자녀를 통틀어 이르는 말은 後孫(후손).
- 자손의 여러 대는 子子孫孫(자자손손)으로, 代代孫孫(대대손손), 世世孫孫(세세손손)과 비슷한 말이네요.

한자+ 後(뒤 후), 代(대신할 대, 세대 대), 世(세대 세, 세상 세, 여러 대에 걸칠 세)

082 복외박(卜外朴)

卜	外	朴
점 **복**	밖 **외**	순박할 **박**, 성씨 **박**

저녁 무렵 기둥에 파리가 한 마리 붙어 있는 한자는?
夕(저녁 석) + 丨(기둥) + 丶(파리 한 마리) = 外(밖 외)
실제 어원 풀이에서는 '外 = 夕 + 卜(점 복)'으로 나누어 풀었어요.
옛날 사람들은 운수대로 온종일 몸가짐을 조심하기 위하여, 저녁마다 다음 날의 운수를 점쳤다고 하네요.

卜

(옛날에는 거북이 등 껍데기를 불태워 갈라진 모양을 보고 점쳤으니)
갈라진 거북이 등 껍데기 모양을 본떠서 **점 복**

外

저녁(夕)에 점(卜)치러 나가는 밖이니 **밖 외**

朴

나무(木) 껍질이나 점(卜)칠 때 쓰는 거북 등 껍데기처럼 갈라진 모양으로 순박하니 **순박할 박**
또 순박한 사람들의 성씨니 **성씨 박**
⊕ 木 (나무 목)

한자 구조 **복외박**(卜外朴) - **卜으로 된 한자**

(옛날에는 거북이 등 껍데기를 불태워 갈라진 모양을 보고 점쳤으니) 갈라진 거북이 등 껍데기 모양을 본떠서 **점 복**(卜), 점 복(卜) 앞에 저녁 석(夕)이면 **밖 외**(外), 나무 목(木)이면 **순박할 박, 성씨 박**(朴)

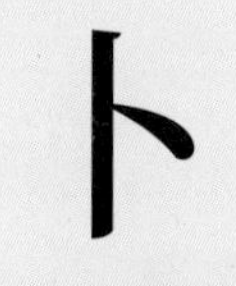

3급 총2획

부수 卜

divination

- '점친 곳에서 삶'으로, 살 만한 곳을 가려서 삶은 卜居(복거). 점쳐 준 값으로 점쟁이에게 주는 돈은 卜債(복채).
- 의사는 늙을수록 (경험이 많아) 좋고, 점술인은 젊을수록 (영험이 많아) 좋다는 말은 醫老卜少(의로복소).

한자+ 居(살 거), 債(빚 채), 醫(의원 의), 老(늙을 로), 少(적을 소, 젊을 소)

8급 총5획

부수 夕

outside

- 다른 나라, 또는 외부와의 교제나 교섭은 外交(외교). 자기 나라가 아닌 다른 나라는 外國(외국). 겉으로 나타난 모습은 外貌(외모). 밖에 나감은 外出(외출). 따로 떼어 내어 한데 헤아리지 않음은 除外(제외). 바다의 밖, 또는 바다 밖의 다른 나라는 海外(해외).
- '입 밖에 내지 않음'으로, 어떤 일을 말하지 않음은 口外不出(구외불출).

한자+ 交(사귈 교, 오고 갈 교), 國(나라 국), 貌(모양 모), 出(나올 출, 나갈 출), 除(제거할 제, 덜 제, 나눌 제), 海(바다 해)

6급 총6획

부수 木

simple, family name

- 꾸밈이나 거짓 없이 수수한 그대로임은 素朴(소박). 순하고 꾸밈이 없음은 淳朴(순박). (꾸밈새 없이) 바탕이 순수함은 質朴(질박)이네요.

한자+ 素(흴 소, 바탕 소, 요소 소, 소박할 소), 淳(순박할 순), 質(바탕 질)

083 점점 종(占店 從)

占	店	從
점칠 **점**, 점령할 **점**	가게 **점**	좇을 **종**, 따를 **종**

한자가 만들어진 시절에는 점을 많이 쳐서, 점과 관련되어 만들어진 한자도 많습니다. 좇을 종, 따를 종(從)의 약자는 従과 从 두 개로 쓰이네요. 우리나라에서는 정자를 주로 사용하지만, 약자도 많이 사용하니, 약자도 알아 두어야 해요. 약자도 어원으로 풀면 쉽게 익혀지기에, 약자도 어원으로 풀어 보았어요.

占

점(卜)쟁이에게 말하며(口) 점치니 **점칠 점**

또 표지판(卜)을 땅(口)에 세우고 점령하니 **점령할 점**

⊕ '점령할 점'의 어원 풀이에서는 卜을 표지판으로, 口를 땅으로 보았어요.

店

집(广)에 점령하듯(占) 물건을 진열하여 파는 가게니 **가게 점**

⊕ 广(집 엄)

從

걸어서(彳) 두 사람(人人)이 점(卜)치는 사람(人)을 좇아 따르니 **좇을 종, 따를 종**

㊖ 従 - 걸어서(彳) 이쪽저쪽(丷)으로 아래(下)까지 사람(人)을 좇아 따르니 '좇을 종, 따를 종'

从 - 사람(人)이 사람(人)을 좇아 따르니 '좇을 종, 따를 종'

⊕ 彳(조금 걸을 척), 下(아래 하)

한자 구조 **점점 종**(占店 從) - **占으로 된 한자와 從**

점 복(卜) 아래에 입 구, 말할 구, 구멍 구(口)면 **점칠 점, 점령할 점**(占), 점칠 점, 점령할 점(占) 위에 집 엄(广)이면 **가게 점**(店), 조금 걸을 척(彳) 뒤에 사람 인(人) 둘과 점 복(卜), 사람 인(人)이면 **좇을 종, 따를 종**(從)

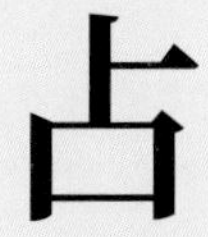

4급 총5획
부수 卜
divine, occupy

- 점치는 꾀는 占術(점술).
- 점령하여 거느림은 占領(점령). '점령하여 사놓고 팔기를 아낌'으로, 물건값이 오를 것으로 예상하여, 물건을 사놓고(買占) 팔기를 아까워함(賣惜)은 買占賣惜(매점매석).

한자+ 術(재주 술, 기술 술), 領(거느릴 령, 우두머리 령), 買(살 매), 賣(팔 매), 惜(아낄 석)

店

5급 총8획
부수 广
shop

- 물건을 늘어놓고 파는 곳은 店鋪(점포). 여러 상품을 부문별로 나누어 진열 · 판매하는 대규모의 현대식 종합소매점은 百貨店(백화점).
- 물건을 파는 가게는 商店(상점). 책을 파는 가게는 書店(서점). 잡다한 일용품을 파는 상점은 雜貨店(잡화점). 고객의 편의를 위하여 24 시간 문을 여는 잡화점은 便宜店(편의점).

한자+ 鋪(펼 포, 가게 포), 百(일백 백, 많을 백), 貨(재물 화, 물품 화), 商(장사할 상, 헤아릴 상), 書(쓸 서, 글 서, 책 서), 雜(섞일 잡), 便(편할 편, 똥오줌 변), 宜(마땅할 의)

從

4급 총11획
부수 彳
follow, obey

- 여러 의견 가운데서 많은 사람이 지지하는 의견을 좇아 따름은 從多數(종다수), 많은 사람의 의견에 따라 안건의 가부를 결정하는 일은 從多數可決(종다수가결).
- 닮은 무리끼리 서로 따르며 사귐은 類類相從(유유상종). 순하게 따름은 順從(순종). (아무런 목적이나 비판 없이) 따라서 좇음은 追從(추종), 남의 명령이나 의사를 그대로 따라서 좇음은 服從(복종)이네요.

한자+ 多(많을 다), 數(셀 수, 두어 수, 운수 수), 可(옳을 가, 가히 가, 허락할 가), 決(터질 결, 정할 결), 類(무리 류, 닮을 류), 相(서로 상, 모습 상, 볼 상, 재상 상), 順(순할 순), 追(좇을 추, 따를 추), 服(옷 복, 먹을 복, 복종할 복)

084 상하지(上下止)

위 **상**, 오를 **상**	아래 **하**, 내릴 **하**	그칠 **지**

上과 下는 점 복(⺊)과 한 일(一)로 나눠지는데 어찌 위아래라는 뜻일까?
한자가 부수나 독립되어 쓰이는 한자로 나뉘어도 어원이 잘 풀어지지 않으면 나누지 말고도 생각해 보세요.
上과 下는 눈에 안 보이는 개념이나 일(事)을 점이나 선으로 나타낸(指) 부호와 같은 한자로 한자 제자원리인 육서(六書) 중 지사(指事)로 만들어졌어요.
+ 육서(六書)에 대한 설명은 <한자의 기초> 부분에 나옵니다.

上 일정한 기준(一)보다 위로 오르니 **위 상, 오를 상**
⊕ 一 ('한 일'이지만 여기서는 일정한 기준으로 봄)

下 일정한 기준(一)보다 아래로 내리니 **아래 하, 내릴 하**

止 두 발이 그쳐 있는 모양에서 **그칠 지**

한자 구조 **상하지**(上下止) - **上과 비슷한 한자**

일정한 기준(一)보다 위로 오르니 **위 상, 오를 상**(上), 아래로 내리니 **아래 하, 내릴 하**(下), 두 발이 그쳐 있는 모양에서 **그칠 지**(止)

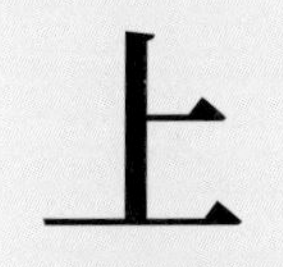

7급 총3획

부수 一

above, high, climb

- (먹거나 쓸) 윗물이 오는 길(설비)은 上水道(상수도). 빗물이나 쓰고 버리는 물이 흘러가도록 만든 설비는 하수도(下水道), 빗물이나 취사한 물, 또는 목욕탕의 물을 정화하여, 수세식 화장실 따위의 용도로 다시 사용하는 설비는 중수도(中水道).
- (시골에서) 서울로 올라감은 上京(상경). 낮은 데서 위로 올라감은 上昇(상승).
- <명심보감(明心寶鑑)>에 百行之本(백행지본)은 忍之爲上(인지위상)이라는 말이 있어요. '모든 행실(百行)의 근본은 참는 것이 으뜸'이라는 말이지요.
- 나이 들수록 후회하게 되는 3껄(걸)이 있답니다. 좀 더 참을 껄(걸), 좀 더 즐길 껄(걸), 좀 더 베풀 껄(걸).

한자+ 道(길 도, 도리 도, 말할 도, 행정구역의 도), 中(가운데 중, 맞힐 중), 京(서울 경), 昇(오를 승), 百(일백 백, 많을 백), 行(다닐 행, 행할 행, 항렬 항), 之(갈 지, ~의 지, 이 지), 本(근본 본, 뿌리 본, 책 본), 忍(참을 인), 爲(할 위, 위할 위)

7급 총3획

부수 一

below, descend

- 아래의 뜻이 위로 전달됨은 下意上達(하의상달), 윗사람의 뜻이나 명령이 아랫사람에게 전달됨은 上意下達(상의하달). 산을 내려감은 下山(하산).
- (지위 · 학식 · 나이 따위가 자기보다) 아래인 사람에게 묻는 것을 부끄럽게 여기지 아니함은 不恥下問(불치하문).

한자+ 意(뜻 의), 達(이를 달, 통달할 달), 恥(부끄러울 치), 問(물을 문)

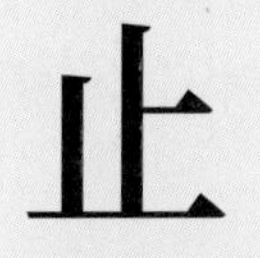

5급 총4획

부수 止

stop

- (나오던) 피가 그침은 止血(지혈). 막아 그치게 함은 防止(방지). 움직이고 있던 것이 멎거나 그침, 또는 중도에서 멎거나 그치게 함은 停止(정지). '다하여 그침을 알리는 부호'로, 마침표를 달리 이르는 말은 終止符(종지부).
- '스스로 행하고 스스로 그침'으로, 자기 마음대로 하고 싶으면 하고, 하기 싫으면 아니함은 自行自止(자행자지)네요.

한자+ 血(피 혈), 防(둑 방, 막을 방), 停(머무를 정), 終(다할 종, 마칠 종), 符(부절 부, 부호 부, 들어맞을 부), 自(자기 자, 스스로 자, 부터 자), 行(다닐 행, 행할 행, 항렬 항)

085 기긍치(企肯齒)

企	肯	齒
바랄 **기**, 꾀할 **기**	즐길 **긍**, 긍정할 **긍**	이 **치**, 나이 **치**

이 치, 나이 치(齒) = 止 + 凵(입 벌릴 감, 그릇 감) + 人(사람 인) 둘
+ 一(한 일) + 人(사람 인) 둘

복잡한 한자지만 위와 같이 나누고, 한 일(一) 위아래에 있는 사람 인(人) 둘씩을 위아래에 있는 '이'로 보고 풀어 보니, 바로 어원이 나오네요.

企 사람(人)이 멈추어(止) 서서 무엇을 바라고 꾀하니 **바랄 기, 꾀할 기**

⊕ 꾀하다 - 어떤 일을 이루려고 뜻을 두거나 힘을 쓰다.

肯 일을 그치고(止) 몸(月)을 쉬며 즐기니 **즐길 긍**

또 즐기며 그러하다고 긍정하니 **긍정할 긍**

㊐ 背 (등 배, 등질 배) - 2권 제목번호 [113] 참고

⊕ 月 (달 월, 육 달 월)

齒 씹기를 그치고(止) 윗니(人人)와 나란히(一) 아랫니(人人)가 입 벌린(凵) 속에 있는 이니 **이 치**

또 (옛날에) 이의 숫자로 알았던 나이니 **나이 치**

㊋ 歯 - 씹기를 그치고(止) 입 벌린(凵) 속에 있는 쌀 미(米) 자처럼 나눠진 이의 모양에서 '이 치', 또 (옛날에) 이의 숫자로 알았던 나이니 '나이 치'

⊕ 人 ('사람 인'이지만 여기서는 이로 봄), 옛날에는 이(齒)의 숫자로도 나이를 짐작했답니다.

한자 구조 **기긍치**(企肯齒) - **止로 된 한자**

그칠 지(止) 위에 사람 인(人)이면 **바랄 기, 꾀할 기**(企), 아래에 달 월, 육 달 월(月)이면 **즐길 긍, 긍정할 긍**(肯), 그칠 지(止) 아래에 한 일(一), 위아래에 사람 인(人) 둘씩과 입 벌릴 감(凵)이면 **이 치, 나이 치**(齒)

3급 II 총6획
부수 人
desire, plan

- 어떤 일이 원하는 대로 이루어지기를 바라면서 기다림은 企待(기대)나 기대(期待).
- 일을 꾸며내려고 꾀함은 企圖(기도). 영리(營利)를 얻기 위하여 재화나 용역을 생산하고 판매하는 조직체는 企業(기업). 일을 꾀하여 계획함은 企劃(기획).

한자+ 待(대접할 대, 기다릴 대), 期(기간 기, 기약할 기), 圖(그림 도, 꾀할 도), 營(다스릴 영), 利(이로울 리, 날카로울 리), 業(업 업, 일 업), 劃(그을 획)

3급 총8획
부수 肉(月)
enjoy, permit

- (어떤 사실·현상·사태 따위를) 그러하다고 인정함은 肯定(긍정). '머리로 긍정함'으로, 옳다고 생각하여 머리를 끄덕임은 首肯(수긍).

한자+ 定(정할 정, 인정할 정), 首(머리 수, 우두머리 수)

4급 II 총15획
부수 齒
tooth, age

- '이'를 한자로 일컬으면 齒牙(치아). 이가 죽 박혀 있는 줄의 생김새는 齒列(치열). 나이, 연세(年歲)와 같은 뜻의 말은 年齒(연치).
- '뿔 있는 자는 이가 없음'으로, 한 사람이 모든 재주나 복을 다 가질 수 없음을 이르는 말은 角者無齒(각자무치). 그래요. 생각해 보면 남에게 어떤 장점이 있듯이, 나에게도 남에게 없는 특별한 무엇이 있지요.

한자+ 牙(어금니 아), 列(벌일 렬, 줄 렬), 年(해 년, 나이 년), 歲(해 세, 세월 세), 角(뿔 각, 모날 각, 겨룰 각), 者(놈 자, 것 자), 無(없을 무)

086 주도기(走徒起)

走	徒	起
달릴 **주**, 도망갈 **주**	한갓 **도**, 걸을 **도**, 무리 **도**	일어날 **기**, 시작할 **기**

달릴 주, 도망갈 주(走) = 土(흙 토) + 卜(점 복) + 人(사람 인)
달릴 때는 땅을 잘 가려 디뎌야 미끄러지거나 넘어지지 않으니,
이 점을 생각하고 만든 글자네요.
달려서 도망감을 생각하고 '도망가다'라는 뜻도 붙었고요.

走 땅(土)을 점(卜)치듯 사람(人)이 가려 디디며 달리니 **달릴 주**
또 달려서 도망가니 **도망갈 주**

徒 한갓 걷거나(彳) 달리는(走) 무리니 **한갓 도, 걸을 도, 무리 도**
⊕ 彳(조금 걸을 척), 한갓 – 다른 것 없이 겨우.

起 달리려고(走) 몸(己)이 일어나니 **일어날 기**
또 일어나 시작하니 **시작할 기**
⊕ 己 (몸 기, 자기 기, 여섯째 천간 기)

한자구조 **주도기**(走徒起) - **走로 된 한자**

흙 토(土) 아래에 점 복(卜)과 사람 인(人)이면 **달릴 주, 도망갈 주**(走), 달릴 주, 도망갈 주(走) 앞에 조금 걸을 척(彳)이면 **한갓 도, 걸을 도, 무리 도**(徒), 뒤에 몸 기, 자기 기, 여섯째 천간 기(己)면 **일어날 기, 시작할 기**(起)

走

4급 II 총7획

부수 走

run, escape

- 달려감은 走行(주행). 이어달리기는 繼走(계주). 힘을 다하여 달림은 力走(역주). '다하여 달림'으로, 도중에 쉬지 아니하고 끝까지 달림은 走破(주파).
- '동쪽으로 뛰고 서쪽으로 달림'으로, 사방으로 이리저리 바쁘게 돌아다님은 東奔西走(동분서주). 달아남은 逃走(도주). 탈출하여 도망감은 脫走(탈주).

한자+ 行(다닐 행, 행할 행, 항렬 항), 繼(이을 계), 力(힘 력), 破(깨질 파, 다할 파), 東(동쪽 동, 주인 동), 奔(바쁠 분, 달아날 분), 西(서쪽 서), 逃(달아날 도), 脫(벗을 탈)

徒

4급 총10획

부수 彳

only, walk, crowd

- 하는 일 없이 한갓 먹기만 함은 無爲徒食(무위도식).
- 한갓(헛되이) 애만 쓰고 공(보람)이 없음은 徒勞無功(도로무공)으로, 스님이 평생을 두고 아미타불을 외지만 아무 효과가 없다는 '도로(徒勞)아미타불'과 비슷한 뜻이네요.
- (탈것을 타지 않고) 걸어감은 徒步(도보). 종교를 믿는 무리는 信徒(신도).

한자+ 無(없을 무), 爲(할 위, 위할 위), 食(밥 식, 먹을 식), 勞(일할 로, 수고할 로), 功(공 공, 공로 공), 步(걸음 보), 信(믿을 신, 소식 신)

起

4급 II 총10획

부수 走

rise, begin

- 평상(잠자리)에서 일어남은 起床(기상). (역량이나 능력 따위를 모아서 실패나 좌절을 딛고) 다시 일어섬은 再起(재기). 공사를 시작함은 起工(기공).
- '죽음에서 일어나 다시 살아남'으로, 다 죽게 되었다가 다시 살아난다는 起死回生(기사회생)은, 구사일생(九死一生), 백사일생(百死一生)과 비슷한 말이네요.

한자+ 床(평상 상), 再(다시 재, 두 번 재), 工(장인 공, 만들 공, 연장 공), 死(죽을 사), 回(돌 회, 돌아올 회, 횟수 회), 生(날 생, 살 생, 사람을 부를 때 쓰는 접사 생), 九(아홉 구, 클 구, 많을 구), 百(일백 백, 많을 백)

087 정정정(正政定)

正	政	定
바를 **정**	다스릴 **정**	정할 **정**

正(바를 정) = 一(한 일) + 止(그칠 지)
나누어진 한자대로 해석하면 '하나(一)에 그치다(止)'인데 어찌 '바르다'는 뜻일까?
아하! 무엇을 하든지 하나(一)에 그쳐(止) 열중함이 바르지요.
이성과의 사랑도, 하는 일도 하나에 그쳐 열중해야 잘 되지, 이리저리 왔다 갔다 하면 잘되지 않지요.

正 (무엇을 하든지) 하나(一)에 그쳐(止) 열중해야 바르니 바를 정

政 바르도록(正) 치며(攵) 다스리니 다스릴 정
⊕ 攵 (칠 복, = 攴)

定 집(宀) 안의 물건도 바르게(疋) 자리를 정하니 정할 정
⊕ 宀 (집 면), 疋[바를 정(正)의 변형], 下(아래 하, 내릴 하)

한자 구조 **정정정**(正政定) - **正으로 된 한자**

한 일(一)에 그칠 지(止)면 **바를 정**(正), 바를 정(正) 뒤에 칠 복(攵)이면 **다스릴 정**(政), 바를 정(正)의 변형(疋) 위에 집 면(宀)이면 **정할 정**(定)

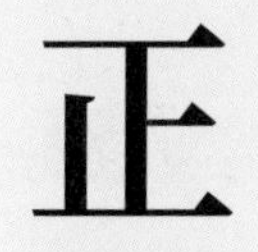

7급 총5획

부수 止

right

- 바르고 당당함은 正正堂堂(정정당당). (마음이) 바르고 곧음은 正直(정직).
- '간사한 것은 정당한 것을 침범하지 못함'으로, 정의는 반드시 이긴다는 말은 邪不犯正(사불범정), '일은 반드시 바른 데로 돌아감'으로, 모든 일은 결과적으로 반드시 바른길로 돌아가기 마련이라는 말은 事必歸正(사필귀정).

한자+ 堂(집 당, 당당할 당), 直(곧을 직, 바를 직), 邪(간사할 사), 犯(범할 범), 事(일 사, 섬길 사), 必(반드시 필), 歸(돌아갈 귀, 돌아올 귀)

4급 II 총9획

부수 攵

govern, politics

- 국가의 주권자가 그 영토와 국민을 다스림은 政治(정치). 잘 다스리는 정치는 善政(선정), 포악한 정치는 暴政(폭정), 모진(포학하고 가혹한) 정치는 虐政(학정).
- 인(仁)과 덕(德)을 근본으로 하여 천하를 다스리는 정치로, 유학(儒學)에서 이상으로 삼는 정치사상은 王道政治(왕도정치), 군주가 인의(仁義)를 무시하고 무력이나 꾀를 써서 나라를 다스리는 정치는 覇道政治(패도정치).

한자+ 治(다스릴 치), 善(착할 선, 좋을 선, 잘할 선), 暴(사나울 폭 · 포, 드러날 폭), 虐(모질 학, 학대할 학), 仁(어질 인), 德(덕 덕, 클 덕), 儒(선비 유, 유교 유), 學(배울 학), 王(임금 왕, 으뜸 왕, 구슬 옥 변), 道(길 도, 도리 도, 말할 도, 행정구역의 도), 義(옳을 의, 의로울 의), 覇(으뜸 패, 두목 패)

6급 총8획

부수 宀

settle

- 일정하게 매긴 값은 定價(정가), 정당한 값은 정가(正價).
- 어떤 말이나 사물의 뜻을 명백히 밝혀 규정함, 또는 그 뜻은 定義(정의), 진리에 맞는 올바른 도리는 정의(正義). 안전하게 자리를 정함(잡음)은 安定(안정).
- 일정한 값을 정하여 놓고 파는 일정한 음식, 또는 때를 정하여 놓고 먹는 음식은 定食(정식), 정해진 격식이나 방식은 定式(정식)으로 정당한 격식이나 의식을 말하는 정식(正式)과 다르지요. 온상에서 기른 모종을 밭에 내어다 제대로 심는 일은 定植(정식)인데, '아주심기'로 순화하여 쓰기도 하네요.

한자+ 價(값 가, 가치 가), 義(옳을 의, 의로울 의, 뜻 의), 安(편안할 안), 食(밥 식, 먹을 식), 式(법 식, 의식 식), 植(심을 식)

088 시제제(是提題)

是	提	題
옳을 **시**, 이 **시**, ~이다 **시**	끌 **제**, 내놓을 **제**	제목 **제**, 문제 **제**

옳을 시, 이 시, ~이다 시(是) = 日(해 일, 날 일) + 疋[바를 정(正)의 변형]
'해(日)처럼 밝고 바르니(疋) 옳을 시(是)'가 됨은 알겠는데,
어찌 '이 시, ~이다 시'도 될까?
해처럼 밝고 바른 것이면 '바로 이것이야'라고 직접 가리키면서 말할 수 있으니 '이 시'고, 영어 be동사처럼 '이것이 바로 무엇이다'와 같은 형식의 문장에도 쓰이니 '~이다 시'도 되네요.

是 해(日)처럼 밝고 바르면(疋) 옳으니 **옳을 시**
또 해(日)처럼 밝게 바로(疋) 이것이라며 가리키니
이 시, ~이다 시

提 손(扌)으로 옳게(是) 끌어 내놓으니 **끌 제, 내놓을 제**
⊕ 扌(손 수 변)

題 내용을 옳게(是) 알 수 있는 글의 머리(頁)는 제목이니 **제목 제**
또 먼저 쓰는 제목처럼 먼저 내는 문제니 **문제 제**
⊕ 頁(머리 혈) - 2권 제목번호 [124] 참고

한자 구조 **시제제**(是提題) - **是로 된 한자**

해 일, 날 일(日) 아래에 바를 정(正)의 변형(疋)이면 **옳을 시, 이 시, ~이다 시**(是), 옳을 시, 이 시, ~이다 시(是) 앞에 손 수 변(扌)이면 **끌 제, 내놓을 제**(提), 뒤에 머리 혈(頁)이면 **제목 제, 문제 제**(題)

是

4급 II 총9획
부수 日
right, this

- ① 옳음과 그름. ② 옳고 그름을 따지는 말다툼은 是非(시비). 어떤 내용이나 사실을 옳다고 인정함은 是認(시인), 인정하지 않음은 부인(否認).
- '옳은 것 같으나(그럴듯하나) 아님'으로, 겉으로 보기에는 비슷한 것 같으나 실제로는 아주 다른 가짜를 이르는 말은 似是而非(사시이비), 줄여서 사이비(似而非)라 하지요.

한자+ 非(어긋날 비, 아닐 비, 나무랄 비), 認(알 인, 인정할 인), 否(아닐 부, 막힐 비), 似(같을 사, 닮을 사), 而(말 이을 이)

提

4급 II 총12획
부수 手(扌)
draw, lift

- 끌어 올려 높임은 提高(제고). 무엇을 내주거나 갖다 바침은 提供(제공). 의견이나 문제를 내어놓음은 提起(제기). ① 어떠한 의사를 말이나 글로 나타내어 보임. ② 검사나 검열 따위를 위하여 물품을 내어 보임은 提示(제시). (의견이나 서류 따위를 지정된 곳에) 내놓음은 提出(제출).

한자+ 高(높을 고), 供(줄 공, 이바지할 공), 起(일어날 기, 시작할 기), 示(보일 시, 신 시), 出(나올 출, 나갈 출)

題

6급 총18획
부수 頁
subject, title

- 작품이나 강연, 보고 따위에서, 그것을 대표하거나 내용을 보이기 위하여 붙이는 이름은 題目(제목). '주된 제목'으로, ① 대화나 연구 따위에서 중심이 되는 문제. ② 예술작품에서 지은이가 나타내고자 하는 주된 사상은 主題(주제).
- 해답을 요구하는 물음은 問題(문제). 처리하거나 해결해야 할 문제는 課題(과제).
- ① 복습이나 예습 따위를 위하여 방과 후에 학생들에게 내주는 과제. ② 두고 생각해 보거나 해결해야 할 문제는 宿題(숙제).

한자+ 目(눈 목, 볼 목, 항목 목), 主(주인 주), 問(물을 문), 課(매길 과, 부과할 과, 공부할 과, 과정 과), 宿(잘 숙, 오랠 숙, 별자리 수)

089 문문문(門問聞)

門	問	聞
문 문	물을 문	들을 문

문을 본떠서 만든 문 문(門)이 공통인 글자들.
물을 문(問)은 남의 집에 들어가기 전에 대문에서 주인에게 말하여(口) 묻거나, 어른이 계신 방은 문 열지 않고 문 앞에서 물어야 함을, 들을 문(聞)은 방에서 하는 소리를 엿들으려면 문에 귀(耳)대고 들어야 함을 생각하고 만든 한자네요.

門 두 개의 문짝으로 된 문을 본떠서 문 문
⊕ 한 짝으로 된 문을 본떠서 '문 호(戶)'
또 옛날 집들은 대부분 문이 한 짝씩 달린 집이었으니 집으로도 쓰여 '집 호(戶)' - 2권 제목번호 [081] 참고

問 문(門) 앞에서 말하여(口) 물으니 물을 문

聞 문(門)에 귀(耳) 대고 들으니 들을 문
⊕ 耳 (귀 이)

한자 구조 **문문문**(門問聞) - **門으로 된 한자 1**

두 개의 문짝으로 된 문을 본떠서 **문 문(門)**, 문 문(門) 안에 입 구, 말할 구, 구멍 구(口)면 **물을 문**(問), 귀 이(耳)면 **들을 문**(聞)

8급 총8획

부수 門

gate

- 큰 문. 주로, 한 집의 주가 되는 출입문은 大門(대문). 공기나 햇빛을 받을 수 있고, 밖을 내다볼 수 있도록 벽이나 지붕에 낸 문은 窓門(창문). 옛날 대궐 문이나 성문을 지키던 장수는 守門將(수문장).
- '정수리에 놓는 한 번의 침'으로, 상대방의 급소를 찌르는 간절하고 매서운 충고를 이르는 말은 頂門一鍼(정문일침)이나 頂門一針(정문일침), 촌철살인(寸鐵殺人)과 비슷한 뜻이네요.

한자+ 大(큰 대), 窓(창문 창), 守(지킬 수), 將(장수 장, 장차 장, 나아갈 장), 頂(정수리 정, 이마 정), 鍼(바늘 침, 침 침, = 針), 寸(마디 촌, 법도 촌), 鐵(쇠 철), 殺(죽일 살, 빠를 쇄, 감할 쇄), 촌철살인(寸鐵殺人) - '조그만 쇠로 사람을 죽임'으로, ① 간단한 말로도 남을 감동을 줌. ② 사물의 급소 찌름을 이르는 말.

7급 총11획

부수 口

ask

- 물음과 대답, 또는 서로 묻고 대답함은 問答(문답). (잘못을) 묻고 꾸짖음은 問責(문책). 어떤 사람이나 장소를 찾아가서 만나거나 봄은 訪問(방문). 의심스럽게 생각함, 또는 그런 문제나 사실은 疑問(의문). 스스로 묻고 스스로 대답함은 自問自答(자문자답).

한자+ 答(대답할 답, 갚을 답), 責(꾸짖을 책, 책임 책), 訪(찾을 방, 방문할 방), 疑(의심할 의), 自(자기 자, 스스로 자, 부터 자)

6급 총14획

부수 耳

hear

- 보고 들음, 또는 보고 들어서 얻은 지식은 見聞(견문). 사람들 입에 오르내려 전하여 들리는 말은 所聞(소문). '새로 들음'으로, 새로운 소식을 전달하는 정기간행물을 이르는 말은 新聞(신문)인데, 중국어에서는 '뉴스(NEWS)'라는 뜻으로 쓰이고, 중국에서 신문은 报纸[bàozhǐ] 로 씁니다.
- 백 번 듣는 것보다 한 번 보는 것이 더 나음은 百聞不如一見(백문불여일견). 어떤 문제에 관하여 내용을 듣고 그에 관하여 물어보는 모임은 聽聞會(청문회).

한자+ 見(볼 견, 뵐 현), 所(장소 소, 바 소), 新(새로울 신), 报[알릴 보, 갚을 보, 신문 보(報)의 중국 한자], 百(일백 백, 많을 백), 如(같을 여), 見(볼 견, 뵐 현), 聽(들을 청), 會(모일 회)

090 간개폐(間開閉)

間	開	閉
사이 **간**	열 **개**	닫을 **폐**

여기서도 門에 들어간 한자를 보면 어원이 아주 쉽게 이해되지요.
이렇게 쉬운 한자 학습법을 모르고, 무조건 통째로 외라는 과거 한자 학습법이 얼마나 어려웠는지 몰라요.
그런 탓에 한자를 포기하게 되고, 한자를 모르니 폐지하자고 주장하고, 그러다가 우리 국어의 70% 이상이 한자어인 현실에서 말 한마디도 제대로 하지 못하고 살아가는 사람이 많아 안타깝습니다.

間 문(門)틈으로 햇(日)빛이 들어오는 사이니 **사이 간**

開 문(門)의 빗장(一)을 받쳐 들듯(廾) 잡아 여니 **열 개**
⊕ 一 ('한 일'이지만 여기서는 빗장으로 봄), 廾 (받쳐 들 공)
- 2권 제목번호 [008] 참고

閉 문(門)에 빗장(才)을 끼워 닫으니 **닫을 폐**
⊕ 才 ('재주 재, 바탕 재'지만 여기서는 빗장의 모양으로 봄)

한자 구조 **간개폐**(間開閉) - **門으로 된 한자 2**

문 문(門) 안에 해 일, 날 일(日)이면 **사이 간**(間), 한 일(一)과 받쳐 들 공(廾)이면 **열 개**(開), 재주 재, 바탕 재(才)면 **닫을 폐**(閉)

7급 총12획
부수 門
gap

- 사이의 벌어진 틈은 間隔(간격). 끼니 사이에 먹는 음식, 즉 새참은 間食(간식).
- 어느 일정한 시기부터 다른 어느 일정한 시기까지의 사이는 期間(기간). 어떤 시각에서 어떤 시각까지의 사이는 時間(시간).
- '손짓하여 부를 만한 사이'로, 가까운 거리를 이르는 말은 指呼之間(지호지간)이나 咫尺之間(지척지간).

한자+ 隔(막힐 격, 사이 뜰 격), 食(밥 식, 먹을 식), 期(기간 기, 기약할 기), 時(때 시), 指(손가락 지, 가리킬 지), 呼(부를 호), 咫(가까운 거리 지), 之(갈 지, ~의 지, 이 지), 尺(자 척)

開

6급 총12획
부수 門
open, begin

- '막을 열거나 올린다'로, ① 연극이나 음악회, 행사 따위를 시작함. ② 어떤 시대나 상황의 시작을 비유적으로 이르는 말은 開幕(개막). 문이나 어떠한 공간 따위를 열어 자유롭게 드나들고 이용하게 함은 開放(개방). 어떤 사실이나 사물, 내용 따위를 여러 사람에게 널리 터놓음은 公開(공개).
- '열려짐'으로, 사람들의 지식이 깨어 문화가 진보함은 開化(개화), 꽃이 핌은 開花(개화).
- 열어서 보임은 開示(개시), 행동이나 일 따위를 시작함은 開始(개시), 시장을 처음 열어 물건의 매매를 시작함은 開市(개시).

한자+ 幕(장막 막), 放(놓을 방), 公(공평할 공, 대중 공, 귀공자 공), 化(될 화, 변화할 화, 가르칠 화), 花(꽃 화), 示(보일 시, 신 시), 始(처음 시, 시작할 시), 市(시장 시, 시내 시)

4급 총11획
부수 門
shut, close

- '막을 닫거나 내린다'로, ① (연극을 마치고) 막을 내림. ② 어떤 일이 끝남의 비유로 쓰이는 말은 閉幕(폐막), 반대말은 개막(開幕). 집회나 회의를 마침은 閉會(폐회), 반대말은 개회(開會). 어떤 작용이나 기능이 그침은 閉止(폐지). 열고 닫음, 즉 여닫음은 開閉(개폐). 샐 틈이 없이 꼭 막거나 닫음은 密閉(밀폐).

한자+ 幕(장막 막), 會(모일 회), 止(그칠 지), 密(빽빽할 밀, 비밀 밀)

091 천훈주(川訓州)

川	訓	州
내 **천**	가르칠 **훈**	고을 **주**

가르칠 훈(訓) = 言(말씀 언) + 川
무엇을 가르치려고 말을 흐르는 내처럼 길게 한다는 데서 만들어진 한자네요.
어휴, 그래도 너무 길면 잔소리던데….
한자가 만들어지던 옛날에는 수도 시설이 발달하지 않아 주로 물가에 고을이 형성되었으니, 고을 주(州)에서 내 천(川) 사이에 있는 점(丶) 셋은 냇가에 있는 집들을 나타냈네요.

川 물 흐르는 내를 본떠서 내 천

訓 말(言)을 내(川)처럼 길게 하며 가르치니 가르칠 훈

州 내(川) 사이에 점들(丶丶丶)처럼 집들이 있는 고을이니 고을 주
⊕ 丶(점 주, 불똥 주)

한자 구조 **천훈주**(川訓州) - **川으로 된 한자**

물 흐르는 내를 본떠서 **내 천**(川), 내 천(川) 앞에 말씀 언(言)이면 **가르칠 훈**(訓), 사이에 점 주, 불똥 주(丶) 셋이면 **고을 주**(州)

7급 총3획

부수 川

stream

- ‘산과 내와 풀과 나무’로, 자연을 이르는 말은 山川草木(산천초목). 강과 시내를 아울러 이르는 말은 河川(하천).
- ‘밤낮으로 쉬지 않고 흐르는 긴 내’로, 밤낮으로 쉬지 않고 연달아는 晝夜長川(주야장천), ‘줄곧, 계속해서’라는 의미의 ‘주구장창’은 이 晝夜長川에서 변형된 말이지요.

한자+ 草(풀 초), 河(내 하, 강 하), 晝(낮 주), 夜(밤 야), 長(길 장, 어른 장)

訓

6급 총10획

부수 言

teach

- 타이르고 경계하여 놓아줌은 訓戒放免(훈계방면). 가르쳐 익히게 함은 訓練(훈련). ① 글방의 선생. ② 학교에서 학생을 가르치는 사람을 예스럽게 이르는 말은 訓長(훈장).
- 한 집안의 조상이나 어른이 자손들에게 일러주는 가르침은 家訓(가훈). 행동이나 생활에 지침이 될 만한 것을 가르침, 또는 그런 가르침은 教訓(교훈), 학교의 이념이나 목표를 간단하게 나타낸 표어는 校訓(교훈).

한자+ 戒(경계할 계), 放(놓을 방), 免(면할 면), 練(익힐 련), 長(길 장, 어른 장), 家(집 가, 전문가 가), 教(가르칠 교), 校(학교 교, 교정볼 교, 장교 교)

5급 총6획

부수 川

a country

- 전주(全州), 나주(羅州), 충주(忠州)처럼 고을 이름에 주(州)가 들어가면 물가에 있지요.
- ‘주(州)와 군(郡)’으로, 옛날 지방행정 구역의 명칭은 州郡(주군). 우리나라 서남쪽에 있는, 섬으로 이루어진 도는 濟州道(제주도).

한자+ 全(온전할 전), 羅(벌일 라, 비단 라), 忠(충성 충), 郡(고을 군), 濟(건널 제, 구제할 제), 道(길 도, 도리 도, 말할 도, 행정구역의 도)

092 천재순(巛災巡)

	災	
개미허리 **천**	재앙 **재**	순행할 **순**, 돌 **순**

내 천(川)이 부수로 쓰일 때의 모양인 개미허리 천(巛)이 공통인 글자들.
재앙 재(災) = 巛 + 火(불 화)
재앙은 물이나 불로 인한 것이 많으니, 그걸 생각하고 만들어진 한자네요.

巛 내 천(川)이 부수로 쓰일 때의 모양으로, 개미허리 같으니 **개미허리 천**

災 냇물(巛)이나 불(火)로 인하여 입는 재앙이니 **재앙 재**

巡 물(巛)이 아래로 방향을 찾아 흘러가듯(辶) 여기저기 순행하며 도니 **순행할 순, 돌 순**

⊕ 辶(뛸 착, 갈 착) - 2권 제목번호 [059] 참고

[한자 구조] **천재순**(巛災巡) - **巛으로 된 한자**

내 천(川)이 부수로 쓰일 때의 모양으로 개미허리 같다고 하여 **개미허리 천**(巛), 개미허리 천(巛) 아래에 불 화(火)면 **재앙 재**(災), 뛸 착, 갈 착(辶)이면 **순행할 순, 돌 순**(巡)

총3획
부수자
stream

5급 총7획
부수 火
calamity

- 뜻하지 아니하게 생긴 불행한 변고, 또는 천재지변으로 인한 불행한 사고는 災殃(재앙). '재앙과 어려움'으로, 뜻밖의 불행한 일은 災難(재난). 재앙으로 말미암아 받는 피해는 災害(재해). 장마나 홍수로 인한 재난은 水災(수재).
- 사람의 잘못으로 일어나는 재난은 人災(인재). 풍수해 · 지진 · 가뭄 따위와 같이 자연의 변화로 일어나는 재앙은 自然災害(자연재해)나 天災(천재). '하늘(자연)의 재앙과 땅의 이변'으로, 자연현상으로 인해 빚어지는 재앙은 天災地變(천재지변).
- 재해를 입은 사람은 罹災民(이재민).

한자+ 殃(재앙 앙), 難(어려울 난, 비난할 난), 害(해칠 해, 방해할 해), 自(자기 자, 스스로 자, 부터 자), 然(그러할 연), 天(하늘 천), 地(땅 지, 처지 지), 變(변할 변), 罹(걸릴 리, 입을 리), 民(백성 민)

3급 II 총7획
부수 川(巛)
patrol

- 여행이나 공부, 또는 감독하기 위하여 여러 곳으로 돌아다님은 巡行(순행). 나라나 도시 따위를 차례로 돌아가며 방문함은 巡訪(순방). 돌아다니며 사정을 보살핌은 巡視(순시). 돌며 살핌은 巡察(순찰). (여러 곳으로) 돌아다님은 巡廻(순회).

한자+ 行(다닐 행, 행할 행, 항렬 항), 訪(찾을 방, 방문할 방), 視(볼 시), 察(살필 찰), 廻(돌 회)

각 제목에 나오는 한자 순서도 참고하세요.

- 이 책에 나오는 각 제목은 비록 발음하기는 어렵더라도 순서대로 한자를 생각해 볼 수 있도록 먼저 기준이 되는 한자를 놓고, 그 기준자의 좌우상하, 즉 ① 왼쪽에, ② 오른쪽에, ③ 위에, ④ 아래에 부수자나 무슨 자를 붙였을 때 만들어지는 한자 순으로 배치했습니다. 어느 쪽에 해당 한자가 없으면 다음 순서의 한자를 배치했고요.
- 그러니 어떤 한자를 보면 그 한자의 왼쪽에, 오른쪽에, 위에, 아래에 무엇을 붙였을 때 만들어지는 한자를 생각하면서 익히면 보다 효과적입니다.

093 화 염담(火 炎談)

火	炎	談
불 **화**	불꽃 **염**, 더울 **염**, 염증 **염**	말씀 **담**

말씀 담(談) = 言(말씀 언) + 炎(불꽃 염, 더울 염, 염증 염)
'말(言)을 덥게(炎), 즉 뜨겁게 하는 말씀이니 말씀 담(談)', '말(言)을 따뜻한(炎) 난로 옆에서 하는 말씀이니 말씀 담(談)', '말(言)로 따뜻하게(炎) 하는 말씀이니 말씀 담(談)' 중 어느 것이 가장 자연스러운가요?

火 타오르는 불을 본떠서 불 화

⊕ 火 의 획수가 4획이니, 한자의 아래에 붙는 부수인 발로 쓰일 때도 네 점을 찍어서 '불 화 발(灬)'입니다.

炎 불(火)과 불(火)이 타오르는 불꽃처럼 더우니 **불꽃 염, 더울 염**
또 덥게 열나면서 아픈 염증이니 **염증 염**

談 말(言)로 따뜻하게(炎) 하는 말씀이니 **말씀 담**

한자 구조 **화 염담**(火 炎談) **- 火와 炎으로 된 한자**

타오르는 불을 본떠서 **불 화**(火), 불 화(火)가 위아래로 둘이면 **불꽃 염, 더울 염, 염증 염**(炎), 불꽃 염, 더울 염, 염증 염(炎) 앞에 말씀 언(言)이면 **말씀 담**(談)

8급 총4획

부수 火

fire

- 불에 (데어서) 상함은 火傷(화상). 불이 나는 재앙, 또는 불로 인한 재난은 火災(화재). ① 튀어 박히는 불똥. ② 어떠한 일의 영향이 직접 관계가 없는 다른 데까지 번짐은 飛火(비화).
- 등잔불과 가히 친함은 燈火可親(등화가친), 가을밤은 시원하고 상쾌하므로 등불을 가까이하여 글 읽기에 좋아서, 가을을 燈火可親의 계절이라 하지요.

한자+ 傷(상할 상), 災(재앙 재), 飛(날 비, 높을 비, 빠를 비), 燈(등불 등), 可(옳을 가, 가히 가, 허락할 가), 親(어버이 친, 친할 친)

3급 II 총8획

부수 火

scorching, inflammation

- 사나운(매우 심한) 더위는 暴炎(폭염)이나 酷炎(혹염). '뜨겁다가 (금방) 차갑다가 하는 세상 모습'으로, 세력이 있을 때는 아첨하여 쫓고, 권세가 없어지면 푸대접하는 세속의 인심을 이르는 말은 炎凉世態(염량세태)나 世態炎凉(세태염량), 달면 삼키고 쓰면 뱉는다는 감탄고토(甘呑苦吐)와 비슷한 말이네요.
- 붉게 붓고 아픈 병세는 炎症(염증), 간에 생기는 염증은 肝炎(간염), 피부에 생기는 염증은 皮膚炎(피부염).

한자+ 暴(사나울 폭 · 포, 드러날 폭), 酷(심할 혹, 독할 혹), 凉(서늘할 량), 世(세대 세, 세상 세, 여러 대에 걸칠 세), 態(모양 태), 甘(달 감, 기쁠 감), 呑(삼킬 탄), 苦(쓸 고, 괴로울 고), 吐(토할 토), 症(병세 증), 肝(간 간), 皮(가죽 피), 膚(살갗 부)

5급 총15획

부수 言

converse

- 웃고 즐기면서 이야기함, 또는 그런 이야기는 談笑(담소). 얼굴을 보며 말씀을 나눔은 面談(면담). '정다운 말씀'으로, 정답게 주고받는 이야기는 情談(정담).
- '호탕하게 말하고 씩씩하게 말함'으로, 기세 당당하게 큰소리치며 하는 말은 豪言壯談(호언장담). '고상한 이야기로 분위기가 더욱 맑아짐'으로, 품위 있는 사람들의 이야기는 高談轉淸(고담전청), 반대말은 低談轉濁(저담전탁)이네요.

한자+ 笑(웃을 소), 面(얼굴 면, 향할 면, 볼 면, 행정구역의 면), 情(뜻 정, 정 정), 豪(호걸 호), 言(말씀 언), 壯(씩씩할 장), 高(높을 고), 轉(구를 전), 淸(맑을 청), 低(낮을 저), 濁(흐릴 탁)

094 영영로(榮營勞)

榮	營	勞
성할 **영**, 영화 **영**	다스릴 **영**	수고할 **로**, 일할 **로**

공통부분이 여러 한자로 결합한 경우.
이럴 때는 공통부분 한자들의 뜻을 합하여 해석하고, 여기에 나머지를 붙여 생각해 보는 방법으로 풀어 보세요.
영영로(榮營勞)의 공통부분은 '위에 불 화(火)가 둘, 그 밑에 덮을 멱(冖)'이니 '불(火)과 불(火)에 덮인(冖) 듯'으로 해석하고, 여기에 나머지를 붙여보면 쉽게 풀어지네요.

榮

불(火)과 불(火)에 덮인(冖) 듯 나무(木)에 꽃이 피어 성하니 성할 영
또 성하여 누리는 영화니 영화 영

㉿ 栄 - 반짝이는 불꽃(⺍)으로 덮인(冖) 듯 나무(木)에 꽃이 피어 성하니 '성할 영', 또 성하여 누리는 영화니 '영화 영'

⊕ 성(盛)하다 - ① 물건이 본디 모양대로 멀쩡하다. ② 기운이나 세력이 한창 왕성하다. 나무나 풀이 싱싱하게 우거지다.

⊕ 冖 (덮을 멱), 木 (나무 목), 盛 (성할 성)

營

불(火)과 불(火)에 덮인(冖) 듯 열성으로 음률(呂)을 다스리니 다스릴 영

㉿ 営 - 불꽃(⺍)으로 덮인(冖) 듯 열성으로 음률(呂)을 다스리니 '다스릴 영'

⊕ 呂(등뼈 려, 음률 려) - 제목번호 [030] 宮 참고, 음률 - 음악, 음악의 곡조.

勞

불(火)과 불(火)에 덮인(冖) 듯 힘(力)써 수고하며 일하니 수고할 로, 일할 로

㉿ 労 - 불꽃(⺍)으로 덮인(冖) 속에서도 힘(力)써 수고하며 일하니 '수고할 로, 일할 로'

⊕ 力(힘 력)

한자 구조 영영로(榮營勞) - **𤇾으로 된 한자**

불 화(火) 둘(火火)과 덮을 멱(冖) 아래에 나무 목(木)이면 **성할 영, 영화 영**(榮), 등뼈 려, 음률 려(呂)면 **다스릴 영**(營), 힘 력(力)이면 **수고할 로, 일할 로**(勞)

4급 II 총14획

부수 木

luxuriant, glory

- '성하고 빛남'으로, 귀하게 되어 이름이 세상에 빛남은 榮華(영화), 재산이 많고 지위가 높으며 귀하게 되어서 세상에 드러나 온갖 영광을 누림은 富貴榮華(부귀영화).
- 번성하고 영화롭게 잘됨은 繁榮(번영), '함께 존재하고 함께 번영함'으로, ① 함께 살고 함께 번영함. ② 함께 잘 살아감은 共存共榮(공존공영).

한자+ 華(화려할 화, 빛날 화), 富(넉넉할 부, 부자 부), 貴(귀할 귀), 繁(번성할 번), 共(함께 공), 存(있을 존)

4급 총17획

부수 火

manage

- 재산의 이익을 다스림(도모함)은 營利(영리). (영리를 목적으로) 사업을 경영함은 營業(영업). '경영하여 기름'으로, 생물이 살아가는 데 필요한 성분은 營養(영양). 기업이나 사업 따위를 관리하고 운영함은 經營(경영).

한자+ 利(이로울 리, 날카로울 리), 業(업 업, 일 업), 養(기를 양), 經(날 경, 지날 경, 경서 경)

5급 총12획

부수 力

toil

- 수고스럽게 힘들이고 애씀은 勞苦(노고). 부지런히 일함은 勤勞(근로). (몸이 고달플 정도로) 지나치게 일함, 또는 그로 말미암은 지나친 피로는 過勞(과로). 직접 일하지 아니하고 얻는 수익은 不勞所得(불로소득).
- 생활에 필요한 물자를 얻기 위하여, 육체적 · 정신적 노력을 들이는 행위는 勞動(노동). 노동력을 제공하고 얻은 임금으로 생활을 유지하는 사람은 勞動者(노동자). 노동자가 조직한 단체는 勞動組合(노동조합), 줄여서 勞組(노조)라 하지요.

한자+ 苦(쓸 고, 괴로울 고), 勤(부지런할 근), 過(지날 과, 지나칠 과, 허물 과), 所(장소 소, 바 소), 得(얻을 득), 動(움직일 동), 者(놈 자, 것 자), 組(짤 조), 合(합할 합, 맞을 합).

095 적 역적(赤 亦跡)

赤	亦	跡
붉을 **적**, 벌거벗을 **적**	또 **역**	발자취 **적**

또 역(亦) = 亠(머리 부분 두) + 朩 [불 화(火)의 변형]
머리에 불이라?
살다 보면 머리가 불타듯이 고민할 때가 많음을 생각하고 만든 한자네요.
스트레스 전문의인 우종민 박사는 <마음력>이라는 책에서
분노가 생길 때는 자신에게 다음 세 가지 질문을 던지라고 충고하네요.
첫째, 이 상황이 내 건강과 바꿀 만큼 중요한가?
둘째, 이 분노가 정당하고 의로운가?
셋째, 화내는 것이 문제해결에 효과적인 방법인가? 다른 대안은 없는가?

赤

흙(土)이 불(朩)타듯이 붉으니 붉을 적
또 붉게 벌거벗으니 벌거벗을 적
⊕ 土(흙 토), 朩[불 화(火)의 변형]

亦

머리(亠)가 불(朩)타듯 또 고민하니 또 역

跡

발(⻊)로 밟으면 또(亦) 생기는 발자취니 발자취 적
⊕ ⻊[발 족, 넉넉할 족(足)의 변형]

한자 구조 **적 역적**(赤 亦跡) - 赤과 亦으로 된 한자

흙 토(土) 아래에 불 화(火)의 변형(朩)이면 **붉을 적, 벌거벗을 적**(赤), 머리 부분 두(亠) 아래에 불 화(火)의 변형(朩)이면 **또 역**(亦), 또 역(亦) 앞에 발 족, 넉넉할 족(足)의 변형(⻊)이면 **발자취 적**(跡)

赤

5급 총7획
부수 赤
red, naked

- 붉은색은 赤色(적색).
- '붉은 것을 가까이한 자는 붉어짐'으로, 나쁜 친구를 사귀면 나빠지기 쉬움을 이르는 말은 近朱者赤(근주자적), 검은 것을 가까이한 자는 검어진다는 근묵자흑(近墨者黑)과 비슷한 뜻이네요.
- '벌거벗음'으로, 있는 그대로 숨김없이 다 드러냄은 赤裸裸(적나라).
- '벌거벗은 아이(赤子), 즉 갓난아이와 같은 마음'으로, 세속에 물들지 않은 순수한 마음을 이르는 말은 赤子之心(적자지심).

한자+ 色(빛 색), 近(가까울 근, 비슷할 근), 朱(붉을 주), 者(놈 자, 것 자), 墨(먹 묵), 黑(검을 흑), 裸(벌거벗을 라), 子(아들 자, 첫째 지지 자, 자네 자, 접미사 자), 之(갈 지, ~의 지, 이 지), 心(마음 심, 중심 심)

亦

3급 II 총6획
부수 亠
also, too

- 또한은 亦是(역시). 이것도 역시는 此亦(차역).
- 웃는 얼굴에 대하여 침 뱉기 또한 어렵다는 말은 對笑顔 唾亦難(대소안 타역난)으로, 속담 '웃는 얼굴에 침 뱉으랴?'를 한역한 말이지요.

한자+ 是(옳을 시, 이 시, ~이다 시), 此(이 차), 對(상대할 대, 대답할 대), 笑(웃을 소), 顔(얼굴 안), 唾(침 타, 침 뱉을 타), 難(어려울 난, 비난할 난)

跡

3급 II 총13획
부수 足(⻊)
trace

- 옛 문화를 보여 주는 건물이나 터는 古跡(고적). 사람의 발자취는 人跡(인적). 남아 있는 자취는 遺跡(유적)이나 유적(遺蹟). 발자취는 足跡(족적).
- ① 도망하는 사람의 뒤를 밟아서 쫓음. ② 사물의 자취를 더듬어 감은 追跡(추적). 어떤 현상이나 실체가 없어졌거나 지나간 뒤에 남은 자국이나 자취는 痕迹(흔적).

한자+ 古(오랠 고, 옛 고), 遺(남길 유, 잃을 유), 蹟(자취 적), 足(발 족, 넉넉할 족), 追(쫓을 추, 따를 추), 痕(흉터 흔, 흔적 흔)

096 수 구구구(氺 求球救)

氺	求	球	救
물 수 발	구할 **구**	둥글 **구**, 공 **구**	구원할 **구**, 도울 **구**

한자가 부수나 독립되어 쓰이는 글자로 나눠질 경우, 나눠진 한자 뜻대로 해석하여 뜻이 자연스럽게 연결되지 않을 경우는 상상력을 발휘하여 사이에 말을 넣어보는 것도 방법이지요.
한자는 z = x + y 형식으로 된 글자들이 많고, z, x, y 각각의 뜻은 이미 알고 있으니 서로 자연스럽게 연결되도록 말을 넣어 생각해보면 되네요.

물 수(水)가 한자의 발 부분에 붙는 부수인 발로 쓰일 때의 모양으로 물 수 발

求 하나(一)의 물(氺) 방울(丶)이라도 구하니 구할 구
⊕ 丶('점 주, 불똥 주'지만 여기서는 물방울로 봄)

球 구슬(王)처럼 둥글게 재료를 구해(求) 만든 둥근 공이니 **둥글 구, 공 구**
⊕ 王 (임금 왕, 으뜸 왕, 구슬 옥 변), 옥은 대부분 둥글게 가공함을 생각하고 만든 한자

救 (나쁜 길에 빠진 사람을 쳐서라도) 구하기(求) 위하여, 치며(攵) 구원하고 도우니 구원할 구, 도울 구
⊕ 攵 (칠 복, = 攴), 내가 필요하면 구할 구(求), 남을 도와주면 구원할 구, 도울 구(救)

한자 구조 **수 구구구**(氺 求球救) - **氺와 求로 된 한자**

물 수(水)가 한자의 아래에 붙은 부수인 발로 쓰일 때의 모양으로 **물 수 발**(氺), 물 수 발(氺)에 한 일(一)과 점 주, 불똥 주(丶)면 **구할 구**(求), 구할 구(求) 앞에 임금 왕, 으뜸 왕, 구슬 옥 변(王)이면 **둥글 구, 공 구**(球), 뒤에 칠 복(攵)이면 **구원할 구, 도울 구**(救)

총5획
부수자
water

4급 II 총7획
부수 水(氵)
seek, purchase

- 사랑을 구함은 求愛(구애). 일자리를 구함은 求職(구직). 받아야 할 것을 필요에 따라 달라고 청함, 또는 그 청은 要求(요구)나 요청(要請).
- '청하여 구함'으로, 남에게 돈이나 물건 따위를 달라고 청함은 請求(청구). 목적을 이룰 때까지 뒤좇아 구함은 追求(추구).

한자+ 愛(사랑 애, 즐길 애, 아낄 애), 職(벼슬 직, 맡을 직), 要(중요할 요, 필요할 요), 請(청할 청), 追(쫓을 추, 따를 추)

6급 총11획
부수 玉(王)
round, ball

- 인류가 사는 천체는 地球(지구). 적도를 경계로 지구를 둘로 나누었을 때의 남쪽 부분은 南半球(남반구), 북쪽 부분은 北半球(북반구).
- 축구 · 농구 · 야구 · 탁구 등 공을 사용하는 운동경기는 球技(구기).
- '온전한 힘으로 공을 던짐'으로, 어떤 일에 최선을 다함은 全力投球(전력투구).

한자+ 地(땅 지, 처지 지), 南(남쪽 남), 半(반 반), 北(등질 배, 달아날 배, 북쪽 북), 技(재주 기), 全(온전할 전), 力(힘 력), 投(던질 투)

5급 총11획
부수 攵
rescue, help

- (위급한 병이나 부상자를) 급하게 도움은 救急(구급). (어려움이나 위험에 빠진 사람을) 구하여 도와줌은 救援(구원). '목숨을 구하려고 몸통에 입는 옷'으로, 물에 빠져도 몸이 뜨게 만든 조끼는 救命胴衣(구명동의), '구명조끼'라고도 하지요.

한자+ 急(급할 급), 援(당길 원, 도울 원), 命(명령할 명, 목숨 명, 운명 명), 胴(큰창자 동, 몸통 동), 衣(옷 의)

097 우설상(雨雪霜)

雨	雪	霜
비 우	눈 **설**, 씻을 **설**	서리 **상**

비 우(雨)는 어떻게 만들어진 한자일까?
비가 오려면 하늘에 구름이 끼어야 하고, 그 구름에서 떨어지는 물방울이 비니까 한 일(一)로 하늘을, 멀 경, 성 경(冂)으로 구름을 나타내고, 아래에 물 수 발(氺)의 변형(⺢)을 붙여 만들었네요.

雨 하늘(一)의 구름(冂)에서 물(⺢)로 내리는 비니 **비 우**

⊕ ⺢[물 수 발(氺)의 변형], 雨는 날씨와 관련된 한자의 부수로도 쓰입니다.

雪 비(雨)가 얼어 고슴도치 머리(⺕)처럼 어지럽게 내리는 눈이니 **눈 설**

또 눈처럼 깨끗하게 씻으니 **씻을 설**

⊕ ⺕ [고슴도치 머리 계, 오른손 우(彐)의 변형], 그릇 등을 씻는다는 '설거지'라는 말의 '설'도 雪에서 유래되었네요.

霜 비(雨) 같은 습기가 서로(相) 얼어붙은 서리니 **서리 상**

⊕ 相(서로 상, 모습 상, 볼 상, 재상 상) - 제목번호 [049] 참고

한자 구조 **우설상**(雨雪霜) - **雨로 된 한자**

한 일(一)과 멀 경, 성 경(冂)에 물 수 발(氺)의 변형(⺢)이면 **비 우**(雨), 비 우(雨) 아래에 고슴도치 머리 계, 오른손 우(彐)의 변형(⺕)이면 **눈 설, 씻을 설**(雪), 서로 상, 모습 상, 볼 상, 재상 상(相)이면 **서리 상**(霜)

5급 총8획
부수 雨
rain

- 비를 가리기 위하여 만든 것은 雨傘(우산). (갑자기) 사납게 많이 쏟아지는 비는 暴雨(폭우). 세찬 바람까지 불면서 쏟아지는 큰비는 暴風雨(폭풍우).
- '구름은 빽빽한데 비는 오지 않음'으로, 어떤 일의 징조만 있고 그 일은 이루어지지 않음은 密雲不雨(밀운불우)지요.

한자+ 傘(우산 산), 暴(사나울 폭 · 포, 드러날 폭), 風(바람 풍, 풍속 · 경치 · 모습 · 기질 · 병 이름 풍), 密(빽빽할 밀, 비밀 밀), 雲(구름 운), 不(아닐 불 · 부)

6급 총11획
부수 雨
snow, cleanse

- 눈이 내리거나 눈이 쌓인 경치는 雪景(설경).
- '눈 위에 서리가 덮임'으로, 불행한 일이 연거푸 일어남은 雪上加霜(설상가상)인데, 속담 '엎친 데 덮친 격'과 같고, 반대말은 '비단 위에 꽃무늬를 더함'으로, 좋은 일에 또 좋은 일이 더해진다는 금상첨화(錦上添花)네요.
- (상대를 이김으로써 지난번 패배의) 욕을 씻음(명예를 되찾음)은 雪辱(설욕).

한자+ 景(볕 경, 경치 경, 클 경), 上(위 상, 오를 상), 加(더할 가), 霜(서리 상), 錦(비단 금), 添(더할 첨), 花(꽃 화), 辱(욕될 욕, 욕 욕)

3급II 총17획
부수 雨
frost

- 가을의 찬 서리는 秋霜(추상). '바람과 서리'로, 많이 겪은 세상의 어려움과 고생을 비유적으로 이르는 말은 風霜(풍상).
- '거만한(차가운) 서리에도 외로이 지키는 절개'로, 충신(忠臣)이나 국화(菊花)를 이르는 말은 傲霜孤節(오상고절).
- "자기를 대할 때는 가을의 서리처럼(엄하게), 사람을 대접할 때는 봄바람처럼(부드럽게)"한다는 持己秋霜(대기추상) 接人春風(접인춘풍)도 있네요.

한자+ 秋(가을 추), 忠(충성 충), 臣(신하 신), 菊(국화 국), 花(꽃 화), 傲(거만할 오), 孤(외로울 고, 부모 없을 고), 節(마디 절, 절개 절, 계절 절), 持(대접할 대, 기다릴 대), 己(몸 기, 자기 기, 여섯째 천간 기), 接(이을 접, 대접할 접), 春(봄 춘), 風(바람 풍)

098 공강홍(工江紅)

工	江	紅
장인 **공**, 만들 **공**, 연장 **공**	강 **강**	붉을 **홍**

이번에는 장인 공, 만들 공, 연장 공(工)이 공통으로 들어간 한자들.
장인(丈人)은 아내의 친아버지를 말하고, 여기서 말하는 장인(匠人)은 물건 만듦을 직업으로 삼는 기술자를 가리키는 말이지요.
匠人은 항상 손에 자나 연장을 들고 무엇을 만드니, 연장 중 대표인 자를 본떠서 장인 공, 만들 공, 연장 공(工)을 만들었네요.
+ 丈(어른 장, 길이 장), 匠(장인 장)

장인이 물건을 만들 때 쓰는 자를 본떠서 **장인 공, 만들 공, 연장 공**

江 물(氵)이 흘러가며 만들어지는(工) 강이니 **강 강**
⊕ 氵(삼 수 변)

紅 (붉은색을 좋아하는 중국에서)
실(糸)을 가공하면(工) 주로 붉은색이니 **붉을 홍**
⊕ 지금도 중국인들은 붉은색을 좋아하여, 환영, 찬양, 축하의 뜻으로 많이 사용합니다.

한자 구조 **공강홍**(工江紅) - **工으로 된 한자**

장인이 물건을 만들 때 쓰는 자를 본떠서 **장인 공, 만들 공, 연장 공**(工), 장인 공, 만들 공, 연장 공(工) 앞에 삼 수 변(氵)이면 **강 강**(江), 실 사, 실 사 변이면 **붉을 홍**(紅)

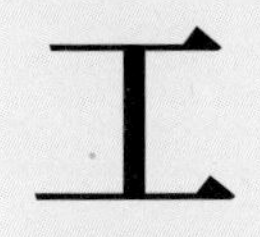

7급 3획

부수 工

artisan, make, tool

- 나무를 다루어 물건을 만드는 일, 또는 목수를 달리 이르는 말은 木工(목공).
- 기술이 능숙한 기술자나 노동자는 熟鍊工(숙련공).
- 원료를 인력이나 기계력으로 가공하여 유용한 물자를 만드는 산업은 工業(공업).
- ① (물건을) 만듦. ② (어떤 목적을 위하여 미리 일을) 만듦(꾸밈)은 工作(공작).
- 원료나 재료를 가공하여 물건을 만들어 내는 설비를 갖춘 곳은 工場(공장).
- (기계 따위를 만들거나 조작하는 데 쓰이는) 기구는 工具(공구).

한자+ 木(나무 목), 熟(익을 숙, 익숙할 숙), 鍊(단련할 련), 業(업 업, 일 업), 作(지을 작), 場(마당 장, 상황 장), 具(갖출 구, 기구 구)

7급 총6획

부수 水(氵)

river

- 강가는 江邊(강변). 강가의 마을은 江村(강촌).
- '비단에 수놓은 것 같은 강산'으로, 아름다운 자연, 또는 우리나라 강산을 이르는 말은 錦繡江山(금수강산).

한자+ 邊(끝 변, 가 변), 村(마을 촌), 錦(비단 금), 繡(수놓을 수), 山(산 산)

4급 총9획

부수 糸

red, scarlet

- 붉게 익어 물렁물렁한 감은 紅柿(홍시). '붉은 얼굴'로, 젊어 혈색이 좋은 얼굴은 紅顔(홍안).
- ① 푸른 잎 가운데 피어 있는 한 송이 붉은 꽃. ② 여러 속에서 오직 하나 이채(異彩)를 띠는 것. ③ 많은 남자 사이에 끼어 있는 한 여자를 비유적으로 이르는 말은 紅一點(홍일점), 많은 여자 사이에 끼어 있는 한 남자를 비유적으로 이르는 말은 청일점(靑一點).
- '같은 값이면 다홍치마'로, 같은 조건이라면 좀 더 낫고 편리한 것을 택한다는 말은 同價紅裳(동가홍상)이네요.

한자+ 柿(감 시), 顔(얼굴 안), 異(다를 이), 彩(채색 채, 무늬 채), 點(점 점, 불 켤 점), 靑(푸를 청, 젊을 청), 同(한 가지 동, 같을 동), 價(값 가, 가치 가), 裳(치마 상)

099 공감엄(攻敢嚴)

攻	敢	嚴
칠 **공**, 닦을 **공**	감히 **감**, 용감할 **감**	엄할 **엄**

공통부분이 칠 공, 닦을 공(攻)으로 된 한자들이지만, 攻에서 敢으로, 敢에서 嚴으로 앞 한자에 조금씩 무엇을 붙여서 만들어진 연결고리로 된 구조네요.

칠 공, 닦을 공(攻) = 工 + 攵(칠 복)

감히 감, 용감할 감(敢) = 攻 + 耳(귀 이)

엄할 엄(嚴) = 口(입 구, 말할 구, 구멍 구) 둘 + 厂(굴 바위 엄) + 敢

연장(工)으로 치며(攵) 닦으니 **칠 공, 닦을 공**

⊕ 攵(칠 복, = 攴)

敢

적을 치고(攻) 감히 귀(耳)를 잘라 옴이 용감하니 **감히 감, 용감할 감**

⊕ 耳(귀 이), 옛날에는 잘라 온 귀의 수로 그 공을 따졌으니 그것을 생각하고 만들어진 한자네요.

⊕ 감(敢)히 - ① 두려움이나 송구함을 무릅쓰고. ② 말이나 행동이 주제넘게.

嚴

소리소리(口口)치며 바위(厂)도 용감히(敢) 오르는 모양이 엄하니 **엄할 엄** ㉮ 厳 - 반짝이는 불꽃(⺍)처럼 바위(厂)도 용감히(敢) 오르는 모양이 엄하니 '엄할 엄'

⊕ 口(입 구, 말할 구, 구멍 구), 厂(굴 바위 엄, 언덕 엄)

한자 구조 **공감엄**(攻敢嚴) - **攻에서 연결되는 한자들**

장인 공, 만들 공, 연장 공(工) 뒤에 칠 복(攵)이면 **칠 공, 닦을 공**(攻), 칠 공, 닦을 공(攻)에 귀 이(耳)면, **감히 감, 용감할 감**(敢), 감히 감, 용감할 감(敢) 위에 입 구, 말할 구, 구멍 구(口) 둘과 굴 바위 엄, 언덕 엄(厂)이면 **엄할 엄**(嚴)

4급 총7획
부수 攵
attack, train

- ① 나아가 적을 침. ② 남을 비난하거나 반대하여 나섬. ③ 운동경기나 오락 따위에서 상대편을 이기기 위한 적극적인 행동은 攻擊(공격).
- 서로 공격하고 방어함은 攻防(공방). 공격하는 태세, 또는 그런 세력은 攻勢(공세). 공격과 수비를 바꿈은 攻守交代(공수교대). 침범하여 침은 侵攻(침공).
- 오로지 하나만 닦고 연구함은 專攻(전공).

한자+ 擊(칠 격), 防(막을 방), 勢(형세 세, 권세 세), 守(지킬 수), 交(사귈 교, 오고 갈 교), 代(대신할 대, 세대 대), 侵(침범할 침), 專(오로지 전, 마음대로 할 전)

敢

4급 12획
부수 攵
brave, dare

- 용기가 있으며 씩씩하고 기운참은 勇敢(용감). 용감하게 행함은 敢行(감행). 과단성(일을 딱 잘라서 결정하는 성질)이 있고 용감함은 果敢(과감).
- 어찌 감히 마음이라도 먹을 수 있으랴? 는 焉敢生心(언감생심).

한자+ 勇(날랠 용), 行(다닐 행, 행할 행, 항렬 항), 果(과실 과, 결과 과, 과감할 과), 焉(어찌 언), 生(날 생, 살 생, 사람을 부를 때 쓰는 접사 생), 心(마음 심, 중심 심)

嚴

4급 총20획
부수 口
solemn

- 엄한 명령은 嚴命(엄명). (어떤 대상을) 엄하고 철저하게 가려 뽑음은 嚴選(엄선).
- '엄한 겨울(몹시 추운 깊은 겨울)의 눈과 차가움'으로, 눈 내리는 깊은 겨울의 심한 추위를 뜻하는 말인 嚴冬雪寒(엄동설한)은 동빙한설(凍氷寒雪)과 같고, 반대말은 '화창한 바람과 따스한 햇볕'으로, 화창한 봄 날씨를 이르는 말인 화풍난양(和風暖陽)이지요.

한자+ 命(명령할 명, 목숨 명, 운명 명), 選(뽑을 선), 冬(겨울 동), 雪(눈 설, 씻을 설), 寒(찰 한), 凍(얼 동), 氷(얼음 빙), 동빙한설(凍氷寒雪) - '얼어붙은 얼음과 차가운 눈'으로, 심한 추위를 이르는 말. 和(화목할 화, 화할 화), 風(바람 풍, 풍속 · 경치 · 모습 · 기질 · 병 이름 풍), 煖(따뜻할 난), 陽(볕 양)

100 도인인인(刀刃忍認)

刀	刃	忍	認
칼 **도**	칼날 **인**	참을 **인**, 잔인할 **인**	알 **인**, 인정할 **인**

앞부분 3박자 한자 연상학습법 설명 중 '연결고리로 익히기'에서 인용되었던 내용. 이처럼 한자에는 앞 한자에 조금씩만 붙이면 새로운 뜻의 한자가 계속 만들어지는, 즉 연결고리로 만들어진 경우도 많습니다.

刀 옛날 칼 모양을 본떠서 **칼 도**

⊕ 한자의 오른쪽에 붙는 부수인 방으로 쓰일 때는 '칼 도 방(刂)'.

刃 칼 도(刀)의 날 부분(丿)에 점(丶)을 찍어서 **칼날 인**

⊕ 한자에서는 점 주, 불똥 주(丶)나 삐침 별(丿)로 무엇이나 어느 부분을 강조합니다.

忍 칼날(刃)로 심장(心)을 위협하는 것 같은 상황도 참으니 **참을 인**

또 칼날(刃)로 심장(心)을 위협하듯 잔인하니 **잔인할 인**

⊕ 心 - 마음이 가슴에 있다고 생각하여 심장을 본떠서 '마음 심'
또 심장이 있는 몸의 중심이니 '중심 심'

認 남의 말(言)을 참고(忍) 들어 알고 인정하니 **알 인, 인정할 인**

⊕ 言 (말씀 언)

한자구조 **도인인인**(刀刃忍認) - **刀에서 연결고리로 된 한자**

옛날 칼을 본떠서 **칼 도**(刀), 칼 도(刀)에 점 주, 불똥 주(丶)면 **칼날 인**(刃), 칼날 인(刃) 아래에 마음 심, 중심 심(心)이면 **참을 인, 잔인할 인**(忍), 참을 인, 잔인할 인(忍) 앞에 말씀 언(言)이면 **알 인, 인정할 인**(認)

刀

3급 II 총2획
부수 刀
knife

- 짧은 칼은 短刀(단도), 긴 칼은 長刀(장도).
- 얼굴의 수염을 깎는 일, 또는 '면도칼'의 준말은 面刀(면도).
- '하나의 칼을 이용하여 둘로 끊음(나눔)'으로, 칼로 무엇을 자르듯 머뭇거리지 않고 일을 과감히 처리함은 一刀兩斷(일도양단). '혼자서 칼 들고 (적진으로) 곧장 들어간다'로, 여러 말을 늘어놓지 아니하고 바로 요점이나 본문제를 중심적으로 말함을 이르는 말은 單刀直入(단도직입).

한자+ 短(짧을 단, 모자를 단), 長(길 장, 어른 장), 面(얼굴 면, 향할 면, 볼 면, 행정구역의 면), 兩(두 량, 짝 량, 냥 냥), 斷(끊을 단, 결단할 단), 單(홑 단), 홑 - 겹이 아닌 '한 겹'이나 '외톨'의 뜻. 直(곧을 직, 바를 직)

刃

2급 총3획
부수 刀
edge

忍

3급 II 총7획
부수 心
endure, cruel

- 참고 견딤은 忍耐(인내). 참는 것이 덕이 됨은 忍之爲德(인지위덕). '굳게 참으며 뽑지 않음'으로, 굳게 참아 견디어 마음이 흔들리지 않음은 堅忍不拔(견인불발). '눈 뜨고 차마 볼 수 없음'으로, 차마 볼 수 없는 매우 끔찍한 상황이나 꼴불견을 이르는 말은 目不忍見(목불인견). 인정이 없고 모짐은 殘忍(잔인).

한자+ 耐(참을 내, 견딜 내), 爲(할 위, 위할 위), 德(덕 덕, 클 덕), 堅(굳을 견), 拔(뽑을 발), 目(눈 목, 볼 목, 항목 목), 見(볼 견, 뵐 현), 殘(잔인할 잔, 해칠 잔, 나머지 잔)

認

4급 II 총14획
부수 言
recognize

- 사물을 분별하고 판단하여 앎은 認識(인식).
- 확실히 그렇다고 정함(여김)은 認定(인정). 인정하여 허락함은 認可(인가). 국가나 공공단체 등이 어느 행위나 물건에 대하여 인정함은 公認(공인). 어떤 사실을 마땅하다고 인정함은 承認(승인)이지요.

한자+ 識(알 식, 기록할 지), 定(정할 정), 可(옳을 가, 가히 가, 허락할 가), 公(공평할 공, 대중 공, 귀공자 공), 承(받들 승, 이을 승)

101 소초초(召招超)

召	招	超
부를 **소**	부를 **초**	뛰어넘을 **초**

입으로 부르는 것은 부를 소(召), 손짓하며 부르는 것은 부를 초(招), 큰 소리로 부르는 것은 부를 호(呼)로 구분하세요.
超가 접두사로 쓰이면 영어 super의 뜻이고, 過(지날 과, 지나칠 과, 허물 과)가 접두사로 쓰이면 over 뜻입니다.

칼(刀)처럼 날카롭게 입(口)으로 부르니 **부를 소**

⊕ 상관의 명령은 칼처럼 날카롭고 위엄있게 들림을 생각하고 만든 한자네요.

招

손(扌)으로 부르니(召) **부를 초**

超

달려가며(走) 급히 부르면(召) 빨리 오려고 이것저것을 뛰어넘으니 **뛰어넘을 초**

⊕ 走(달릴 주, 도망갈 주) - 제목번호 [086] 참고

한자 구조 **소초초**(召招超) - **召로 된 한자**

칼 도(刀) 아래에 입 구, 말할 구, 구멍 구(口)면 **부를 소**(召), 부를 소(召) 앞에 손 수 변(扌)이면 **부를 초**(招), 달릴 주, 도망갈 주(走)면 **뛰어넘을 초**(超)

召

3급 총5획
부수 口
call

- 불러서 모음은 召集(소집). (관청에서) 부름은 召喚(소환). 화를 멀리 하고(물리치고) 복을 불러들임은 遠禍召福(원화소복).

한자+ 集(모일 집, 모을 집, 책 집), 喚(부를 환), 遠(멀 원), 禍(재앙 화), 福(복 복)

招

4급 총8획
부수 手(扌)
invite

- (손님을) 불러 대접함은 招待(초대). (어떤 결과를) 불러옴은 招來(초래). 예를 갖추어 불러 맞아들임은 招聘(초빙). 사람을 청하여 부름은 招請(초청). 초청하는 내용을 적은 문서는 招請狀(초청장).
- '스스로 부름'으로, 자기가 어떤 결과를 생기게 함, 또는 저 스스로 끌어들임은 自招(자초).

한자+ 待(대접할 대, 기다릴 대), 來(올 래), 聘(부를 빙, 장가들 빙), 請(청할 청), 狀(모습 상, 문서 장), 自(자기 자, 스스로 자, 부터 자)

超

3급Ⅱ 총12획
부수 走
leap, super

- 극도로 빠른 속도는 超高速(초고속). (사물의 한도를) 뛰어넘어 지남은 超過(초과). 현대과학으로는 합리적으로 설명할 수 없는 초자연적인 능력은 超能力(초능력). (어느 한도나 기준을) 넘음은 超越(초월).
- 어떤 현실 속에서 벗어나 그 현실에 아랑곳하지 않고 의젓하게, 또는 보통 수준보다 훨씬 뛰어나게는 超然(초연)이지요.

한자+ 高(높을 고), 速(빠를 속), 過(지날 과, 지나칠 과, 허물 과), 能(능할 능), 力(힘 력), 越(뛰어넘을 월), 然(그러할 연)

102 력조렬(力助劣)

力	助	劣
힘 **력**	도울 **조**	못날 **렬**

'못나다'를 한자로 어떻게 나타낼까?
少(적을 소, 젊을 소)와 力의 구조로 적은(少) 힘(力), 즉 능력이 부족하면 못났다고 했네요.
한자는 보면 볼수록, 기발한 아이디어로 절묘하게 잘 만들어졌지요!!!

力 팔에 힘줄이 드러난 모양에서 **힘 력**

助 또(且) 힘(力)써 도우니 **도울 조**

⊕ 且 (또 차, 구차할 차) - 제목번호 [007] 참고

劣 적은(少) 힘(力), 즉 능력이 부족하면 못나니 **못날 렬**

⊕ 少 (적을 소, 젊을 소) - 제목번호 [018] 참고

한자 구조 **력조렬**(力助劣) **- 力으로 된 한자**

팔에 힘줄이 드러난 모양에서 **힘 력**(力), 힘 력(力) 앞에 또 차, 구차할 차(且)면 **도울 조**(助), 위에 적을 소, 젊을 소(少)면 **못날 렬**(劣)

力

7급 총2획

부수 力

power, strength

- 힘차고 활발하게 움직이는, 또는 그런 것은 力動的(역동적). 힘주어 말함은 力說(역설). 목적을 이루기 위하여 몸과 마음을 다하여 애씀은 努力(노력). 일을 감당해 내는 힘은 能力(능력). 권력이나 기세의 힘, 또는 어떤 속성이나 힘을 가진 집단은 勢力(세력). 무엇이 무엇을 누르는 힘은 壓力(압력).
- '가히 저항할 수 없는 힘'으로, 천재지변(天災地變) 등 사람의 힘이 미치지 못하는 자연의 위대한 힘은 不可抗力(불가항력). 온 마음과 온 힘은 全心全力(전심전력).

한자+ 動(움직일 동), 的(과녁 적, 맞힐 적, 밝을 적, 접미사 적), 說(달랠 세, 말씀 설, 기쁠 열), 努(힘쓸 노), 能(능할 능), 勢(형세 세, 권세 세), 壓(누를 압), 天(하늘 천), 災(재앙 재), 地(땅 지, 처지 지), 變(변할 변), 可(옳을 가, 가히 가, 허락할 가), 抗(막을 항), 全(온전할 전), 心(마음 심, 중심 심)

助

4급 II 총7획

부수 力

help

- 여러 사람이 함께 도와주거나 서로 도와줌은 共助(공조). 아내가 집안에서 남편을 도와줌은 內助(내조), ① 외부로부터 받는 도움. ② 아내가 사회적인 활동을 잘할 수 있도록 남편이 도와줌은 外助(외조).
- ① 보태어 도움. ② 주되는 것에 상대하여 거들거나 도움, 또는 그런 사람은 補助(보조). 힘을 보태어 서로 도움은 協助(협조). 도(道)를 얻으면(도에 맞으면, 인심을 얻으면) 도와주는 사람이 많다는 말은 得道多助(득도다조), 세상에서 가장 강한 사람은 도와주는 사람이 많은 사람이지요.

한자+ 共(함께 공), 內(안 내), 外(밖 외), 補(기울 보, 보충할 보), 協(도울 협), 得(얻을 득), 道(길 도, 도리 도, 말할 도, 행정구역의 도), 多(많을 다)

劣

3급 총6획

부수 力

inferior

- 낮은 등급, 또는 등급이 떨어짐은 劣等(열등). 자기를 남보다 못하거나, 무가치한 인간으로 낮추어 평가하는 감정, 즉 콤플렉스는 劣等感(열등감). (힘이나 형세 따위가) 상대편보다 떨어짐, 또는 그런 형세는 劣勢(열세), 반대말은 우세(優勢).
- 품질이나 능력, 시설 따위가 매우 떨어지고 나쁨은 劣惡(열악). 사람의 하는 짓이나 성품이 천하고 졸렬함은 卑劣(비열). 나음과 못함은 優劣(우열)이지요.

한자+ 等(같을 등, 무리 등, 차례 등), 感(느낄 감), 勢(형세 세, 권세 세), 優(우수할 우, 배우 우, 머뭇거릴 우), 惡(악할 악, 미워할 오), 卑(낮을 비)

103 가가하(加架賀)

加	架	賀
더할 **가**	꾸밀 **가**, 시렁 **가**	축하할 **하**

더할 가(加) = 力 + 口(입 구, 말할 구, 구멍 구)
힘껏(力) 입(口)으로 더하여 먹으니 더할 가(加)?
힘껏(力) 입(口)으로라도 용기를 더해주니 더할 가(加)?
의미가 좀 약한 것 같으니 다음과 같이 풀어봅니다.

加 힘(力)써 말하며(口) 용기를 더하니 더할 가

架 더하여(加) 나무(木)로 꾸민 시렁이니 꾸밀 가, 시렁 가
⊕ 木 (나무 목), 시렁 – 물건을 얹어 놓기 위해 벽에 붙여 만든 선반.

賀 더하여(加) 재물(貝)도 주며 축하하니 축하할 하
⊕ 貝 (조개 패, 재물 패, 돈 패) - 2권 제목번호 [121] 참고

한자 구조 **가가하**(加架賀) - **加로 된 한자**

힘 력(力) 뒤에 입 구, 말할 구, 구멍 구(口)면 **더할 가**(加), 더할 가(加) 아래에 나무 목(木)이면 **꾸밀 가, 시렁 가**(架), 조개 패, 재물 패, 돈 패(貝)면 **축하할 하**(賀)

加

5급 총5획

부수 力

add

- 더하고 뺌은 加減(가감). 어떤 물질에 열을 가함은 加熱(가열). 조직이나 단체 따위에 들어감은 加入(가입). (남에게) 해를 더함(끼침)은 加害(가해). 양이나 수치가 늘어남은 增加(증가). 모임이나 단체, 또는 일에 관계하여 들어감은 參加(참가). 나중에 더 보탬은 追加(추가).
- 덧셈 · 뺄셈 · 곱셈 · 나눗셈의 네 가지 셈법을 아울러 이르는 말은 加減乘除(가감승제).

한자+ 減(줄어들 감), 熱(더울 열), 入(들 입), 害(해칠 해, 방해할 해), 增(더할 증), 參(참여할 참, 석 삼), 追(쫓을 추, 따를 추), 乘(탈 승, 대 승, 곱할 승), 除(제거할 제, 덜 제, 나눌 제)

架

3급II 총9획

부수 木

forge, shelf

- ① 어떤 시설물을 공중에 가설함. ② 이유나 근거 없이 거짓이나 상상으로 꾸며냄은 架空(가공). ① 다리를 놓음, 또는 그런 일. ② 서로 떨어져 있는 것을 이어주는 사물이나 사실은 架橋(가교). 꾸며 설치함은 架設(가설). 높이 건너질러 가설하는 것은 高架(고가)로, 고가도로(高架道路), 고가(高架)사다리 등으로 쓰이네요.
- 책을 얹어 두도록 꾸민 책꽂이는 書架(서가).

한자+ 空(빌 공, 하늘 공), 橋(다리 교), 設(세울 설, 베풀 설), 高(높을 고), 道(길 도, 도리 도, 말할 도, 행정구역의 도), 路(길 로), 書(쓸 서, 글 서, 책 서)

3급II 총12획

부수 貝

congratulate

- 기뻐하고 즐거워서 한다는 뜻으로 인사함, 또는 그런 인사는 祝賀(축하). 축하하는 손님은 祝賀客(축하객), 줄여서 賀客(하객).
- 새해를 축하하기 위하여, 간단한 글이나 그림을 담아 보내는 문서는 年賀狀(연하장). 남이 한 일에 대하여 고마움이나 칭찬의 뜻을 표시함은 致賀(치하)로, 주로 윗사람이 아랫사람에게 하는 말로 쓰입니다.

한자+ 祝(빌 축, 축하할 축), 客(손님 객), 年(해 년, 나이 년), 狀(모습 상, 문서 장), 致(이룰 치, 이를 치)

104 협협협(劦協脅)

劦	協	脅
힘 합할 **협**	도울 **협**	위협할 **협**, 협박할 **협**

힘 합할 협(劦)은 잘 쓰이지 않지만, 劦이 들어간 한자들의 어원 풀이를 위해 인용했어요.
한자는 무엇이 많음을 나타낼 때는 森(빽빽할 삼, 엄숙한 모양 삼), 品(물건 품, 등급 품, 품위 품)처럼 같은 한자를 세 번 반복하여 쓰는 경우가 많습니다.

힘(力)을 셋이나 합하니 힘 합할 협

協 많은(十) 힘을 합하여(劦) 도우니 도울 협
⊕ 十 (열 십, 많을 십)

脅 힘 합하여(劦) 몸(月)을 위협하고 협박하니 위협할 협, 협박할 협
동 脇 ⊕ 月 (달 월, 육 달 월)

한자구조 **협협협**(劦協脅) - **劦으로 된 한자**

힘 력(力) 셋이면 **힘 합할 협**(劦), 힘 합할 협(劦) 앞에 열 십, 많을 십(十)이면 **도울 협**(協), 아래에 달 월, 육 달 월(月)이면 **위협할 협, 협박할 협**(脅)

劦

급외자 총6획

부수 力

cooperate

協

4급 II 총8획

부수 十

cooperation

- 같이 도움은 協同(협동). 힘을 합하여 서로 도움은 協力(협력). (어떤 목적에 맞는 결정을 하기 위하여 여럿이 서로) 도우며 의논함은 協商(협상)이나 協議(협의). (서로) 도움은 協助(협조).
- 어떤 일을 서로 양보하여 협의함은 妥協(타협). '둘이 힘써야 하는 협정'으로, 당사자가 서로 대등한 의무를 지는 협정은 雙務協定(쌍무협정).

한자+ 同(한 가지 동, 같을 동), 商(장사할 상, 헤아릴 상), 議(의논할 의), 助(도울 조), 妥(온당할 타), 雙(둘 쌍), 務(일 무, 힘쓸 무), 定(정할 정)

脅

3급 II 총10획

부수 肉(月)

menace

- 힘 력(力) 셋이 몸(月)을 누르고 있으니 한자를 딱 보아도 위협하거나 협박함을 알 수 있네요.
- 위엄으로 으르고 협박함은 威脅(위협). (어떤 사람에게) 어떤 일을 행하도록 위협함은 脅迫(협박).

한자+ 威(위엄 위), 迫(닥칠 박)

한자의 음(音)이 단어의 위치에 따라 달라지는 이유

- 이것은 국어 문법에 있는 두음법칙(頭音法則) 때문입니다.
- 頭音法則이란 '단어의 첫소리 법칙'으로, '리유(理由) → 이유, 녀자(女子) → 여자, 래일(來日) → 내일'처럼 '단어의 첫머리에 오는 ㄹ과 ㄴ이 ㄴ이나 ㅇ으로 바뀌는 법칙'입니다. 물론 원리(原理), 남녀(男女), 왕래(往來)에서처럼 ㄹ과 ㄴ으로 된 글자가 단어의 첫머리에 오지 않을 때는 원래대로 쓰고요.
- 잘못하면 어떤 단어에 나온 대로 '이치 리(理)'를 '이치 이', '여자 녀(女)'를 '여자 여', '올 래(來)'를 '올 내'로 알기 쉬운데, 이는 두음법칙을 모르기 때문입니다.

한자+ 頭(머리 두, 우두머리 두), 音(소리 음), 法(법 법), 則(곧 즉, 법칙 칙)

105 양양상(羊洋詳)

羊	洋	詳
양 **양**	큰 바다 **양**, 서양 **양**	자상할 **상**

양 양(羊)이라는 한자를 가만히 보면 양을 앞에서 바라본 모양이네요. 한자 중 대상을 본떠서 만든 상형문자도, 어느 쪽에서 바라보고, 어떻게 표현해야 가장 잘 나타낼까를 생각해서 만들었으니 이런 점도 느끼며 생각하면 더 재미있지요.

羊 앞에서 바라본 양을 본떠서 양 양

洋 물(氵)결이 수만 마리 양(羊) 떼처럼 출렁이는 큰 바다니 큰 바다 양

또 큰 바다 건너편에 있는 서양이니 서양 양

참 海 (바다 해) - 2권 제목번호 [026] 참고. ⊕ 氵(삼 수 변)

詳 말(言)을 양(羊)처럼 순하고 좋게 하며 자상하니 자상할 상

⊕ 言(말씀 언)

한자구조 **양양상**(羊洋詳) - **羊으로 된 한자**

앞에서 바라본 양을 본떠서 **양 양**(羊), 양 양(羊) 앞에 삼 수 변(氵)이면 **큰 바다 양, 서양 양**(洋), 말씀 언(言)이면 **자상할 상**(詳)

4급 II 총6획

부수 羊

sheep

- 양은 성질이 온순하여 방목하거나 길들이기도 좋으며, 부드럽고 질긴 털과 가죽과 고기를 주는 이로운 짐승이니, 羊이 부수로 쓰이면 대부분 좋은 의미의 한자입니다.
- 털을 이용할 목적으로 기르는 양은 綿羊(면양). 산에서 크는 양은 山羊(산양).
- '양 머리에 개고기'로, (양의 머리를 내걸어 놓고 실제로는 개고기를 판다는 데서) ① 겉은 훌륭해 보이나 속은 그렇지 못한 것. ② 겉과 속이 서로 다름. ③ 말과 행동이 일치하지 않음을 이르는 말은 羊頭狗肉(양두구육), 표리부동(表裏不同), 속담 '빛 좋은 개살구, 웃음 속에 칼이 있다'와 비슷한 뜻이네요.

한자+ 綿(솜 면, 자세할 면, 이어질 면), 頭(머리 두, 우두머리 두), 狗(개 구), 肉(고기 육), 表(겉 표), 裏(속 리, = 裡), 同(한 가지 동, 같을 동), 표리부동(表裏不同) - '겉과 속이 같지 않음'으로, 마음이 음흉해서 겉과 속이 다름.

6급 총9획

부수 水(氵)

ocean, Western countries

- 앞길이 큰 바다 같음(앞날이 성대함), 즉 크게 열리어 희망이 있음은 前途洋洋(전도양양). '크게 평평한 바다'로, 세계에서 가장 큰 오대양의 하나는 太平洋(태평양).
- 서양식 음식은 洋食(양식). 남성의 서양식 정장은 洋服(양복). 서양에서 들여온 술은 洋酒(양주).

한자+ 前(앞 전), 途(길 도), 太(클 태), 平(평평할 평, 평화 평), 食(밥 식, 먹을 식), 服(옷 복, 먹을 복, 복종할 복), 酒(술 주)

3급 II 총13획

부수 言

attentive, detailed

- 자세하고 찬찬함은 仔詳(자상). 자상하고 세밀함은 詳細(상세). 자세하게 설명하여 말함은 詳述(상술). 아직 자상하지 않음은 未詳(미상). 분명하고 자세함은 昭詳(소상)이지요.

한자+ 仔(자세할 자, 새끼 자), 細(자세할 세), 述(말할 술, 책 쓸 술), 未(아닐 미, 아직 ~ 않을 미, 여덟 째 지지 미), 昭(밝을 소)

106 선 미양(善 美養)

善	美	養
착할 **선**, 좋을 **선**, 잘할 **선**	아름다울 **미**	기를 **양**

착할 선, 좋을 선, 잘할 선(善) = 𦍌 [양 양(羊)] + 䒑 [초 두(艹)의 변형] + 口
양(羊)처럼 풀(艹)만 입(口)으로 먹는 짐승은 착하다는 말인가?
아하! 그렇군요!
양, 사슴, 말, 소 등등 초식동물은 대부분 순하고 착하네요.

善

양(羊)처럼 풀(䒑)만 입(口)으로 먹는 짐승은 순하고 착하니 **착할 선**

또 착하면 좋고 시키는 일도 잘하니 **좋을 선, 잘할 선**

⊕ 초 두(艹)는 원래 4획이지만 여기서는 3획의 약자(艹)를 변형한 것(䒑)을 이용하였네요.

美

양(⺶)이 커(大)가는 모양처럼 아름다우니 **아름다울 미**

⊕⺶[양 양(羊)의 변형], 大(큰 대)

養

양(⺶)을 먹여(食) 기르니 **기를 양**

⊕ 食 (밥 식, 먹을 식) - 2권 제목번호 [111] 참고

한자 구조 **선 미양**(善 美養) - **羊과 羊의 변형(⺶)으로 된 글자**

양 양(羊) 아래에 초 두(艹) 약자(艹)의 변형(䒑)과 입 구, 말할 구, 구멍 구(口)면 **착할 선, 좋을 선, 잘할 선**(善), 양 양(羊)의 변형(⺶) 아래에 큰 대(大)면 **아름다울 미**(美), 밥 식, 먹을 식(食)이면 **기를 양**(養)

善

5급 총12획

부수 口

kind, good, expert

- (행실이) 착하고 어짊은 善良(선량). 착한 것과 악한 것을 아울러 이르는 말은 善惡(선악). 착한 마음, 또는 좋은 뜻은 善意(선의).
- (나쁜 점을) 고쳐 좋게 함은 改善(개선). ① 가장 좋고 훌륭함, 또는 그런 일. ② 온 정성과 힘은 最善(최선).
- 잘 막아냄은 善防(선방). 있는 힘을 다하여 잘 싸움은 善戰(선전)으로, 주의나 주장, 사물의 존재, 효능 따위를 많은 사람이 알고 이해하도록 잘 설명하여 널리 알리는 일인 선전(宣傳)과 동음이의어(同音異義語)네요.

한자+ 良(어질 량, 좋을 량), 惡(악할 악, 미워할 오), 意(뜻 의), 改(고칠 개), 最(가장 최), 防(둑 방, 막을 방), 戰(싸울 전, 무서워 떨 전), 宣(펼 선, 베풀 선), 傳(전할 전, 이야기 전)

美

6급 총9획

부수 羊

beautiful

- 아름다운 모습은 美貌(미모). 아름다운 사람은 美人(미인). 아름다움을 살펴 찾을 수 있는 눈(안목)은 審美眼(심미안).
- '가는 말이 고와야 오는 말이 곱다'라는 속담을 한역하면 去言美 來言美(거언미 내언미)지요.

한자+ 貌(모양 모), 審(살필 심), 眼(눈 안), 去(갈 거, 제거할 거), 言(말씀 언), 來(올 래)

養

5급 총15획

부수 食

bring up

- 닭을 기름은 養鷄(양계). 길러냄, 또는 가르쳐 이루게 함은 養成(양성). ① 식물을 북돋아 기름. ② 인격 · 역량 · 사상 따위가 발전하도록 가르치고 키움은 培養(배양). 휴양하면서 조리하여 병을 치료함은 療養(요양).
- '도와 기름'으로, 생활 능력이 없는 사람의 생활을 돌봄은 扶養(부양), 처자나 부모 형제 등 자기가 부양하고 있는 가족, 또는 부양해야 하는 가족은 扶養家族(부양가족).

한자+ 鷄(닭 계), 成(이룰 성), 培(북돋을 배), 療(병 고칠 료), 扶(도울 부), 家(집 가, 전문가 가), 族(겨레 족)

107 아 의의(我 義議)

我	義	議
나 **아**	옳을 **의**, 의로울 **의**	의논할 **의**

나 아(我)를 手(손 수, 재주 수, 재주 있는 사람 수) + 戈(창 과)의 구조로 보고, '손(手)에 창(戈) 들고 지켜야 할 존재는 바로 나니 나 아'로 풀고 보니, 정말 철학이 깃든 어원!
조금만 방심하면 잡념이 생기고, 엉뚱한 짓을 하게 되고, 남에게 침입받게 되니 조심하라는 뜻으로 만들어진 한자네요.

我 손(手)에 창(戈) 들고 지켜야 할 존재는 바로 나니 나 아

義 양(⺶)처럼 내(我)가 행동함이 옳고 의로우니 옳을 의, 의로울 의
⊕ ⺶[양 양(羊)의 변형]

議 (좋은 결론을 위해) 말(言)로 옳게(義) 의논하니 의논할 의
⊕ 言(말씀 언)

한자 구조 **아 의의**(我 義議) - **我와 義로 된 한자**

손 수, 재주 수, 재주 있는 사람 수(手)에 창 과(戈)면 **나 아**(我), 나 아(我) 위에 양 양(羊)의 변형(⺶)이면 **옳을 의, 의로울 의**(義), 옳을 의, 의로울 의(義) 앞에 말씀 언(言)이면 **의논할 의**(議)

3급 II 총7획

부수 戈

I, we

- 우리 편의 군대는 我軍(아군). 자기 자신에 대한 의식이나 관념은 自我(자아).
- '내가 없음의 지경'으로, 정신이 한 곳에 흠뻑 빠져서 자신을 잊어버리고 있는 지경은 無我之境(무아지경), 줄여서 無我境(무아경)이라 하지요.

한자+ 軍(군사 군), 自(자기 자, 스스로 자, 부터 자), 無(없을 무), 之(갈 지, ~의 지, 이 지), 境(지경 경, 형편 경)

4급 II 총13획

부수 羊

righteousness

- 옳은 일로 일어남은 義擧(의거). 사람으로서 마땅히 해야 할 일, 곧 맡은 직분은 義務(의무). 학문이나 기술의 일정한 내용을 체계적으로 설명하여 가르침은 講義(강의). '바르고 의로움'으로, 올바른 도리는 正義(정의).
- 먼저 의(義)를 따르고 뒤에 이익(利)을 생각함은 先義後利(선의후리).

한자+ 擧(들 거, 행할 거, 일으킬 거), 務(일 무, 힘쓸 무), 講(익힐 강, 강의할 강), 正(바를 정), 先(먼저 선), 後(뒤 후), 利(이로울 리, 날카로울 리)

議

4급 II 총20획

부수 言

discuss

- 의논하여 결정함은 議決(의결). 심사하고 토의함은 審議(심의). 어떤 문제에 대하여 검토하고 협의함은 討議(토의). 여러 사람이 모여 서로 의논함은 協議(협의). 모여서 의논함은 會議(회의).
- '조목을 쫓아서 살피고 의논함'으로, 조목의 순서에 따라 차례대로 하나씩 심사함은 逐條審議(축조심의)네요.

한자+ 決(터질 결, 정할 결), 審(살필 심), 討(칠 토, 토의할 토), 協(도울 협), 會(모일 회), 逐(쫓을 축), 條(가지 조, 조목 조)

108 을걸 지(乙乞 之)

乙	乞	之
새 **을**, 둘째 천간 **을**, 둘째 **을**, 굽을 **을**	빌 **걸**	갈 **지**, ~의 **지**, 이 **지**

사물을 본떠 만든 한자도 나타내고자 하는 대상을 어느 방향에서 바라보아야 가장 잘 나타낼까를 생각해서 만들었다고 했지요.
乙(새 을)은 앉아있는 새를 옆에서 바라본 모양, 갈 지, ~의 지, 이 지(之)도 자라나가는 초목의 싹을 옆에서 바라본 모양이네요.

乙

목과 가슴 사이가 굽은 새 모양(乙)을 본떠서 새 을
또 십간(十干)의 둘째 천간으로도 쓰여 둘째 천간 을, 둘째 을
또 새 모양처럼 굽으니 굽을 을
⊕ 부수로 쓰일 때는 변형된 모양(乚)으로도 쓰입니다.

乞

사람(𠂉)이 새 을(乙) 자처럼 몸 구부리고 비니 빌 걸
⊕ 𠂉 [사람 인(人)의 변형]

之

초목의 싹이 움터서 자라나가는 모양을 본떠서 갈 지
또 가듯이 무엇에 속하는 '~의'니 ~의 지
또 향하여 가듯이 향하여 가리키는 이것이니 이 지

한자 구조 **을걸 지**(乙乞 之) - 乙로 된 한자와 之

목과 가슴 사이가 굽은 새 모양(乙)을 본떠서 **새 을, 둘째 천간 을, 둘째 을, 굽을 을**(乙), 새 을, 둘째 천간 을, 둘째 을, 굽을 을(乙) 위에 사람 인(人)의 변형(𠂉)이면 **빌 걸**(乞), 점 주, 불똥 주(丶)면 **갈 지, ~의 지, 이 지**(之)

3급 II 총1획

부수 乙

bird, second

- 갑과 을, 또는 순서나 우열을 나타낼 때 첫째와 둘째는 甲乙(갑을). '첫째와 둘째의 관계'로, 계약을 맺을 때 상대적으로 유리한 지위에 있는 자와 불리한 지위에 있는 자의 관계는 甲乙關係(갑을관계).
- '갑이라는 남자와 을이라는 여자'로, 평범한 사람들을 이르는 말은 甲男乙女(갑남을녀). '갑이 논하고 을이 반박(反駁)함'으로, 여러 사람이 서로 자신의 주장을 내세우며 상대편의 주장을 반박함은 甲論乙駁(갑론을박).

한자+ 甲(첫째 갑, 첫째 천간 갑, 갑옷 갑), 關(빗장 관, 관계할 관), 係(맬 계, 묶을 계), 男(사내 남), 反(거꾸로 반, 뒤집을 반), 駁(얼룩말 박, 논박할 박), 論(논할 론, 평할 론)

3급 총3획

부수 乙

beg

- 빌어먹는 사람, 즉 거지는 乞人(걸인). '거지가 하늘을 불쌍히 여김'으로, ① 부질없는 걱정을 함. ② 불행한 처지에 놓여 있는 사람이, 부질없이 행복한 사람을 동정함은 乞人憐天(걸인연천).
- 구하려고 빎은 求乞(구걸). '문 앞에서 빌어먹음'으로, 이 집 저 집 돌아다니며 빌어먹음은 門前乞食(문전걸식).

한자+ 憐(불쌍히 여길 련), 天(하늘 천), 求(구할 구), 門(문 문), 前(앞 전), 食(밥 식, 먹을 식)

3급 II 총4획

부수 丿

go, of, this

- '동쪽으로 가다가 서쪽으로 가다가'로, 줏대 없이 이리저리 갈팡질팡함은 之東之西(지동지서). '겸손하고 사양함의 덕'으로, 겸손한 태도로 남에게 양보하거나 사양하는 아름다운 마음씨나 행동은 謙讓之德(겸양지덕).
- '위의 위'로, 더할 수 없이 좋음을 이르는 말은 上之上(상지상), 반대말은 下之下(하지하)네요.

한자+ 東(동쪽 동, 주인 동), 西(서쪽 서), 謙(겸손할 겸), 讓(사양할 양, 겸손할 양), 德(덕 덕, 클 덕), 上(위 상, 오를 상), 下(아래 하, 내릴 하)

109 야지타(也地他)

也	地	他
또한 **야**, 어조사 **야**	땅 **지**, 처지 **지**	다를 **타**, 남 **타**

또한 야, 어조사 야(也) = 𠂇 [힘 력(力)의 변형] + ㄴ [새 을, 굽을 을(乙)이 부수로 쓰일 때의 모양]
이 한자도 나눠진 글자 뜻대로 풀어서 어원이 쉽게 나오지 않으니, 상상력을 발휘하여 풀어 보면 아래와 같은 어원이 되네요.

也

힘껏(𠂇) 새(ㄴ) 같은 힘이라도 또한 보태는 어조사니

또한 야, 어조사 야

⊕ 또한 - ① 어떤 것을 전제로 하고 그것과 같게.
② 그 위에 더. 거기에다 더.

⊕ 어조사(語助辭)란 뜻 없이 다른 말의 뜻만 확실하도록 도와주는 말.

⊕ 語(말씀 어), 助(도울 조), 辭(말씀 사, 글 사, 물러날 사)

地

흙(土) 또한(也) 온 누리에 깔린 땅이니 **땅 지**

또 어떤 땅 같은 처지니 **처지 지**

⊕ 土(흙 토)

他

사람(亻) 또한(也) 모두 다르고 남이니 **다를 타, 남 타**

한자 구조 **야지타**(也地他) - **也로 된 한자**

힘 력(力)의 변형(𠂇)에 새 을(乙)이 부수로 쓰일 때의 모양(ㄴ)이면 **또한 야, 어조사 야**(也), 또한 야, 어조사 야(也) 앞에 흙 토(土)면 **땅 지, 처지 지**(地), 사람 인 변(亻)이면 **다를 타, 남 타**(他)

也

3급 총3획
부수 乙
also

- 그것에 이르러서는. 마침내는 及其也(급기야).
- '홀로 푸름'으로, 홀로 높은 절개를 드러내고 있음은 獨也青青(독야청청).
- '더하지도 말고 덜하지도 마라'로, 더도 덜도 말고 한가위(추석)만 같았으면 좋겠다며 한가위의 풍성한 만족을 이르는 말은 加也勿 減也勿(가야물 감야물)이네요.

한자+ 及(이를 급, 미칠 급), 其(그 기), 獨(홀로 독, 자식 없을 독), 青(푸를 청, 젊을 청), 加(더할 가), 勿(없을 물, 말 물), 減(줄어들 감, 덜 감)

地

7급 총6획
부수 土
earth, situation

- 땅의 표면. 땅바닥은 地面(지면). 어느 방면의 땅, 또는 서울 이외의 지역은 地方(지방). ① 일정하게 구획된 어느 범위의 토지. ② 전체 사회를 어떤 특징으로 나눈 일정한 공간 영역은 地域(지역). '하늘이 놀라고 땅이 움직임'으로, 세상을 몹시 놀라게 함은 驚天動地(경천동지). 처하여 있는 사정이나 형편은 處地(처지).
- '처지를 바꾸어 생각함'으로, 상대방의 처지에서 생각해 봄은 易地思之(역지사지), '처지를 바꾸면 다 그러함'으로, (사람은 처지에 따라 행동이 달라지니) 처지를 바꾸면 누구나 다 똑같아진다는 말은 易地皆然(역지개연), 처지를 바꾸어서 해보라(해본다)는 말은 易地爲之(역지위지)네요.

한자+ 面(얼굴 면, 향할 면, 볼 면, 행정구역의 면), 方(모 방, 방향 방, 방법 방), 域(구역 역), 驚(놀랄 경), 天(하늘 천), 動(움직일 동), 處(살 처, 곳 처, 처리할 처), 易(바꿀 역, 쉬울 이), 思(생각할 사), 皆(다 개), 然(그러할 연), 爲(할 위, 위할 위)

他

5급 총5획
부수 人(亻)
different, other

- ① 다른 세계. ② '인간세계를 떠나서 다른 세계로 간다'로, 사람의 죽음을 이르는 말은 他界(타계). 다른 사람은 他人(타인). (자기 고향이 아닌) 다른 고장은 他鄕(타향). 남을 배척함은 排他(배타). 남에게 의지하거나 의뢰함은 依他(의타).
- 남의 말을 믿지 말라는 말은 莫信他言(막신타언).

한자+ 界(경계 계, 세계 계), 鄕(시골 향, 고향 향), 排(물리칠 배 배열할 배), 依(의지할 의), 莫(말 막, 없을 막, 가장 막), 信(믿을 신, 소식 신), 言(말씀 언)

110 조명 오오(鳥鳴 烏嗚)

새 조(鳥)와 까마귀 오(烏)는 앉아있는 새나 까마귀를 옆에서 바라본 모양을 본떠서 만든 상형문자.
까마귀는 몸이 검어서 눈이 구분되지 않으니, 새 조(鳥)에서 눈 부분을 나타내는 一을 빼서 만든 것이 재미있지요?
까마귀 오(烏)는 불과 아무 관련이 없는데, 부수는 불 화(火)가 한자의 발 부분에 붙는 부수인 불 화 발(灬)이네요.

앉아 있는 새의 옆 모양을 본떠서 **새 조**

입(口)으로 새(鳥)처럼 우니 **울 명**

(너무 검어 눈이 구분되지 않아)
새 조(鳥)에서 눈을 나타내는 일(一)을 빼서 **까마귀 오**

嗚

입(口)으로 까마귀(烏) 울음처럼 슬프게 탄식하니 **탄식할 오**

⊕ 탄식(歎息) - 한탄하며 한숨을 쉼
⊕ 歎(탄식할 탄, 감탄할 탄), 息(쉴 식, 숨 쉴 식, 자식 식)

한자 구조 **조명 오오**(鳥鳴 烏嗚) **- 鳥, 烏로 된 한자**

앉아있는 새의 옆 모양을 본떠서 **새 조**(鳥), 새 조(鳥) 앞에 입 구, 말할 구, 구멍 구(口)면 **울 명**(鳴), 새 조(鳥)에서 눈을 나타내는 일(一)을 빼면 **까마귀 오**(烏), 까마귀 오(烏) 앞에 입 구, 말할 구, 구멍 구(口)면 **탄식할 오**(嗚)

4급Ⅱ 총11획
부수 鳥
bird

- 새와 짐승을 아울러 이르는 말은 鳥獸(조수). 기후 따라 옮겨 다니는 철새는 候鳥(후조), 반대말은 한 곳에 터를 잡고 사는 '텃새' 留鳥(유조).
- '하나의 돌로 두 마리 새를 잡음'으로 한 가지 일로 두 가지 이득을 얻는다는 말인 一石二鳥(일석이조)는 속담 '도랑 치고 가재 잡기. 마당 쓸고 돈 줍기. 배 먹고 이 닦기. 꿩 먹고 알 먹기', 일거양득(一擧兩得)과 비슷한 말이고, 반대말은 일거양실(一擧兩失)이네요.

한자+ 獸(짐승 수), 候(기후 후, 염탐할 후), 留(머무를 유), 石(돌 석), 擧(들 거, 행할 거, 일으킬 거), 兩(두 량, 짝 량, 냥 냥), 得(얻을 득), 失(잃을 실), 일거양득(一擧兩得) - ① 한 번 들어 둘을 얻음. ② 한 가지 일을 하여 두 가지 이득을 봄

4급 총14획
부수 鳥
chirp, sound

- '슬프게 욺'으로, 다급할 때 지르는 소리는 悲鳴(비명). (시간에 맞추어) 스스로 종을 울리는 시계는 自鳴鐘(자명종).
- '외 손바닥(한 손바닥)은 울리기 어려움'으로, 혼자서는 어떤 일을 이룰 수 없음을 이르는 말은 孤掌難鳴(고장난명).

한자+ 悲(슬플 비), 自(자기 자, 스스로 자, 부터 자), 鐘(쇠북 종, 종 치는 시계 종), 孤(외로울 고, 부모 없을 고), 掌(손바닥 장), 難(어려울 난, 비난할 난)

3급Ⅱ 총10획
부수 灬
crow

- 겉이 검은 대는 烏竹(오죽), 겉이 푸른 대는 청죽(靑竹).
- '까마귀 날자 배 떨어짐'으로, 일이 공교롭게 같이 일어나서 남의 의심을 받게 됨을 이르는 말은 烏飛梨落(오비이락).
- '거꾸로 먹이며 은혜를 갚음'으로, 까마귀 새끼가 자라서 늙은 어미에게 먹이를 물어다 주며 보답한다는 데서 자식이 자라서 어버이의 은혜에 보답함을 이르는 말은 反哺報恩(반포보은).
- 조선시대의 가객(歌客) 박효관이 지은 시조가 생각나네요.
- 뉘라서 까마귀를 검고 흉타 하였던고 / 반포보은(反哺報恩)이 그 아니 아름다운가 / 사람이 저 새만 못함을 못내 슬퍼하노라

한자+ 竹(대 죽), 靑(푸를 청, 젊을 청), 飛(날 비, 높을 비, 빠를 비), 梨(배 리), 落(떨어질 락), 反(거꾸로 반, 뒤집을 반), 哺(먹을 포, 먹일 포), 報(알릴 보, 갚을 보), 孝(효도 효)

3급 총13획
부수 口
sigh for grief

- 목메어 욺, 또는 그런 울음은 嗚咽(오열). '아아! 아프도다(슬프도다)'로, 슬플 때나 탄식할 때 하는 말은 嗚呼痛哉(오호통재).

한자+ 咽(목구멍 인, 목멜 열, 삼킬 연), 呼(부를 호), 痛(아플 통), 哉(어조사 재)

조금 더 알고 쓰는 한자

한자의 장점

① 해석력(解釋力)이 뛰어납니다.

한자는 한자마다 뜻이 있는 뜻글자이기 때문에, 한자로 된 단어는 한자만 알면, 사전 없이도 뜻을 바로 알 수 있습니다.

② 조어력(造語力)이 뛰어납니다.

한자는 한자의 형태 변화나 어미나 조사의 첨가 없이 홀로 분명한 뜻을 나타내기 때문에, 복잡한 생각을 단 몇 글자만으로 쉽게 말을 만들어 표현할 수 있습니다.

③ 표현력(表現力)이 뛰어납니다.

한자는 단 몇 글자만으로도 복잡한 여러 말이나 뜻을 간단명료하게 표현할 수 있습니다.

④ 한자의 모양과 뜻이 고금동일(古今同一)합니다.

한자는 모양과 뜻이 수천 년 전에 만들어질 때와 대부분 똑같아, 오래된 고전도 쉽게 읽을 수 있습니다.

⑤ 비교적 어원(語源)이 분명하여 익히기가 쉽습니다.

⑥ 한자를 익히면 우리말과 우리의 과거 문화를 더 잘 알 수 있습니다.

대부분이 한자로 되어있는 우리말과, 거의 모든 분야가 한자로 기록된 우리의 과거 문화도 쉽게 알 수 있습니다.

⑦ 한자를 익히면 국제화 시대에 가장 잘 대비할 수 있습니다.

한자를 어느 정도 알면 중국어나 일본어도 70% 이상은 한 셈이니, 세계의 중심이 된 한자 문화권의 주역이 될 수 있습니다.

⑧ 한자를 어원으로 익히면 우리의 지식이 풍요로워집니다.

한자마다 나타내고자 하는 것의 가장 큰 특징을 뽑아 기발한 아이디어로 만들었으니, 그런 아이디어를 깨치면 일류 디자이너, 일류 화가도 될 수 있고, 한자마다 들어있는 만고불변의 진리를 터득하여 성인(聖人)도 될 수 있고, 무슨 일을 하더라도 그 분야 전문가도 될 수 있습니다.

이렇게 수많은 장점을 가진 한자를 단순히 한자의 훈(뜻)과 음만을 억지로 외는 기존의 학습법을 개선하여 ① 한자마다 그런 뜻이 붙게 된 생생한 어원을 추적하고, ② 동시에 관련된 한자들도 익히면서, ③ 그 한자가 쓰인 단어들까지 알아보는 <한자 3박자 연상 학습법>으로 한자를 익히면, 한자의 장점을 고스란히 익힐 수 있고, 또한 한자에 담긴 번뜩이는 아이디어도 터득하여 생활에 100배, 1,000배 활용할 수 있습니다.

한자+ 解(해부할 해, 풀 해), 釋(풀 석), 力(힘 력), 造(지을 조), 語(말씀 어), 表(겉 표), 現(이제 현, 나타날 현), 古(오랠 고, 옛 고), 今(이제 금, 오늘 금), 同(한 가지 동, 같을 동), 語(말씀 어), 源(근원 원), 어원(語源) - 말의 근원, 즉 그 말이 만들어진 유래. 聖(성스러울 성, 성인 성)

한자에 많이 쓰인 소재들

한자가 만들어지던 시절을 생각해 보면, 한자의 어원이 더욱 쉽게 이해됩니다.

한자가 만들어지던 시절에 많이 쓰인 소재로 된 한자들을 뽑아보면 다음과 같은데, 이 한자들을 부수로 이용하여 수많은 한자가 만들어졌지요.

① 사람과 관련된 한자

사람 인(人), 입 구(口), 눈 목(目), 귀 이(耳), 손 수(手), 발 족(足), 이 치(齒), 몸 신(身), 마음 심(心), 육 달 월(月), 아들 자(子), 여자 녀(女) 등

② 먹고 입고 말하고 보고 힘쓰는 것과 관련된 한자

밥 식(食), 옷 의(衣), 말씀 언(言), 보일 시, 신 시(示), 힘 력(力) 등

③ 생활에 큰 영향을 미치는 우주와 자연과 관련된 한자

해 일(日), 달 월(月), 별 성(星), 비 우(雨), 산 산(山), 물 수(水), 내 천(川) 등

④ 대부분 농사를 지어서 농사와 곡식과 관련된 한자

밭 전(田), 마을 리(里), 벼 화(禾), 쌀 미(米), 보리 맥(麥) 등

⑤ 전쟁을 많이 했기에 당시에 쓰던 무기와 관련된 한자

칼 도(刀), 활 궁(弓), 화살 시(矢), 주살 익(弋), 창 과(戈), 창 모(矛), 방패 간(干) 등

⑥ 당시 주요 소재였던 것으로 된 한자

나무 목(木), 대 죽(竹), 풀 초(草, 艹), 실 사(絲, 糸), 돌 석(石), 흙 토(土) 등

⑦ 실생활과 밀접한 동물로 된 한자

양 양(羊), 소 우(牛), 말 마(馬), 새 조(鳥), 사슴 록(鹿), 범 호(虎), 원숭이 우(禺), 물고기 어(魚) 등

⑧ 집이나 당시 생활 도구로 된 한자

집 면(宀), 문 문(門), 방 방(房), 불 화(火), 말 두(斗), 배 주(舟) 등

1. 육서(六書)

육서(六書)는 한자가 만들어진 원리니 六書만 제대로 이해하면 아무리 복잡한 한자라도 쉽게 익힐 수 있습니다.

한자+ 書(쓸 서, 글 서, 책 서)

(1) 상형(象形)

눈에 보이는 구체적인 사물의 모양(形)을 본떠서(象) 만든, 그림과 같은 한자

한자+ 象(코끼리 상, 모양 상, 본뜰 상), 形(모양 형)

예 山 (높고 낮은 산봉우리를 본떠서 산 산)

(2) 지사(指事)

눈에 안 보이는 개념이나 일(事)을 점이나 선으로 나타낸(指), 부호와 같은 한자

한자+ 指(가리킬 지), 事(일 사, 섬길 사)

예 上 [기준선(一) 위로 오르는 모양을 생각하여 위 상, 오를 상]

(3) 회의(會意)

이미 만들어진 둘 이상의 한자가 뜻(意)으로 모여(會) 만들어진 한자, 즉 뜻만 모은 한자

예 日 + 月 = 明 (해와 달이 같이 있는 듯 밝으니 밝을 명)
女 + 子 = 好 (여자에게 자식이 있으면 좋으니 좋을 호)

한자+ 會(모일 회), 意(뜻 의), 日(해 일, 날 일), 月(달 월, 육 달 월), 女(여자 녀), 子(아들 자, 첫째 지지 자, 자네 자, 접미사 자)

⑷ 형성(形聲)

이미 만들어진 둘 이상의 한자가 일부는 뜻(形)의 역할로, 일부는 음(聲)의 역할로

결합하여 만들어진 한자, 즉 뜻과 음으로 이루어진 한자

예 言 + 靑 = 請 [형부(形部)인 말씀 언(言)은 뜻을, 성부(聲部)인 푸를 청(靑)은 음을 나타내어 '청할 청(請)'이라는 한자가 나옴]

\+ 형성(形聲)에서 뜻을 담당하는 부분을 형부(形部), 음을 담당하는 부분을 성부(聲部)라 하는데, 실제 한자를 분석해 보면 성부(聲部)가 음만 담당하는 것이 아니라 뜻도 담당하고 있음을 알 수 있지요. 위에서 예로 든 청할 청(請)도 '말(言)로 푸르게(靑), 즉 희망 있게 청하니 청할 청(請)'으로 풀어지네요.

한자+ 形(모양 형), 聲(소리 성), 部(나눌 부, 거느릴 부)

그러면 會意와 形聲은 어떻게 구분할까요? 합해서 새로 만들어진 한자의 독음이 합해진 한자들의 어느 한쪽과 같으면 形聲, 같지 않으면 會意로 구분하세요.

⑸ 전주(轉注)

이미 있는 한자의 뜻을 유추, 확대하여 다른 뜻으로 굴리고(轉) 끌어내어(注) 쓰는 한자.
한 한자에 여러 뜻이 있는 것은 모두 전주(轉注) 때문입니다.

한자+ 轉(구를 전), 注(물 댈 주)

예 日(원래 '해의 둥근 모양과 가운데 흑점을 본떠서 해 일'이지만, '해가 뜨고 짐으로 구분하는 날이라는 데서 '날 일'로 의미가 확장됨)

(6) 가차(假借)

이미 있는 한자를 본래의 뜻과는 상관없이, 비슷한 음의 한자를 임시로(假) 빌려(借) 외래어를 표기하는 한자. 가차에는 아시아(亞細亞), 러시아(俄羅斯)처럼 비슷한 음의 한자를 빌려다 표현하는 경우와, 미국(美國), 영국(英國)처럼 새로 이름을 지어 부르는 경우가 있는데, 비슷한 음의 한자를 빌려다 표현한 경우는, 음만 빌려왔기 때문에 해석하면 뜻이 나오지 않고 음으로만 읽어야 합니다.

한자+ 假(거짓 가, 임시 가), 借(빌릴 차), 亞(버금 아, 다음 아), 細(가늘 세), 俄(갑자기 아), 羅(벌일 라), 斯(이 사), 美(아름다울 미), 國(나라 국), 英(꽃부리 영, 영웅 영)

정리하면

• **상형(象形) · 지사(指事)**

맨 처음에 만들어져 더 이상 쪼갤 수 없는 기본자로, 象形은 눈에 보이는 것을 본떠서 만든 한자, 指事는 눈에 안 보이는 것을 지시하여 만든 한자입니다.

• **회의(會意) · 형성(形聲)**

이미 만들어진 한자 둘 이상을 합하여 새로운 뜻의 한자를 만든 합성자로, 會意는 뜻으로, 形聲은 뜻과 음으로 합쳐진 한자입니다(실제로는 형성자도 뜻으로 합쳐져 만들어짐).

• **전주(轉注) · 가차(假借)**

이미 있는 한자를 다른 용도로 사용하는 운용자로, 轉注는 한 한자를 여러 뜻으로, 假借는 음만 빌려 외래어를 표기하는 경우를 말합니다.

한자를 익힐 때는

한자가 부수나 독립된 한자로 나눠지지 않으면 상형(象形)이나 지사(指事)로 된 한자니, 무엇을 본떠서 만들었는지 생각하여 본뜬 물건이 나오면 象形이고, 본뜬 물건이 나오지 않으면 무엇을 지시하여 만든 指事로 알면 되고,
부수나 독립되어 쓰이는 한자들로 나눠지면 회의(會意)나 형성(形聲)으로 된 한자니, 나눠서 그 뜻을 합쳐 보면 그 한자의 뜻을 알 수 있고,

한 한자가 여러 뜻으로 쓰이는 전주(轉注)도, 아무렇게나 붙여 쓰는 것이 아니고 그

런 뜻이 붙게 된 이유가 있으니, 무조건 외는 시간에 '어찌 이 한자에 이런 뜻도 있을까?'를 생각하면 그 이유가 생각나고, 이렇게 이유를 생각하여 한자를 익히면 절대 잊히지 않지요.

그리고 뜻과는 상관없이 음만 빌려 외래어를 표시했으면 가차(假借)고요.

2. 부수의 명칭

부수는 한자를 만드는 기본 한자들로 그 부수가 붙어서 만들어진 한자의 뜻을 짐작하게 하고, 옥편에서 모르는 한자를 찾을 때 길잡이 역할도 합니다. 부수의 명칭은 놓이는 위치에 따라 다음 일곱 가지로 구분되니, 명칭만은 알아두세요.

(1) **변(邊)** - 한자의 왼쪽 부분에 붙는 부수

한자+ 邊(가 변)

(2) **방(傍)** - 한자의 오른쪽 부분에 붙는 부수

한자+ 傍(곁 방)

(3) **머리 · 두(頭)** - 한자의 머리 부분에 붙는 부수

한자+ 頭(머리 두)

(4) **발** - 한자의 발 부분에 붙는 부수

(5) **에운담** - 한자를 에워싸고 있는 부수

(6) **엄(掩)** - 한자의 위와 왼쪽을 가리고 있는 부수

한자+ 掩(가릴 엄)

(7) **받침** - 한자의 왼쪽과 밑을 받치고 있는 부수

정리하면

부수가 한자의 왼쪽에 붙으면 **변**, 오른쪽에 붙으면 **방**('좌변우방'으로 외세요), 머리 부분에 붙으면 **머리·두**, 발 부분에 붙으면 발, 에워싸고 있으면 **에운담**, 위와 왼쪽을 가리면 **엄**, 왼쪽과 아래를 받치면 **받침**, 부수로만 쓰이는 부수자들과는 달리 부수로도 쓰이고 독립되어 쓰이기도 하면 **제부수**네요.

*제 부수 - 부수로만 쓰이는 한자(부수자)들과 달리, 木(나무 목), 馬(말 마), 鳥(새 조) 등처럼 부수로도 쓰이고 독립하여 쓰이기도 하는 한자들을 이르는 말.

3. 한자의 필순

기본 순서

(1) 왼쪽부터 오른쪽으로 쓴다. (예 川, 外)

(2) 위에서 아래로 쓴다. (예 三, 言)

응용 순서

(1) 가로획과 세로획이 교차할 때는 가로획을 먼저 쓴다. (예 十, 土)

(2) 좌 · 우 대칭을 이루는 한자는 가운데를 먼저 쓰고 좌 · 우의 순서로 쓴다. (예 小, 水)

(3) 몸과 안으로 된 한자는 몸부터 쓴다. (예 同, 用, 固)

(4) 가운데를 꿰뚫는 획은 맨 나중에 쓴다. (예 中, 平, 事)

(5) 허리를 끊는 획은 맨 나중에 쓴다. (예 子, 女)

(6) 삐침과 파임이 만날 때는 삐침을 먼저 쓴다. (예 人, 文, 交)

(7) 오른쪽 위의 점은 맨 나중에 찍는다. (예 犬, 代, 成)

(8) 뒤에서 아래로 에워싼 획은 먼저 쓴다. (예 刀, 力)

(9) 받침으로 쓰이는 한자는 다음 두 가지로 구분한다.

① 달릴 주(走)나 면할 면(免)은 먼저 쓴다. (예 起, 勉)

② 뛸 착, 갈 착(辶)이나 길게 걸을 인(廴)은 맨 나중에 쓴다. (예 近, 廷)

4. 부수 익히기

부수(部首)는 공통부분을 가지는 한자들의 공통부분으로, 한자 자전에서 한자를 찾는 길잡이 역할을 합니다. 부수는 214자가 있는데, 본문에서 필요할 때마다 소개하였으니, 여기서는 많이 쓰이는 부수 위주로, 한 한자가 여러 모양으로 쓰이는 경우와, 비슷하여 혼동되는 부수를 한 항목에 넣어 알기 쉽게 풀어 봅니다.

한자+ 部(나눌 부, 마을 부, 거느릴 부), 首(머리 수, 우두머리 수)

(1) 인인인(人亻儿)

① 다리 벌리고 서 있는 사람을 본떠서 **사람 인(人)**

② 사람 인(人)이 한자의 변으로 쓰일 때의 모양으로 **사람 인 변(亻)**

③ 사람 인(人)이 한자의 발로 쓰일 때의 모양으로 **사람 인 발(儿)**

부수를 독음으로 옥편에서 찾을 때

부수는 원래 한자 그대로, 또는 원래 한자가 다른 모양으로 변하여 사용되고, 명칭도 앞에서 설명한 대로 '변 · 방 · 머리' 등을 붙여 말하니, 독음으로 옥편에서 찾을 때, 부수 명이 원래 한자의 독음과 다르면 원래 한자의 독음으로 찾아야 합니다.

예를 들어 '사람 인 변'과 '사람 인 발'을 옥편에서 찾으려면, 원래 한자 '사람 인(人)'의 독음인 '인'으로 찾아야 하므로, 제목도 '인인인(人亻儿)'으로 하였습니다. 뒤에 나오는 제목도 다 이런 식이지요.

(2) 심심심(心忄⺗)

① 마음이 가슴에 있다고 생각하여 심장을 본떠서 **마음 심(心)**

또 심장이 있는 몸의 중심이니 **중심 심(心)**

② 마음 심(心)이 한자의 변으로 쓰일 때의 모양으로 **마음 심 변(忄)**

③ 마음 심(心)이 한자의 발로 쓰일 때의 모양으로 **마음 심 발(⺗)**

한자+ 마음 심(心) 그대로 발로 쓰일 때도 있습니다.

(3) 도도 비비(刀刂匕比)

① 옛날 칼 모양을 본떠서 **칼 도(刀)**

② 칼 도(刀)가 우측에 붙는 부수인 방으로 쓰일 때의 모양으로 **칼 도 방(刂)**

③ 짧고 날카로운 비수를 본떠서 **비수 비(匕)**

또 비수처럼 입에 찔러(넣어) 먹는 숟가락이니 **숟가락 비(匕)**

한자+ 비수(匕首) - 짧고 날카로운 칼

④ 두 사람이 나란히 앉은 모양을 본떠서 **나란할 비(比)**

또 나란히 앉혀놓고 견주니 **견줄 비(比)**

(4) 수빙 수수빙(水氷氵氺冫)

① 잠겨있는 물에 물결이 이는 모양을 본떠서 **물 수(水)**

② 한 덩어리(丶)로 물(水)이 얼어붙은 얼음이니 **얼음 빙(氷)**

③ 물 수(水)가 한자의 변으로 쓰일 때의 모양으로 점이 셋이니 **삼 수 변(氵)**

④ 물 수(水)가 한자의 발로 쓰일 때의 모양으로 **물 수 발(氺)**

⑤ 얼음 빙(氷)이 한자의 변으로 쓰일 때의 모양으로 점이 둘이니 **이 수 변(冫)**

한자+ 물(氵)이 얼면 한 덩어리인데 두 점으로 쓴 것은 한자의 균형을 잡기 위해서지요.

(5) 화화 주(火灬丶)

① 타오르는 불을 본떠서 **불 화(火)**

② 불 화(火)가 한자의 발로 쓰일 때의 모양으로 **불 화 발(灬)**

③ 점 모양을 본떠서 **점 주(丶)**

또 불이 타면서 튀는 불똥의 모양으로도 보아 **불똥 주(丶)**

(6) 엄엄녁(厂广疒)

① 언덕에 바위가 튀어나와 그 밑이 굴처럼 생긴 굴 바위 모양을 본떠서
굴 바위 엄, 언덕 엄(厂)

② 굴 바위 엄, 언덕 엄(厂) 위에 점(丶)을 찍어, 언덕이나 바위를 지붕 삼아 지은 바위 집 모양에서 **집 엄(广)**

③ 병들어 머리 부분(亠)을 나무 조각(丬)에 기대고 있는 모양에서 **병들 녁(疒)**

한자+ 亠(머리 부분 두), 丬[나무 조각 장(爿)의 약자]

(7) 척 인착 삼(彳 廴 辶 彡)

① 사거리를 본떠서 만든 다닐 행(行)의 왼쪽 부분으로 **조금 걸을 척(彳)**

② 구불구불한 길을 다리를 끌며 길게 걷는다는 데서,
조금 걸을 척(彳)의 내리그은 획을 늘여서 **길게 걸을 인(廴)**

③ 길게 걸을 인(廴)의 변형(⻌)에 점(丶) 둘을 찍어, 가거나 뛴다는 뜻을 나타내어 **갈 착, 뛸 착(辶)**

한자+ 辶은 위에 점이 둘이면 아래를 한 번 구부리고, 위에 점이 하나면 아래를 두 번 구부립니다.

④ 머리털이 가지런히 나 있는 모양을 본떠서 **터럭 삼(彡)**

(8) 곤궐 별불 을을(丨亅 丿乀 乙L)

① 위에서 아래를 뚫는 모양을 본떠서 **뚫을 곤(丨)**

② 구부러진 갈고리 모양을 본떠서 **갈고리 궐(亅)**

③ 우측 위에서 좌측 아래로 삐친 모양을 본떠서 **삐침 별(丿)**

④ 좌측 위에서 우측 아래로 파인 모양을 본떠서 **파임 불(乀)**

⑤ 목과 가슴 사이가 굽은 새 모양을 본떠서 **새 을, 굽을 을(乙)**

⑥ 새 을, 굽을 을(乙)의 변형된 모양으로 **새 을, 굽을 을(L)**

(9) 감경 방혜[凵冂 匚匸(乚)]

① 입 벌리고 있는 모양, 또는 빈 그릇을 본떠서 **입 벌릴 감, 그릇 감(凵)**

② 멀리 떨어져 있는 성의 모양을 본떠서 **멀 경, 성 경(冂)**

한자+ 좌우 두 획은 문의 기둥이고, 가로획은 빗장을 그린 것입니다.

③ 네모난 상자나 모난 그릇의 모양을 본떠서 **상자 방(匚)**

④ 뚜껑을 덮어 감추었다는 데서, 뚜껑을 덮은 상자 모양을 본떠서 **감출 혜, 덮을 혜(匸, = 乚)**

한자+ 상자 방(匚)은 모나게 쓴 한자고, 감출 혜(匸, = 乚)는 모나지 않은 것으로 구분하세요.

(10) 사요사현(厶幺糸玄)

① 팔로 사사로이 나에게 끌어당기는 모양에서 **사사로울 사, 나 사(厶)**

② 갓 태어난 아기 모양을 본떠서 **작을 요, 어릴 요(幺)**

한자+ 실 사(糸)의 일부분이니 작다는 데서 '작을 요(幺)'라고도 합니다.

③ 감아놓은 실타래 모양에서 **실 사, 실사 변(糸)**

④ 머리(亠) 아래 작은(幺) 것이 검고 오묘하니 **검을 현, 오묘할 현(玄)**

(11) 부부 읍읍(阜阝 邑阝)

① 흙이 쌓이고(𠂤) 많이(十) 쌓인 언덕이니 **언덕 부(阜)**

② 언덕 부(阜)가 한자의 변으로 쓰일 때의 모양으로 **언덕 부 변(阝)**

③ 일정한 경계(口)의 땅(巴)에 사람이 사는 고을이니 **고을 읍(邑)**

④ 고을 읍(邑)이 한자의 방으로 쓰일 때의 모양으로 **고을 읍 방(阝)**

한자+ 阝는 한자의 어느 쪽에 쓰이느냐에 따라 그 뜻과 명칭이 달라집니다.
阝가 한자의 왼쪽에 쓰이면 언덕 부(阜)가 부수로 쓰인 경우로 '언덕 부 변', 오른쪽에 쓰이면 고을 읍(邑)이 부수로 쓰인 경우로 '고을 읍 방'이라 부르지요.

한자+ 十(열 십, 많을 십), 口('입 구, 말할 구, 구멍 구'지만 여기서는 경계로 봄), 巴(뱀 파, 땅 이름 파)

⑿ 촌수견(寸扌犭)

① 손목에서 맥박이 뛰는 곳까지를 가리켜서 **마디 촌(寸)**

또 마디마디 자세히 살피는 법도니 **법도 촌(寸)**

② 손 수, 재주 수, 재주 있는 사람 수(手)가 한자의 변으로 쓰일 때의 모양으로 **손 수 변(扌)**

③ 개 견(犬)이 부수로 쓰일 때의 모양으로 **큰 개 견(犭)**

또 여러 짐승을 나타낼 때도 쓰이는 부수니 **개 사슴 록 변(犭)**

⒀ 패견(현)혈수[貝見頁首]

① 속살 일부가 나온 조개를 본떠서 **조개 패(貝)**

또 인쇄술이 발달하기 전에는 조개껍데기를 재물이나 돈으로 썼으니 **재물 패, 돈 폐(貝)**

② 눈(目)으로 사람(儿)이 보거나 뵈니 **볼 견, 뵐 현(見)**

③ 머리(一)에서 이마(丿)와 눈(目) 있는 얼굴 아래 목(八)까지를 본떠서 **머리 혈(頁)**

④ 머리털(䒑) 아래 이마(丿)와 눈(目)이 있는 머리니 **머리 수(首)**

또 머리처럼 위에 있는 우두머리니 **우두머리 수(首)**

⒁ 시시 의의(示礻衣衤)

① 하늘 땅(二)에 작은(小) 기미가 보이니 **보일 시(示)**

또 이렇게 기미를 보이는 신이니 **신 시(示)**

한자+ 부수로 쓰이면 신, 제사, 신이 내려주는 인간의 길흉화복 등을 의미합니다.

② 보일 시, 신 시(示)가 한자의 변으로 쓰일 때의 모양으로 **보일 시 변(礻)**

③ 동정과 옷고름 있는 저고리를 본떠서 **옷 의(衣)**

④ 옷 의(衣)가 한자의 변으로 쓰일 때의 모양으로 **옷 의 변(衤)**

한자+ 보일 시 변(礻)과 옷 의 변(衤)은, 모양이 비슷하지만 전혀 다른 뜻이니 잘 구분하세요.

(15) **시호 호노(尸戶 虍耂)**

① 사람이 누워있는 모양을 본떠서 **주검 시, 몸 시(尸)**

한자+ 사람이나 집과 관련된 한자에 부수로도 쓰입니다.

② 한 짝으로 된 문을 본떠서 **문 호(戶)**

또 옛날 집들은 대부분 문이 한 짝씩 달린 집이었으니 **집 호(戶)**

한자+ 두 짝으로 된 문은 '문 문(門)'

③ 입을 크게 벌린 범 모양을 본떠서 **범 호 엄(虍)**

④ 늙을 로(老)가 부수로 쓰일 때의 모양으로, 흙(土)에 지팡이(丿) 짚으며 걸어야 할 정도로 늙으니 **늙을 로 엄(耂)**

한자+ 老 : 흙(土)에 지팡이(丿)를 비수(匕)처럼 꽂으며 걸어야 할 정도로 늙으니 '늙을 로'

한자+ 土(흙 토), 丿('삐침 별'이지만 여기서는 지팡이로 봄), 匕(비수 비, 숟가락 비),
엄 - 한자의 위와 왼쪽을 덮는 부수 이름

(16) **두 멱면 혈(亠 冖宀 穴)**

① 옛날 갓을 쓸 때, 상투를 튼 머리 부분을 본떠서 **머리 부분 두(亠)**

② 보자기로 덮은 모양을 본떠서 **덮을 멱(冖)**

③ 지붕으로 덮여 있는 집을 본떠서 **집 면(宀)**

④ 오래된 집(宀)에 나누어진(八) 구멍이니 **구멍 혈(穴)**

또 구멍이 길게 파인 굴이니 **굴 혈(穴)**

한자+ 八(여덟 팔, 나눌 팔)

(17) **장편알(사)[爿 片 歹(歺)]**

① 나무를 세로로 나눈 왼쪽 조각을 본떠서 **나무 조각 장(爿)**

또 나무 조각이라도 들고 싸우는 장수니 **장수 장 변(爿)**

② 나무를 세로로 나눈 오른쪽 조각을 본떠서 **조각 편**(片)

③ 하루(一) 저녁(夕) 사이에 뼈 앙상하게 말라 죽으니 **뼈 앙상할 알, 죽을 사 변**(歹 = 歺)

한자+ 歺 - 점(卜)쳐 나온 대로 저녁(夕)에 뼈 앙상하게 말라 죽으니 '뼈 앙상할 알, 죽을 사 변'
한자+ 夕(저녁 석), 卜(점 복)

⒅ **궤수(几殳)**

① 안석이나 책상의 모양을 본떠서 **안석 궤, 책상 궤**(几)

한자+ 안석 - 앉을 때 몸을 기대는 도구

② 안석(几) 같은 것을 손(又)에 들고 치니 **칠 수**(殳)

또 들고 치는 창이나 몽둥이니 **창 수, 몽둥이 수**(殳)

⒆ **지 복쇠(치)[支 攴(攵)夊]**

① 많은(十) 것을 손(又)으로 잡아 다루고 가르니 **다룰 지, 가를 지**(支)

또 갈라 지출하니 **지출할 지**(支)

한자+ 十(열 십, 많을 십), 又(오른손 우, 또 우)

② 점(卜)칠 때 오른손(又)에 회초리를 들고 톡톡 치니 **칠 복**(攴, = 攵)

한자+ 攵 - 이리(丿)저리(一) 엇갈리게(乂) 치니 '칠 복(攵)'
한자+ 卜(점 복), 乂('벨 예, 다스릴 예, 어질 예'지만 여기서는 '엇갈리다'의 뜻으로 봄)

③ 두 정강이(ク)를 뒤에서 밀며 천천히 걷는 모양을 본떠서 **천천히 걸을 쇠, 뒤져 올 치**(夊)

한자+ 칠 복(攴, = 攵)은 4획, 천천히 걸을 쇠, 뒤져 올 치(夊)는 3획입니다.

⒇ **예부효 발(乂父爻癶)**

① 이리저리 베어 다스리는 모양이 어지니 **벨 예, 다스릴 예, 어질 예(乂)**

② 사람이 알아야 할 것을 조목조목 나누어(八) 어질게(乂) 가르치는 아버지니 **아버지 부(父)**

한자+ 八(여덟 팔, 나눌 팔)

③ 서로 교차하여 사귐을 뜻하여 **사귈 효(爻)**

또 사귀며 좋은 점을 본받으니 **본받을 효(爻)**

④ 등지고 걸어가는 모양을 본떠서 **걸을 발, 등질 발(癶)**

(21) **목망 명혈[目罒(网,罓) 皿血]**

① 둥글고 눈동자 있는 눈을 본떠서 **눈 목(目)**

② 양쪽 기둥에 그물을 얽어맨 모양을 본떠서 **그물 망(罒, = 网, 罓)**

③ 받침 있는 그릇을 본떠서 **그릇 명(皿)**

④ 고사 지낼 때 희생된 짐승의 피(丿)를 그릇(皿)에 담아 놓은 모양에서 **피 혈(血)**

(22) **자구(自臼)**

① (얼굴이 자기를 대표하니 얼굴에서 잘 드러나는)

이마(丿)와 눈(目)을 본떠서 **자기 자(自)**

또 자기 일은 스스로 해야 하니 **스스로 자(自)**

또 모든 것은 자기로부터 비롯되니 **부터 자(自)**

② 곡식을 찧을 때 사용하는 절구를 본떠서 **절구 구(臼)**

(23) **천천(川巛)**

① 물이 굽이굽이 흐르는 모양을 본떠서 **내 천(川)**

② 내 천(川)이 부수로 쓰일 때의 모양으로 개미허리 같다고 하여 **개미허리 천(巛)**

색인 찾아보기

* 숫자는 본문의 페이지가 아닌 제목번호임

MEMO

알고 쓰는 한자어
알쓰한 1권

초판발행 2024년 10월 1일

지은이 박원길·박정서
펴낸이 안종만·안상준

편　집 김보라·김민경
기획/마케팅 김민경·차익주
표지디자인 이수빈
제　작 고철민·김원표
펴낸곳 (주) 박영사
서울특별시 금천구 가산디지털2로 53, 210호(가산동, 한라시그마밸리)
등록 1959. 3. 11. 제300-1959-1호(倫)
전　화 02)733-6771
f a x 02)736-4818
e-mail pys@pybook.co.kr
homepage www.pybook.co.kr
ISBN 979-11-303-2040-3 14710

정　가 16,800원